首都经济贸易大学出版资助

非金融企业杠杆率与资产配置行为研究

马思超 著

首都经济贸易大学出版社
Capital University of Economics and Business Press
·北 京·

图书在版编目（CIP）数据

非金融企业杠杆率与资产配置行为研究/马思超著．--北京：首都经济贸易大学出版社，2022.9

ISBN 978-7-5638-3410-5

Ⅰ．①非…　Ⅱ．①马…　Ⅲ．①企业债务-风险管理-关系-资产管理-研究-中国　Ⅳ．①F279.23

中国版本图书馆 CIP 数据核字（2022）第 166722 号

非金融企业杠杆率与资产配置行为研究
马思超　著
FEIJINRONG QIYE GANGGANLÜ YU ZICHAN PEIZHI XINGWEI YANJIU

责任编辑　潘　飞
封面设计　风得信·阿东 FondesyDesign
出版发行　首都经济贸易大学出版社
地　　址　北京市朝阳区红庙（邮编 100026）
电　　话　（010）65976483　65065761　65071505（传真）
网　　址　http://www.sjmcb.com
E- mail　publish@cueb.edu.cn
经　　销　全国新华书店
照　　排　北京砚祥志远激光照排技术有限公司
印　　刷　北京建宏印刷有限公司
成品尺寸　170 毫米×240 毫米　1/16
字　　数　231 千字
印　　张　13.25
版　　次　2022 年 9 月第 1 版　2022 年 9 月第 1 次印刷
书　　号　ISBN 978-7-5638-3410-5
定　　价　46.00 元

前言 FOREWORD

面对当前复杂多变的经济形势，党的十九大报告明确指出“我国经济已由高速增长阶段转向高质量发展阶段，正处在转变发展方式、优化经济结构、转换增长动力的攻关期”。在此过程中，金融部门需要充分发挥服从服务实体经济的功能，实现金融资源的优化配置。2022年的《政府工作报告》也提出，要为实体经济提供更有力支持，保持宏观杠杆率基本稳定。这其中的关键，在于引导资金流向实体经济而非金融部门。

目前，债务问题已成为制约我国微观企业发展的重要因素，其具体表现为非金融企业的杠杆率在整体层面不断上升，且呈现结构性特征。实际上，本轮我国非金融企业杠杆率高企，究其根源在于美国次贷危机（以下简称“次贷危机”）后我国相应采取双宽松的货币政策与财政政策。次贷危机发生后，主流经济学开始意识到仅仅关注实体经济的短期波动难以准确解释金融深化背景下宏观经济的变化，并且逐渐意识到金融周期的重要性。

有别于已有研究从经济环境、金融结构等宏观因素和微观个体特征差异来分析企业杠杆率变动的做法，本书试图以金融周期与银行信贷歧视为切入点，分析非金融企业杠杆率变动与分化的驱动因素。此外，面对经济增长乏力与外部需求不足的负向冲击，企业依靠外部资金度过萧条时期是市场经济的正常表现，重点在于企业将所获取的信贷资源用在了何处，是用于扩大实体投资还是金融投资？是进行简单规模上的扩张，还是投入能够带来技术提升的研发活动？金融资源究竟是流向了效率低下的“僵尸企业”，还是具有未来发展潜力的高新技术企业？对这些问题的回答，有助于优化宏观调控政策，推动经济高质量发展。

通过对企业杠杆率变动与资产配置的研究，本书构建了一条贯穿宏观与微观，从杠杆率变动的宏观驱动因素再到企业资产配置的分析框架。这不仅完善了已有宏观因素对企业杠杆变动和分化影响的研究，而且为宏观稳杠杆、结构去杠杆以及推动金融更好地服务实体经济提供了一个新的思路。

本书采用理论分析与经验分析相结合的方法，从总量视角和分化视角来分析我国非金融企业杠杆率变动的宏观驱动因素，并在此基础上讨论杠杆率变动对企业金融资产和经营资产配置的影响。本书的贡献在于，第一，有别于已有文献对企业杠杆率变动驱动因素的分析，本书从负债端和资产端探究了金融周期对企业杠杆率变动的影响，同时也拓宽了现有金融周期研究领域。第二，有别于已有文献主要从单一总量视角分析微观企业杠杆率的做法，本书特别关注了国有企业和非国有企业的杠杆分化问题，并从理论和经验层面系统剖析了银行信贷歧视对企业杠杆分化的影响。第三，本书将资产配置的概念引入微观企业，并依据企业投资活动的类型，将资产划分为金融资产与经营资产，在此基础上分别探讨企业杠杆率与金融资产配置和经营资产配置的关系。以上几点，不仅丰富了已有非金融企业金融化微观动机的研究，而且拓展了现有企业经营资产配置与投资行为的研究内容。

本书主要内容分为七章，具体安排如下。

第一章为导论，此部分介绍了本书的选题背景与研究意义，并在梳理归纳已有宏观杠杆率和微观杠杆率研究的基础上，提出了本书的主要研究内容、拟解决的问题以及具体的研究思路和研究方法等。

第二章为概念界定与理论基础。首先，本章界定了本书所涉及的关键概念，辨析了微观杠杆率、宏观杠杆率及二者之间的关系。针对宏微观杠杆率之间的联系、数据可得性以及相关研究问题，本书将非金融企业杠杆率（即资产负债率）作为研究对象。其次，梳理了相关理论基础，包括“债务-通缩”理论、金融加速器理论、预算软约束理论、预防性储蓄理论等。最后，界定了企业资产配置概念，讨论了资产配置与资产结构的关系；突出了资产配置主动性、结构性及其所反映的投资行为特点，并在此基础上将企业资产配置划分为金融资产配置与经营资产配置。

第三章为金融周期与企业杠杆率变动。本章先论述了次贷危机以来金融周期理论的发展，并归纳了金融周期影响微观企业杠杆率的资产负债表渠道与银行信贷渠道。随后，将2007—2017年沪深两市A股非金融类上市公司财务数据与季度层面金融周期指数相匹配，实证分析了金融周期与企业杠杆率变动之间的关系。研究发现，金融周期会通过银行信贷渠道与资产负债表渠道对企业杠杆率产生正向影响。前者（银行信贷渠道）表现为金融周期的上行将会带来信贷规模的扩张、银行资产负债表的改善、信贷审批的放松以及借贷利率的下降，进而使原本受融资约束的企业也能够获得贷款并提高杠杆率；后者

（资产负债表渠道）表现为金融周期上行所带来资产价格的提升能够改善企业的资产负债表，提高其抵押能力，使企业更容易通过银行审核并获得贷款，进而提高杠杆率。进一步来说，金融周期对企业不同维度杠杆率的影响存在一定差异，金融周期更多影响的是企业的长期杠杆率、银行杠杆率以及商业信用杠杆率，而非短期杠杆率。

第四章为银行信贷歧视与企业杠杆率变动。本章从银行信贷歧视视角分析了国有企业和非国有企业杠杆分化的现象，并利用2007—2017年沪深两市A股非金融类上市公司的财务数据对货币政策、银行信贷歧视与非金融企业杠杆分化现象进行了实证分析。研究发现，银行信贷歧视会加剧国有企业和非国有企业的杠杆分化程度，并且对于存在政企关联、政府补贴的企业，以及经济资源市场化配置程度较低、政府执行效率较低和融资成本较高的地区而言，这种效应更为显著。银行基于风险与收益的权衡，更倾向于为存在政府显性或隐性担保、抵押品价值较高和存在政企关系的国有企业放贷，而民营企业则会长期处于流动性约束之中，进而使国有企业和非国有企业的杠杆率产生分化。此外，货币政策紧缩程度的提高会进一步加剧国有企业和非国有企业之间的杠杆分化现象，而货币政策适度性、银行家信心指数和央行沟通有效性的提高，能在一定程度上缓解紧缩性货币政策与国有企业和非国有企业杠杆分化之间的正向关系。

第五章为企业杠杆率变动与金融资产配置。首先，本章论述了我国经济运行中出现的非金融企业金融资产配置，即“脱实向虚”现象，并通过统计角度的研究发现，企业杠杆率变动与流动性金融资产配置之间呈正U形而与非流动性金融资产配置呈倒U形关系。其次，本书通过构建一个包含了企业流动性金融资产配置与非流动性金融资产配置的三期模型，依据理论分析提出企业金融资产配置与杠杆率存在非线性关系。实证结果表明，随着杠杆率的增加，企业流动性金融资产配置表现为先减小后增大，即对流动性金融资产的配置，企业更多是基于“蓄水池”的动机，持有流动性较强的金融资产以应对外部不确定性与流动性冲击。与之相反，企业杠杆率与非流动性金融资产配置则表现为倒U形关系，即随着杠杆率的增加，企业非流动性金融资产配置表现为先增大后减小，更多是基于“投资替代”动机。本书还提出，企业风险的增大，会使其在低杠杆率时增加流动性金融资产配置以应对不确定性风险，同时企业会减少非流动性金融资产的配置以规避金融资产本身所带来的额外风险。外部融资环境与自身融资能力的恶化，又会使企业更多基于“蓄水池”

动机而增加流动性金融资产的配置。此外，全要素生产率的提高会使企业更专注于主营业务而更少地配置非流动性金融资产，即表现为更弱的金融化倾向。

第六章为企业杠杆率变动与经营资产配置。依据对资产配置的界定，本书采用支出法分析了企业研发投资与固定资产投资规模和结构的变化，以反映企业经营资产配置的主动性、结构性以及企业的投资行为。本书通过构建一个包含企业固定资产投资与研发投资的三期模型，依据理论分析得出了企业杠杆率变动与其经营资产配置和研发投资的非线性关系。实证结果表明，低杠杆率下，杠杆率的提高会使企业增加固定资产和研发投资的规模，这一影响对我国东部地区企业和非国有企业更为显著。此外，对财务柔性更强、发展前景更好的企业，杠杆率的提高能够增加其研发投入占比，即开展更多能够提升企业技术水平的研发活动。进一步研究发现，短期杠杆率与商业信用杠杆率的提高有助于财务柔性较好的企业扩大研发投资占比，而对于发展前景不佳的“僵尸企业”而言，长期杠杆率和银行杠杆率的提高反而会使其扩大固定资产投资，加剧产能过剩问题。

第七章为研究结论与政策建议。本章在前文对企业杠杆率变动与资产配置的理论与经验的分析基础上进行总结，提出相应的政策建议。首先，在结构性去杠杆过程中不仅要关注企业负债端，而且要关注企业资产端，尤其是配置较多房地产及金融资产的企业。其次，商业银行应基于市场化原则，依据实际需求为企业提供信贷服务，消除信贷歧视行为，同时还应提高货币政策与经济增长和金融结构之间的协调性。最后，要区别看待不同动机的金融资产配置，同时对微观企业杠杆率的关注应更聚焦于企业增加杠杆后投资行为的差异，并引导资金定向支持实体经济，给企业以适度的杠杆空间，鼓励企业研发创新，使金融更好地服务于经济。

本书是在笔者博士论文的基础上修改完善形成的，特别感谢我的导师李建军教授的悉心指导；感谢中央财经大学金融学院王广谦教授、李健教授、谭小芬教授、黄志刚教授、彭俞超副教授，首都经济贸易大学金融学院尹志超教授，北京大学光华管理学院沈吉副教授，北京第二外国语学院经济学院韩珣副教授等对笔者研究提供的帮助；感谢中央财经大学吴琬婷博士的校对工作；感谢首都经济贸易大学出版社赵杰副社长在本书出版过程中提供的帮助；感谢首都经济贸易大学学术著作出版资助项目所给予的出版资助。

马思超

2022 年 6 月于北京

目录 CONTENTS

第一章　导论

在经济学中，“杠杆”的概念最早出现在微观领域，用来表示经济主体通过负债、借贷等方式，以较小的自有资本金控制较大资产的经济现象，其比率被称为杠杆率；在宏观领域，杠杆率通常指经济部门或经济体的债务收入比，用于评估债务的可持续性。自 2015 年以来，我国非金融企业杠杆率高企与结构性分化问题备受各界关注。

第一节　研究背景、问题的提出和研究意义

一、研究背景与问题的提出

在 2008 年全球金融危机爆发之后的不到一年时间里，我国不仅迅速摆脱了美国次贷危机（以下简称“次贷危机”）的影响并成功实现快速增长，而且成为促进全球经济摆脱低迷困境的中流砥柱。当然，我国采取宽松货币政策与财政政策的做法，在恢复经济运行的同时也带来了新的问题。信贷的海量投放与广义货币供应量（M2）的高速增长使得经济债务问题凸显。与此同时，主流经济学开始意识到仅仅关注实体经济的短期波动难以准确解释金融深化背景下宏观经济的变化（BIS，2014），金融因素的波动不仅会影响实体经济的运行，而且其本身的“非理性繁荣”还可能成为诱发经济危机的因素，即所谓的“崩溃前的繁荣”（Borio，2014）。正如约尔达等（Jordà et al，2017）所言，“全球金融危机提醒我们，金融因素在塑造经济周期方面扮演着重要角色。一个不断增强的共识是，我们应当重新认识实体经济和金融活动的互动关系”。那么，金融周期是否会对微观企业杠杆率变动产生影响？其影响机制和渠道又是什么？这是本书试图探究的第一类问题。

与金融危机时期中国经济快速“起低回升”相伴随的是，我国非金融企业杠杆率在总体层面不断上升，并具有结构性特征（钟宁桦等，2016），非金融企业杠杆率的高企也成为推动全社会杠杆率上升的主要因素。整体而言，我国宏观杠杆率①的快速增长始于2008年，2015年非金融部门的宏观杠杆率高达239.5%，平均每年增长13.8个百分点②（详见图1-1）。从结构上看，非金融企业部门杠杆率出现显著增长，而家庭部门与政府部门的杠杆率变动则并不明显。债务问题已成为制约我国微观企业发展的重要因素。

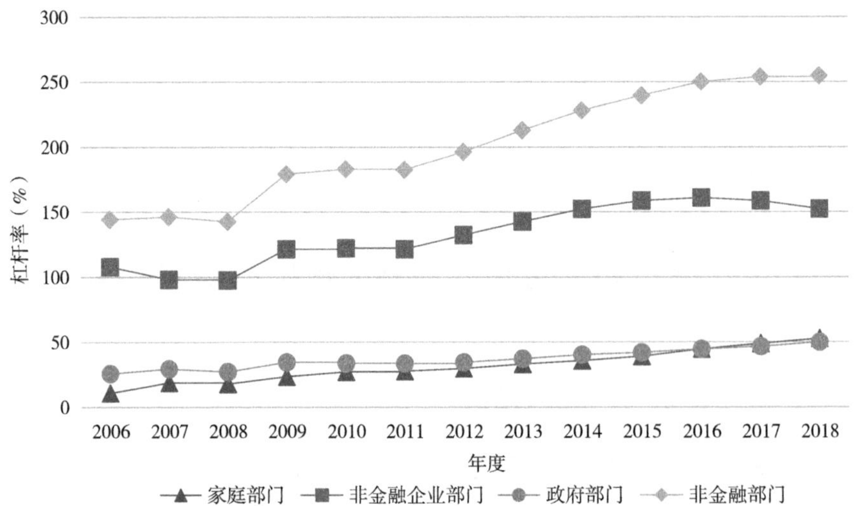

图1-1　2006—2018年我国家庭部门、非金融企业部门、政府部门宏观杠杆率变化趋势

数据来源：国际清算银行（Bank for International Settlements，BIS）。

2015年，中央财经领导小组第十一次会议首次提出“推进经济结构性改革”③，在随后的中央经济工作会议中则明确指出加强供给侧结构性改革的主要任务就是要“去产能、去杠杆、降成本、补短板、去库存”④，其中“去杠

① 在宏观层面通常选取“总债务/GDP”来衡量经济体以及各经济部门的杠杆率，其本质上是债务率；微观层面则主要选取“总债务/总资产”（即资产负债率）度量家庭或企业个体的杠杆率。对于宏观杠杆率与微观杠杆率的辨析，详见本书第二章第一节。

② 详见http：//stats. bis. org/statx/toc/CRE. html。

③ 详见http：//www. gov. cn/xinwen/2015-11/10/content_5006868. htm。

④ 详见http：//www. gov. cn/xinwen/2015-12/21/content_5026332. htm。

杆”是关键。2016 年 10 月，《国务院关于积极稳妥降低企业杠杆率的意见》①出台，明确了降低企业杠杆率的总体思路和基本原则以及主要途径。随后，针对我国非金融企业杠杆率总量高企的问题，2016 年 12 月举行的中央经济工作会议又指出，要在控制总杠杆率的前提下，把降低企业杠杆率作为重中之重，并强调要使价格机制真正引导资源配置，要加强激励、鼓励创新，增强微观主体内生动力②。这其中的关键所在，即引导资金流向实体经济而非金融部门，并鼓励企业开展研发活动。

我国非金融企业杠杆率问题不仅体现在总量上，而且表现在结构上，也就是非金融企业杠杆分化问题，即国有企业杠杆率居高不下，但民营企业杠杆率却持续下降（钟宁桦，等，2016）。此外，我国非金融企业杠杆分化不仅体现在国有企业和民营企业中，也反映在不同规模的企业和行业之间（徐奇渊，2019）。针对这一问题，2018 年中央财经委员会第一次会议强调，要以结构性去杠杆为基本思路，分部门、分债务类型提出不同要求，地方政府和企业特别是国有企业要尽快把杠杆降下来③。此外，中国人民银行于同年发布的《中国金融稳定报告（2018）》也指出，我国宏观杠杆率上升势头放缓，应在稳杠杆的基础上分部门优化杠杆结构④。有学者指出，银行基于政府隐性担保、抵押品价值和社会关系的考虑更倾向于将优质、低息的信贷资源分配给国有企业，使之获得与其自身产出效率不相匹配的融资能力，而民营企业和中小企业面临较强的融资约束，进而造成国有企业杠杆率呈上升趋势而民营企业杠杆率则逐渐下降（纪洋等，2018；汪勇等，2018）。那么，银行信贷歧视是否是造成我国国有企业和非国有企业杠杆率分化的原因？其对于异质性企业和地区是否又存在差异性影响？紧缩的货币政策是否又会放大杠杆分化问题？这是本书试图探究的第二类问题。

从监管部门调控的效果来看，宏观杠杆率之所以得到有效控制，得益于非金融企业部门杠杆率的下降，即从结构上来看，非金融企业的去杠杆力度较强。2017 年非金融企业部门的杠杆率实现了 2011 年以来的首次下降，从 2016 年的 160.8%下降至 152.2%（详见图 1-1）。同时，居民部门和政府部门的杠杆

---

① 详见 http：//www. gov. cn/zhengce/content/2016-10/10/content_5116835. htm。

② 详见 http：//www. gov. cn/xinwen/2016-12/16/content_5149018. htm。

③ 详见 http：//www. gov. cn/xinwen/2018-04/02/content_5279304. htm。

④ 详见 http：//www. pbc. gov. cn/goutongjiaoliu/113456/113469/3656006/index. html。

率下降趋势并不明显，仍然保持在50%左右。从微观数据来看，2018年末，我国规模以上工业企业资产负债率为56.5%，比上年降低0.5个百分点。其中，国有控股企业资产负债率为58.7%，比上年降低1.6个百分点①。

然而，在“去杠杆”的同时，非金融企业也被“去投资”，2015年我国民营企业固定资产投资增速为9.4%，但这一指标在2016年却下降至2.8%，当2018年国家政策调整为“结构性去杠杆”后这一指标又回升至8.7%；而当年国有控股企业固定资产投资增速则下滑至1.9%，较上年降低了8.2个百分点②。在投资下降的同时，非金融企业参与金融投资的现象却愈演愈烈。有研究指出，在国资委管辖的117家央企中，有超过七成以上的企业在不同程度上参与了金融投资活动（谢家智等，2014）。习近平总书记指出，“2008年爆发的国际经济金融危机告诉我们，放任资本逐利，其结果将是引发新一轮危机”③。大量企业参与金融投资活动，由此造成的经济“脱实向虚”将不利于金融和经济的协调发展，同时，这也与金融“服从服务于经济社会发展”④的原则相背离。

实际上，面对经济增长乏力与外部需求不足的负向冲击，企业依靠外部资金度过萧条时期是市场经济活动中的正常做法。在经济下行的过程中，为微观企业提供必要的流动性，使之能开展正常的经营活动和投资活动，促进经济回暖是有必要的。重点是企业将获取的杠杆用在了何处，即企业如何配置其资产，是更多地配置到了金融资产上还是经营资产上？是基于经营活动需求而增加的金融资产配置还是挤出实体投资的金融资产配置？企业资金更多是投向了能够扩大产能的固定资产上还是投向了研发活动上？这是本书试图探究的第三类问题。

本书拟从理论和经验角度，从总量和结构视角分析金融周期以及银行信贷歧视对我国非金融企业杠杆率变动及分化的影响，并聚焦企业投资活动，探究企业杠杆率变动与资产配置的关系，从而为宏观“稳杠杆”、结构“去杠杆”的政策调控提供新的思路，更好地引导企业从“脱实向虚”走向“脱虚向实”，使金融更好地服务于实体经济。

---

① 数据来源：国家统计局。

② 数据来源：国家统计局。

③ 习近平：《携手构建合作共赢新伙伴　同心打造人类命运共同体》，人民日报2015年9月29日第二版。

④ 详见 http：//www.gov.cn/xinwen/2017-07/15/content_5210774.htm。

二、研究意义

（一）理论意义

本书以金融周期与银行信贷歧视为研究视角，分析了我国非金融企业杠杆率变动和分化问题，并将资产配置研究拓展到微观企业，构建了一套从宏观到微观分析企业杠杆率变动与资产配置的分析框架。本书的理论主要包括如下几个方面。

首先，拓宽了金融周期的研究领域，提出并验证了金融周期对微观企业杠杆率影响的银行信贷渠道和资产负债表渠道，提供了一个从金融周期视角分析微观企业杠杆率变动的思路，补充了对企业杠杆率变动宏观驱动因素的研究。其次，从理论层面剖析了银行信贷歧视对国有企业和非国有企业杠杆分化的影响，并检验了紧缩性货币政策对银行信贷歧视与国有企业和非国有企业杠杆分化之间的放大作用，完善了对企业杠杆率分化研究的理论框架。再次，将资产配置的概念引入微观企业，将企业所配置的金融资产划分为流动性金融资产与非流动性金融资产，分别对应企业的“蓄水池”动机与“投资替代”动机，并通过构建理论模型与进行实证分析，探讨了企业在不同内外风险因素、融资环境以及经营环境中对金融资产的配置，丰富了对企业金融化微观动机的研究。最后，聚焦企业经营资产配置背后的投资活动与研发活动，以支出法阐释了企业经营资产配置的规模和结构，并利用理论模型与实证检验分析了企业杠杆率变动对固定资产投资和研发投资的差异性影响，从而拓展了对企业经营资产配置与企业投资的研究内容。

（二）现实意义

本书提供了一个从资产配置角度辨析“好杠杆”同“坏杠杆”的思路，有助于理解并化解非金融企业杠杆率高企与分化问题，以推动实体经济健康发展。本书在分析企业金融资产配置时，借助金融资产流动性的差异有效识别了企业配置金融资产的不同动机。在分析企业经营资产配置时，聚焦资产配置背后的企业投资活动，并以支出法度量固定资产投资与研发投资的规模及占比，区分了异质性企业和不同维度杠杆率变动对企业固定资产投资和研发投资的差异性影响。笔者认为，这项研究有助于监管部门更为全面、深入地把握我国非金融企业杠杆率变动的驱动因素与微观影响，以及企业“脱实向虚”与实体投资不足等问题，从而更好地实现部门“稳杠杆”与结构化“去杠杆”的政策操作，使金融更好地为实体经济服务。

第二节　国内外相关研究进展

一、宏观杠杆率的相关研究①

（一）宏观杠杆率与经济增长

现有对宏观杠杆率与经济增长关系的研究，大多基于金融深化理论和“债务-通缩”理论，但尚未达成一致观点。金融深化理论认为政府对金融活动的过多干预将导致金融抑制现象，进而影响金融发展对经济增长的积极作用。若政府减少对金融活动的过多干预，则有助于实现金融发展与经济增长的相互促进（McKinnon，1973；Shaw，1973），从而使信贷活动通过收入效应和增长效应促进经济增长。实际上测度宏观杠杆率的“信贷/GDP”，亦为衡量一国或地区金融发展程度的重要指标（Levine，2005）。拉詹和津加莱斯（Rajan & Zingales，1998）、莱文等（Levine et al，2000）以及贝克和莱文（Beck & Levine，2004）的实证研究均表明宏观杠杆率的提高能够有效促进经济增长，其主要通过优化资金配置、改善公司治理、控制市场风险以及便利交易方式等渠道（Levine，2005；Ang，2008）。但也有学者认为这种正向作用具有一定的限度，如罗素和沃奇特尔（Rousseau & Wachtel，2011）以及阿坎德等（Arcand et al，2015）指出信贷的过度扩张（即过高的宏观杠杆率），可能导致金融深化的有效性降低，进而造成经济增长效应减弱甚至为负。有学者则认为宏观杠杆率的提高不利于经济增长，这类研究主要依托“债务-通缩”理论，该理论认为，过高的杠杆率可能会使经济陷入“债务-通缩”的恶性循环并引发严重的衰退（Fisher，1933；Minsky，1986；Bernanke et al，1999）。莱因哈特和罗戈夫（Reinhart & Rogoff，2010）基于对44个国家长期历史数据的考察分析发现，当政府债务占国内生产总值（GDP）的比重达到90%以上时，经济增速的中位数将下降1个百分点。

此外，有学者认为宏观杠杆率与经济增长之间为非线性关系。切凯蒂和哈鲁布（Cecchetti & Kharroub，2012）以及马勇和陈雨露（2017）通过私人部门信贷衡量了宏观杠杆率，并指出在临界点水平之前的杠杆率上升对经济增长有

① 对宏观杠杆率与微观杠杆率的界定及其联系，详见本书第二章第一节。

拉动作用，但当超过临界点后，杠杆率的继续上升则会拖累经济增长。刘晓光等（2018）也认同杠杆率变化对经济增长的非线性影响，并提出宏观杠杆率的提高将对经济增长造成负向影响，且存在紧缩触发机制和临界值增速。

（二）宏观杠杆率与经济金融风险

党的十九大报告明确指出，要“健全金融监管体系，守住不发生系统性金融风险的底线”[①]，而金融风险的根源在于杠杆率过高。杠杆率已经成为衡量一国债务可持续性的重要指标（李扬等，2015）。大量研究探讨了宏观杠杆率与经济金融风险以及风险传染之间的关系。布伦纳梅尔和克里希那穆提（Brunnermeier & Krishnamurthy，2014）认为宏观杠杆率过高是一个经济周期中引发系统性风险的核心要素，在衡量金融风险时，宏观杠杆率要比失业率、汇率波动等指标更为重要。

在理论方面，艾伦和盖尔（Allen & Gale，2000）构建了一个基于信贷扩张的资产价格泡沫模型，阐释了经济中“价格上涨—泡沫破灭—危机爆发”的三个阶段，并以此为基础分析了当存在信息不对称和风险转移时，信贷过度扩张所导致的资产价格泡沫及其所引发的系统性风险。从历史经验的视角，艾伦等（Allen et al，2002）指出高杠杆率通常是引起一国爆发经济金融危机的重要因素；有学者的研究（Elekdag & Wu，2011）也表明，信贷增长和杠杆率上升有引发金融危机的可能，尤其是在新兴市场经济体中（国际货币基金组织，2015）。通过对主要发达国家长周期中货币、信贷和宏观经济主要变量的考察，舒拉里克和泰勒（Schularick & Taylor，2012）也认为信贷增长和杠杆率上升往往是金融危机发生的前兆。

就我国宏观杠杆率与经济金融风险问题，中国人民银行杠杆率研究课题组（2014）认为，我国经济的总体杠杆率水平处于适度范围之内，但地方政府和非金融企业的债务已经处于较高水平。然而李扬等（2015）指出，我国宏观杠杆率上升速度过快，不仅高于国内历史水平，而且明显超过世界其他各国。尤其是处于高位的金融杠杆、政府杠杆和企业杠杆的持续增加会导致系统性金融风险的逐渐累积。马建堂等（2016）认为，我国宏观杠杆率的风险主要表现为债务的高速增长和较多的隐性债务。针对宏观杠杆与系统性风险传染之间

① 习近平：《决胜全面建成小康社会　夺取新时代中国特色社会主义伟大胜利》，人民日报2017年10月28日第一版。

的关系，荀文均等（2016）基于 CCA 模型①研究发现，宏观杠杆率的提升将推升居民、非金融企业和政府部门的风险水平，并使风险汇聚于处在网络中心节点的金融部门。

总体而言，目前对宏观杠杆率的研究多集中在其与经济增长和波动的关系等相关问题上，重点探讨究竟怎样的宏观杠杆率既有利于经济增长又不会集聚风险，以及怎样的政策操作能够缓释宏观杠杆率高企所引发的金融风险，并减少高杠杆对经济体系造成的负向影响。

二、微观杠杆率的相关研究

（一）影响企业杠杆率变动的宏观与微观因素

1. 影响企业杠杆率变动的宏观因素

对微观杠杆率的衡量通常采用资产负债率，即单个企业或家庭的总负债与总资产之比。针对影响企业杠杆率变动的宏观因素研究，已有文献大多从宏观经济、货币政策、金融发展以及制度因素等方面展开。

就宏观经济环境与企业杠杆率而言，多数研究表明，其二者往往具有顺周期性，即当宏观经济处于扩张期时，企业的杠杆率（资产负债率）往往上升，但随着经济下行，杠杆水平又会随之下降（Bhamra et al，2010）。现有对经济增长与微观企业杠杆率关系的分析，主要是将金融市场摩擦纳入一般均衡的理论模型中，考察金融活动对经济增长与微观企业杠杆率的相互影响机制（Townsend，1979；Gale & Hellwig，1985；龚强等，2014；张一林等，2016）。在此基础上，伯南克等（Bernanke et al，1991），以及清泷信宏和摩尔（Kiyotaki & Moore，1997）等的研究表明，经济增长会带来资产价值的上升，这将提升企业的抵押借款能力，进而使之获得更多的银行贷款（加杠杆）并增加投资；投资带来的经济扩张使得企业的资产价值进一步上升，而在这个过程中，企业杠杆率的上升又会增加银行的脆弱性（Mendoza & Terrones，2008）。有学者首次采用实证方法检验了宏观经济与企业杠杆率之间的关系（Korajczyk & Levy，2003），其结论表明，企业目标杠杆率会随宏观经济周期的不同而发生变动，存在融资约束的企业，其目标杠杆率呈现逆周期变动；无融资约束的企业，其目标杠杆率呈顺周期变动。从企业选择加杠杆的方式出发，有学者认为宏观经

① CCA（Contingent Claims Analysis）模型，又称未定权益分析模型，是一种用某种或某几种不确定商品或变量来进行估价的合同给予估计的相关分析方法。

济景气时，企业更倾向于选择债务融资而提高其杠杆率，尤其是规模较大的企业（Choe et al，1993；Gertler，1993）。与之相反，罗伯特和利维（Robert & Levy，2003）则认为在经济繁荣时期，企业更倾向于股权融资，而在萧条时期，具有较强外部融资能力的企业才会倾向于选择债务融资。但也有学者的研究发现，企业杠杆与经济增长呈现逆周期性（苏冬蔚、曾海舰，2009），其原因在于，宏观政策对经济周期逆向的调控，即在经济下行时期，政府宽松的宏观政策导致企业的资产负债率上升（王宇伟等，2018）。哈林等（Halling et al，2016）考察了美国和其他18个国家1984年至2009年的企业杠杆数据，也认为企业杠杆率具有明显的逆周期性。

除宏观经济环境变动外，货币政策也会通过不同的传导渠道影响企业杠杆率的变动。企业杠杆率变动不仅源自分子方的负债端，还受分母方资产端的影响。就负债端而言，货币政策调控所引发的资金供给冲击将改变金融市场中的资金供求关系，进而影响企业与金融机构的借贷决策，并导致企业杠杆率的变动（Leary，2009；Lemmon & Roberts，2010）。当中央银行采取宽松货币政策时，一方面，利率的降低将改善企业的资产负债表，增加企业的抵押品价值，并降低企业的融资难度；另一方面，信贷供给的扩张又将增加企业贷款的发放，从而扩大企业的债务融资规模（Gertler & Gilchrist，1994）。此外，货币政策对微观企业杠杆率变动的影响亦会因企业的行业属性、公司规模、抵押品价值等特征的不同而存在差异（Gertler & Gilchrist，1993；Gertler et al，2007；马文超、胡思玥，2012）。有学者的研究表明，在货币政策紧缩时期，相比其他企业，受融资约束更强的企业，其杠杆率的下降幅度更大（Gertler & Gilchrist，1994；Nilsen，2002）。以我国上市公司为样本，马文超和胡思玥（2012）同样发现，受到不同融资约束的企业的杠杆率对货币政策变动的反映同样存在显著差异性，当货币政策紧缩时，具有较高融资约束企业的资本结构会出现较大幅度的下降，而在货币政策宽松时，融资约束程度较高的企业，其杠杆率上升幅度却相对较低。实际上，这种现象的根源是国有企业的软预算约束以及银行的信贷歧视（陆正飞等，2009；饶品贵、姜国华，2013a）。就此问题，汪勇等（2018）通过构建动态随机一般均衡模型（DSGE）研究发现，政策利率的提高会降低国有企业的杠杆率，但会以民营企业杠杆率的上升与总产出的略微下降为代价。

虽然已有大量文献从实证和理论角度验证了货币政策对微观企业杠杆率的

正向影响，但实际上，企业加减杠杆率的决策最终还是依赖于其自身增减杠杆所带来的边际成本和边际收益，并不完全受货币政策因素的影响（Cooley & Quadrini，2006）。并且，由于货币政策对企业杠杆率的异质性影响，紧缩性货币政策并不一定能够化解我国非金融企业杠杆率的结构性问题。

此外，还有学者讨论了金融结构（Rajan & Zingales，1995；Kayo & Kimura，2011）、经济不确定性（Hatzinikolaou et al，2002；Baum et al，2009；Baum et al，2010；宫汝凯等，2019）以及财政政策（吕炜等，2016；周彬、周彩，2019）等其他宏观因素对企业杠杆率变动的作用机制。

2. 影响企业杠杆率变动的微观因素

如上文所述，在微观层面，杠杆率即为资产负债率（王国刚，2017），与之相关的概念是企业资本结构——通常以负债与所有者权益之比来表示，而根据企业资产负债表中的恒等关系式，资产又等于负债加所有者权益。换言之，杠杆率与资本结构可以被视为一枚硬币的两面，企业杠杆率的变动实际上是资本结构的动态调整过程（王朝阳等，2018）。自莫迪里亚尼和米勒（Modigliani & Miller，1958）提出莫迪里亚尼-米勒定理（MM 定理）以来，众多学者对企业如何选择资本结构及其微观影响展开了大量研究。

权衡理论在 MM 定理假设的基础上将破产风险和企业税纳入考察，并认为企业会对债务所带来的风险和收益进行权衡，进而决定其资本结构。依据权衡理论，已有文献发现，企业规模（Rajan & Zingales，1995；Chen et al，2014；Chivakul & Lam，2015）、有形资产占比（Liang et al，2014）以及企业盈利能力（Liang et al，2014）均与杠杆率呈正相关关系，而财务困境成本（Brounen et al，2004）和企业的非税盾效应（Givoly et al，1992）则与杠杆率呈负相关关系。优序融资理论（亦称啄序理论）则在 MM 定理的基础上考虑了信息不对称与交易成本的因素。该理论认为，与外部融资相比，企业更偏好内部融资，如企业需要外部融资，则会有限选择风险较低的债券，同时该理论认为企业的杠杆率是其对外部融资累积性要求的反映。依托该理论，一些学者的研究发现，规模更大、盈利能力更强的企业往往具有更低的杠杠杆率（Chittenden et al，1996；Huang et al，2011；Chen et al，2014）。此外，成长机会越高的公司对融资的需求也越大，因此会更多地借债，进而推高其杠杆率（Alkhatib，2012）。依据我国上市公司的样本，肖泽忠和邹宏（2008）发现企业杠杆率与其规模和有形资产率成正比，而与成长机会和获利能力成反比。

对企业所有制和杠杆率的关系，众多学者均指出不同所有制间的企业杠杆率不平衡，即相比私营企业，国有企业杠杆率较高（Song et al，2011；陈卫东、熊启跃，2017）。从近年的微观企业数据来看，国有企业在不断加杠杆，而私营企业却一直在去杠杆（钟宁桦等，2016；纪敏等，2017），国有企业所承担的政府性职能和政府隐性担保以及预算软约束是造成这种差异的主要原因（中国人民银行杠杆率研究课题组，2014）。就行业因素而言，大量研究表明行业因素对企业杠杆率有着显著影响（Bowen，1982；Bradley，1984；Harris & Raviv，1991）。依据我国上市公司数据，陆正飞和辛宇（1998）、郭鹏飞和孙培源（2003）等认为企业杠杆率受其所处行业的影响，后者研究发现大约9.5%的杠杆率差异可由企业所处的行业门类来解释。

总结已有文献可以发现，针对企业杠杆率变动的影响因素，宏观方面的研究主要从宏观经济运行、货币政策以及制度因素等方面展开，侧重分析企业经营环境和融资环境等外部因素对微观企业的影响及其影响机制。微观因素的相关研究则主要依托资本结构理论和预算软约束理论，认为企业杠杆率是其依据自身经营活动和财务特征而决定的变量。

（二）企业杠杆率变动的微观经济效应

在杠杆率变动的微观经济效应方面，现有研究大多围绕杠杆率对企业风险、财务绩效以及投资活动的影响等方面展开。杠杆率的提高虽然能够使企业以较小的自由资本支配较大的资产，但过高的杠杆率也会带来风险。巴克斯（Baxter，1967）指出，杠杆率的提高能够通过缓解融资约束而降低企业的流动性风险，并平抑跨期资金波动，但若杠杆率突破“可接受”的范围，过高杠杆率所引发的偿债压力将抵消融资约束缓解所带来的益处，过多的利息支出还会侵蚀企业的净收益。此外也有研究指出，宏观经济环境、商业周期和产业政策等外部环境的变化也会放大企业高杠杆所引发的风险（Zingales，1998；Campello，2003）。另有学者认为，在产业衰退期间，高杠杆率企业将会损失更多的市场占有率，从而遭受更高的运营风险（Opler & Titman，1994）。谭小芬和张文婧（2017）则提出，经济政策不确定性的提高会加剧企业受融资约束的程度，并会通过金融摩擦渠道对企业投资造成显著的负面影响。但也有学者认为，高杠杆率并不意味着企业将来会发生债务危机，外部融资能力与内部盈利水平对提高负债利用率、缓解债务风险也至关重要（陆正飞等，2015；周彬、周彩，2019）。

关于杠杆率变动对企业绩效的影响，学者们持有不同的观点。有研究认为企业杠杆率的提高将通过改善代理成本来提升企业绩效。杠杆率的提高意味着企业背负了更多的债务，故企业需要定期向债权人支付利息，这将减少管理层可自由支配的现金流，进而缓解股东与管理层之间的代理问题，并对企业资产回报率的提高具有积极影响（Jensen，1986；Rajan & Zingales，1998；Beck & Levine，2004；Ang，2008）。债权人在获取企业信息时具有比较成本优势，债务契约能够通过约束管理者的行为而更为有效地监督管理层，并对企业治理产生积极作用（Diamond，1991；Harris & Raviv，1990；Shleifer & Vishny，1997）。但也有学者指出，高杠杆率不仅会提高企业利益相关者的风险补偿溢价，而且会抑制企业的创新投资激励，进而对企业绩效产生负面影响。一方面，由于高杠杆提高了企业的债务违约风险，银行可能会要求企业支付更高的利息成本，同时由于破产风险的增加，企业还需要弥补性地支付更高的人力成本（Berk et al，2010），进而减损企业绩效；另一方面，为了满足银行贷款对抵押品的要求，高杠杆率可能会鼓励企业增加可抵押的固定资产投资而减少知识导向的研发投资，从而限制企业的创新能力（Morck & Nakamura，1999），并对企业绩效产生负面影响。此外，依托资本结构理论等相关理论，也有众多学者讨论了企业杠杆率、债务期限以及债务来源与投资活动和研发活动之间的关系（Jensen & Meckling，1976；Jensen，1986；Stulz，1990；童盼、陆正飞，2005；王玉泽等，2019）①。

在对已有文献的梳理过程中发现，首先，对于宏观杠杆率，现有文献多以总量视角关注一国经济整体或各经济部门的债务率，并强调非金融企业部门杠杆率高企的问题，由此展开杠杆率与经济增长和经济金融风险关系的研究。但宏观的总量视角却难以准确解释存在异质性的微观个体，对于非金融企业杠杆率与经济增长和金融稳定的关系仍然需要聚焦微观层面。其次，现有针对微观杠杆率变动驱动因素的研究，在微观领域已经有了丰富的成果，但在宏观层面仍多围绕经济运行、宏观政策与制度因素等方面展开，尚未关注金融周期对微观企业杠杆率变动的影响和作用机制；同时，对于我国企业杠杆率分化问题尽管也有学者进行了探讨，但并未深入挖掘其背后的银行信贷歧视等因素。最后，对于企业杠杆率变动的微观效应，已有研究从杠杆率与企业风险和绩效等方面进行了比较丰富的探讨，也有研究讨论了杠杆率变动对企业投资行为的影

① 关于企业杠杆率与投资活动的文献综述，详见本书第二章第三节。

响，但较少分析杠杆率变动背后的企业资产配置。此外，对于杠杆率与投资行为的相关研究，则更多是孤立讨论杠杆率与投资活动或研发活动的关系，并未将企业的投资活动、研发活动以及金融资产投资纳入一个统一的分析框架。

第三节　研究内容与拟解决的问题

一、主要研究内容

本书内容共分为七章，具体安排如下。

第一章为导论，首先论述了选题背景和研究意义，其次在梳理归纳已有宏观杠杆率和微观杠杆率研究的基础上，提出了主要研究内容、拟解决问题并阐述了所采用的研究思路和研究方法，最后说明了本书的创新点与可能存在的不足。

第二章为概念界定与理论基础。首先，界定了本书所涉及的关键概念，辨析了微观杠杆率、宏观杠杆率及二者之间的关系。其次，梳理了本书所涉及的理论基础，包括“债务-通缩”理论、金融加速器理论、预算软约束理论、预防性储蓄理论等。最后，梳理了企业资产配置的相关研究，辨析了资产配置与资产结构的关系，明晰了本书分析框架下企业资产配置的类型与度量方式。

第三章为金融周期与企业杠杆率变动。首先，论述了次贷危机以来金融周期理论的发展并归纳了金融周期影响微观企业杠杆率的资产负债表渠道与银行信贷渠道。通过将2007—2017年沪深两市A股非金融类上市公司财务数据与季度层面金融周期指数相匹配，实证分析了金融周期与企业杠杆率变动之间的关系。其次，依据企业持有资产与所受融资约束的差异，验证了金融周期影响企业杠杆率的资产负债表渠道和银行信贷渠道。最后，通过对金融周期波动的计算，讨论了金融周期波动对企业总杠杆率以及不同维度杠杆率的影响。

第四章为银行信贷歧视与企业杠杆率变动。本章从信贷与杠杆率的关系出发，进一步从银行信贷歧视的视角分析了国有企业和非国有企业杠杆分化的现象，利用非金融类上市公司的财务数据对货币政策、银行信贷歧视与非金融企业杠杆分化现象进行了实证分析，考察了货币政策对银行信贷歧视与非金融企业杠杆分化的影响，以及货币政策适度性、银行家信心指数和央行沟通的调节效应，并讨论了银行信贷歧视对国有企业和非国有企业结构性杠杆分化的影响。

第五章为企业杠杆率变动与金融资产配置。首先，论述了我国经济运行中出现的非金融企业金融资产配置，即“脱实向虚”现象，从统计角度解释了企业杠杆率变动与金融资产配置之间的非线性关系。其次，从企业配置金融资产动机出发，梳理了基于“蓄水池”动机的金融资产配置与基于“投资替代”动机的金融资产配置，并分别将企业配置的流动性金融资产与非流动性金融资产与上述两种差异性动机相对应；同时，通过构建理论模型和实证研究，还分析了企业杠杆率变动对不同类型金融资产配置的影响。最后，从企业面临的内外部风险因素、外部融资环境与企业融资能力以及经营能力差异等方面，分析了杠杆率变动对企业金融资产配置影响的调节效应。

第六章为企业杠杆率变动与经营资产配置。首先，论述了企业经营资产配置与投资活动的关系，并将投资行为划分为固定资产投资与研发投资。其次，通过构建理论模型并利用非金融类上市公司财务报表的年度数据，分析了企业杠杆率变动对投资行为及异质性企业的影响。最后，探讨了企业财务柔性和发展前景差异下杠杆率变动对研发投资占比的调节效应。

第七章是研究结论与政策建议。依据前文对企业杠杆率变动与资产配置之理论与经验的分析，总结全文并提出相应的政策建议。

二、拟解决的问题

笔者试图以“金融”与“实体”的关系为出发点，从总量视角与分化视角厘清我国非金融企业杠杆率变动的驱动因素以及杠杆率变动对企业金融资产和经营资产配置的影响（详见图 1–2）。

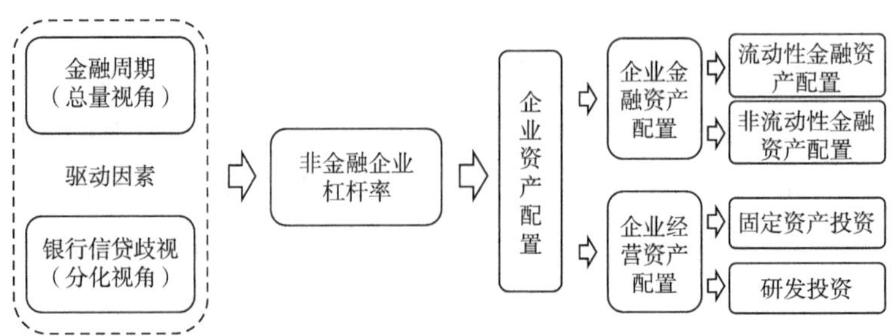

图 1–2　主要研究问题

本书拟解决的问题可以概括为以下三部分。第一部分，主要依托“债务-通缩”理论与金融加速器理论，通过对金融周期与企业杠杆率变动的考察，分析外部金融环境变化对微观企业的影响，这更多是基于企业杠杆率变动的总量视角。第二部分，主要依据预算软约束理论，重点分析银行信贷歧视与货币政策适度性对国有企业与非国有企业杠杆率分化的影响，这更多是基于企业杠杆率变动的结构视角。第三部分，主要考察企业杠杆率变动对资产配置的影响。本书聚焦企业资产配置的主动性、结构性及相应的投资活动，并将企业资产划分为金融资产与经营资产。对于企业金融资产的配置，本书基于企业配置金融资产的“蓄水池”动机和“投资替代”动机，依据资产流动性的差异，将金融资产划分为流动性金融资产与非流动金融资产，并分别通过理论模型的构建与经验分析，考察企业杠杆率变动对这两类金融资产配置的影响。对于企业经营资产的配置，本书基于经营资产配置所反映的经营投资活动，采用支出法阐释企业固定资产与研发投资的规模和占比，并通过理论分析与经验分析，分别讨论企业杠杆率变动对这两类投资行为的差异性影响。

第二章　概念界定与理论基础

在本章中，笔者首先界定了杠杆率的内涵和外延，并分别论述了微观杠杆率与宏观杠杆率的概念与度量方式及二者之间的关联。其次，依据本书所研究的问题，本章梳理了“债务-通缩”理论（包括金融加速器理论）、预算软约束理论、预防性储蓄理论，分别对应后文中金融周期与企业杠杆率变动、信贷政策与杠杆率分化以及企业资产配置等相关研究。最后，本章还界定了企业资产配置的内涵，辨析了其与资本结构、资产结构的关系，论述了划分企业金融资产与经营资产的理论依据及影响企业资产配置的相关因素。

第一节　杠杆率的内涵和外延

一、杠杆率的界定

“杠杆”的概念最早出现在物理学中，指“在力的作用下绕固定点转动的硬棒”。阿基米德在《论平面图形的平衡》一文中提出了杠杆原理，即“可公度或不可公度的两个量，当其距支点的距离与两量成反比例时，处于平衡状态”（Heath，1897）。在经济学中，“杠杆”的概念最早出现在微观领域，用来表示经济主体通过负债、借贷等方式，以较小的自有资本金控制较大资产的经济现象，其比率被称为杠杆率；在宏观领域，杠杆率通常指经济部门或经济体的债务收入比，用以衡量债务的可持续性。

二、杠杆率的范畴：微观杠杆率与宏观杠杆率

（一）微观杠杆率

就微观层面的企业而言，杠杆率通常指单个企业资产负债表中总负债与总

资产的比例，即资产负债率，用以描述微观经济主体所控制的资产规模和自有资本之间的比例。除了总债务资产比的视角之外，债务与有形资产之比、负债与所有者权益之比、总资产与所有者权益之比等，均能够反映微观杠杆率（Bhatia & Bayoumi，2012；纪敏等，2017）。

在企业总资产不变的情况下，更高的杠杆率意味着更多的负债，即会带来额外的资金使用成本，这就需要企业将部分经营活动或投资活动产生的收益作为利息让渡给债权人。负债经营是现代企业实现经营目标的重要特征，企业通过负债能够以较小的自有资本撬动并控制较大的资产规模，从而利用社会资本扩大生产，但过多的负债则会增加企业的偿债压力和破产风险。

依据企业资产的不同度量方式，可将杠杆率分为账面杠杆率和市场价值杠杆率，前者是企业资产负债表中的账面负债与账面资产之比，用以度量在某一时点的企业负债与资产之比；后者则是企业负债的账面价值与权益的市场价值之比，体现了企业债务与未来盈利能力的比例关系。

在一些研究中，也有学者按照负债期限与负债来源将杠杆率进一步细分，即按照债务流动性，将总杠杆划分为短期杠杆（流动负债/总资产）与长期杠杆（非流动负债/总资产）；按照资金来源，可将企业从银行获得的债务与经营过程中获得的债务加以区分，将杠杆划分为银行杠杆（短期借款与长期借款之和/总资产）与商业信用杠杆（应付账款、应付票据与预收账款之和/总资产）（Korajczyk & Levy，2003；王玉泽等，2019）。

此外，在企业财务管理中，亦有财务杠杆的提法，指在负债规模一定的情况下，企业息税前利润变动对每股盈余所产生的作用，即每股净利润的变动率相对于息税前利润变动的倍数（朱武祥，1997）。

（二）宏观杠杆率

在宏观层面，杠杆率的定义本应与微观视角相一致，即所有微观个体加总后的负债与资产之比，用来反映经济总体以及各经济部门的资产负债率水平。但由于缺少完整的宏观经济部门资产负债表，故无法从微观视角的资产权益角度来衡量杠杆率，因而在研究中往往采用以下三种方式来度量宏观杠杆率：一是采用总债务与 GDP 的比值（马骏等，2012；中国人民银行杠杆率研究课题组，2014；李扬等，2015；纪敏等，2017）。理论上，作为分母的国内生产总值（GDP）与国民总收入（GNI）相等（Chang & Li，2018），能够较好地描述各经济部门的收入状况，而分子则从借方角度衡量经济主体或不同经济部门的债务存量，此种测度方式能够很好地描述债务之可持续性（Dalio，2014）。二是社会融资余额与 GDP 的比值（IMF，2015），此种方式并未考虑政府部门的负债，也并未纳入资本市场中的融资规模。三是采用广义货币供应量（M2）与 GDP 的比值，这一指标的应用始于麦金农（Mckinnon，1973），它实际衡量的是在一国全部经济交易过程中金融深化的程度。

刘晓光和张杰平（2016）认为这三种测度方法从本质上讲是一致的，即这三种度量方式均是以资本产出比值的方式，对宏观层面的货币、社会融资以及债务之可持续性的衡量。其中，使用最广泛的即为总债务与 GDP 的比值这一度量方式（李扬等，2013、2015；牛慕鸿、纪敏，2013；中国人民银行杠杆率研究课题组，2014）。虽然此种方法并未考虑借贷资金成本、债务期限结构等因素对宏观经济部门之债务压力的影响（李志辉等，2016），但便于进行宏观杠杆率的国际比较，也便于分析政府、居民、非金融企业以及金融企业等经济体中各部门之间的杠杆率结构问题。

从宏观杠杆率的结构问题出发，李杨（2013、2015）将经济主体分为家庭、非金融企业、政府和金融企业四个部门，用各部门的债务与 GDP 之比（债务/GDP）来核算各经济部门的杠杆率，并用各部门债务之和与 GDP 之比（总债务/GDP）来核算宏观经济的总杠杆率。然而，值得注意的是，李扬等（2013）所统计的非金融部门杠杆率是宏观层面上的加总数据，并不能够描述微观企业的杠杆特征。此外，这一统计方式还包括了地方政府融资平台这一有政府背景的实体债务。

（三）宏观杠杆率与微观杠杆率的联系

宏观经济中的各经济部门均是由微观个体组成的，宏观层面杠杆率的变动实际上都是由微观个体的杠杆率变动所形成的。如上文所述，对于宏观杠杆率的描述，已有研究多采用负债/GDP 的方式，而对微观杠杆率的度量则多采用负债/资产的方式。由此可以发现，若将微观杠杆率的分子、分母同除以 GDP，则微观杠杆率即转化为（负债/GDP）×（GDP/资产），其中“负债/GDP”即为宏观杠杆率的度量方式，而“GDP/资产”则反映的是资产所创造的产品和劳务价值，即宏观视角下的资产收益率。基于此，纪敏等（2017）指出，实体经济效益的持续下滑，导致资产收益率下降，进而表现为非金融企业部门宏观杠杆率持续上升和微观企业资产负债率明显下降并存的现象。王宇伟等（2018）将宏观杠杆率进行拆分（如式 2-1 所示），指出“债务/总资产”

可对应为微观企业的有息负债率，“总资产/营业收入”可视为资产周转率的倒数，而“营业收入/GDP”可类比为宏观增加值率并将其定义为微观企业增加值率。依据此种分解方式，王宇伟等（2018）研究发现，宽松的货币政策将对微观企业负债水平具有正向影响，而金融资源的产权错配和行业错配又会使金融资源更多地流向资产周转率较低与增加值率较低的企业，进而造成非金融企业部门宏观杠杆率的高企。

$$\text{宏观杠杆率}=\frac{\text{债务}}{\text{GDP}}=\frac{\text{债务}}{\text{总资产}}\times\frac{\text{总资产}}{\text{营业收入}}\times\frac{\text{营业收入}}{\text{GDP}} \tag{2-1}$$

基于宏观杠杆率与微观杠杆率的联系，微观企业杠杆的变动及分化更值得关注。由于金融企业与非金融企业资产负债表的差异，针对微观企业杠杆率的研究通常以非金融企业为样本（纪敏等，2017），而对金融企业杠杆率的相关研究，学者通常称之为金融杠杆（马勇等，2016a；汪莉，2017）。若无特别说明，本书后面所称的杠杆率、微观杠杆率或企业杠杆率均指非金融企业的负债与资产之比。

有碍于数据的可得性与真实性，本书对非金融企业杠杆率的分析均以我国上市公司为样本。上市公司所披露的财务数据完整充分，且经过严格的审计，具有较高的可信度。此外，自 2007 年以来，上市非金融企业在所有非金融企业中的资产和负债占比均在 10%左右，其多数年份负债占比高于资产占比（陈卫东、熊启跃，2017），这表明上市企业的负债规模并不小于非上市企业，因而以上市企业为研究样本具有一定的代表性。

第二节　杠杆率研究的理论基础

一、“债务–通缩”理论

通过总结美国大萧条时期微观企业借贷行为与宏观经济的变化，费雪（Fisher，1933）指出，债务规模和资产价格是影响经济变动的关键指标，他还从资产价格变化与企业借贷行为出发解释了经济危机产生的原因，并将其总结为“债务–通缩”机制。具体而言，在经济繁荣阶段，市场存在大量投资机会与信贷资金，企业倾向于更多地利用外部资金以扩大生产，获得更多收益，由此推高其债务；而过高的债务则会削弱企业抵挡外部冲击的能力，当出现市场需求萎缩或资产价格下降等外部冲击时，在债务清偿的压力下，企业就不得不变卖资产以偿还债务，这将导致企业抵押能力下降并会使市场中的资产价格下滑，进而引发企业资产净值的下降和实际债务水平的上升，并加剧企业的偿债压力，形成债务与通缩的恶性循环。

在后续的研究中，伯南克（Bernanke，1983）认为，除了产品市场外，“债务-通缩”机制还会通过金融市场引发经济的持续衰退。当经济陷入“债务-通缩”的循环时，资产价格的下降与企业财务状况的恶化将放大逆向选择与道德风险，使银行等金融机构难以分辨借款企业的优劣，从而更加谨慎地发放贷款并提高利率，这将进一步恶化企业的融资环境。信息不对称与金融摩擦的存在使得金融体系放大了“债务-通缩”的问题，并导致经济的加速下滑，有学者将这一过程称之为“金融加速器”效应（Bernanke et al，1999）。

在提出“债务-通缩”理论的同时，费雪（Fisher ，1933）还指出，避免经济陷入“债务-通缩”的方式是实行扩张性的货币政策，然而此时若经济已经进入下行周期，宽松的货币政策将会面临零利率约束。此外，就微观企业而言，过高的债务压力和宏观经济环境的萧条将促使企业转而追求债务最小化而非利润最大化的目标（Koo，2009），即使在宽松的货币政策环境下，企业也缺乏寻求外部资金、扩大生产的动力。基于这一分析，有学者认为，积极的财政政策能够通过刺激总需求的扩张，更好地解决“债务-通缩”问题，但这仍需要由货币政策加以配合，否则政府支出的扩大会挤出私人部门投资，导致经济增长乏力（Koo，2009；Eggertsson & Krugman，2012）。

实际上，无论是货币政策还是财政政策，其目的均是为了激发微观经济活力，从而使经济转入上行通道。诚然，过高的债务容易使经济陷入“债务-通缩”的恶性循环，但对微观企业高杠杆率的过度反应，也容易造成企业在“去杠杆”的政策操作中，为了降低自身杠杆水平而以出售资产的方式偿还债务，这无疑将加剧企业的融资约束，进而导致其被“去投资”。对于杠杆率高企问题，需要分部门、分地区、分类型来看待，更重要的是，要关注微观企业将借贷而来的资金配置在了何处，是扩大了固定资产，还是增加了研发投资，或是参与了金融市场活动，等等。

二、预算软约束理论

在分析社会主义国家中的国有企业行为时，科尔奈（Kornai，1980）提出了预算软约束的概念，即在社会主义经济体系中，当国有企业受到债务压力，陷入财务危机时，政府往往会采取追加投资、财政补贴、信贷支持等方式来维持企业运行，以避免其破产。相比西方市场经济中企业一旦无法偿还债务则面临经营中止与破产清算这一“硬”约束，在施行计划经济的社会主义国家中，即使国有企业背负巨额债务、经营不善，也能够在政府的支持下得以存续。实际上，这种现象不仅仅发生在计划经济中，即使是在市场经济中，政府对企业仍然可能存在预算软约束（刁莉，2016）。

在提出预算软约束这一概念时，有研究认为“父爱主义”是造成这种现象的直接原因（Kornai，1980），政府之所以会援助经营不善甚至濒临破产的企业，是因为国有企业往往担负着部分政府性职能（林毅夫等，2004），因而其倒闭会产生严重的经济后果。在后续的研究中，学者们从不同的角度讨论了这种现象产生的原因，如有的学者指出社会主义经济中公有制的存在使政府、银行与企业共同决定了对企业的信贷支持，进而造成了预算软约束问题（Li，1992）；有的学者则从非政治因素的角度分析，他们认为，由于信息不对称与“投资—收益”时间不一致性的存在，银行会基于沉没成本的考虑而继续为企业提供贷款，哪怕这些企业无法按期还款，这就造成了银行等金融机构对企业的软约束现象（Dewatripont & Maskin，1995）。

预算软约束的存在不仅会扭曲企业的真实融资约束（朱红军等，2006），使债务难以发挥治理作用（田利辉，2005；辛清泉、林斌，2006），并会导致地方政府债务的持续增长（方红生、张军，2009；龚强等，2011），使得资金难以流入高成长性的中小微企业与民营企业，进而形成低效企业将高效企业“挤出去”的现象。中国人民银行营业管理部课题组（2017）认为，当前我国经济运行中预算软约束的现象仍然存在，这种非效率配置会使国有企业获得与其自身产出效率不相匹配的融资能力（邵挺，2010；周煜皓、张盛勇，2014）。此外，政府的隐性担保也会使国有企业容易获得银行信贷（陈小亮、马啸，2016），而持续的债务积累则会不断推高国有企业的杠杆率，进而造成我国非金融企业杠杆率的分化问题，即国有企业杠杆率的高企与民营企业杠杆率的下降并存（钟宁桦等，2016；纪洋等，2018）。

三、预防性储蓄理论

在传统货币理论需求中，凯恩斯（Keynes，1936）在分析流动性偏好时，将微观经济体对货币的需求动机分为三类，即交易动机（包括收入动机和业务动机）、预防性动机（又称谨慎动机，即预防性储蓄）和投机动机。其中，预防性动机对货币的需求，其目的是应对未预期到的支付需求和投资机会；此外，持有价值不变的资产（货币）以偿付未来到期的债务也归为此种动机。同时，凯恩斯还指出，交易动机和预防性动机均部分地取决于微观经济主体在有资金需求时，获取外部借款的能力与借贷成本（Keynes，1936）。

对于企业而言，收入动机与业务动机类似于企业的营运资本，是维持企业日常经营的资金需求，预防性动机即企业为了应对未来经营状况的不确定性和潜在投资机会而储备的流动性，而融资约束的加重则会强化企业的预防性动机。从企业投资行为来看，有大量研究表明，受融资约束较强的企业，其投资规模与内部现金流具有显著的正相关性（Fazzari et al，1988；Hoshi et al，1991；王彦超，2009）。

早期对企业预防性储蓄的研究主要聚焦于企业的现金持有行为（Opler et al，1999；Han & Qiu，2007；彭桃英、周伟，2006），随着金融市场的发展与金融工具的丰富，具有广泛交易市场的金融资产不仅具有较强的流动性，而且能使企业在持有金融资产期间获取投资收益，由此成为理想的预防性储蓄资产。然而，过多的金融资产配置会导致企业沉溺于通过配置金融资产参与金融投资活动，进而挤出其主营业务和经营投资，既不利于企业的健康发展，又会使经济出现"脱实向虚"的现象。也就是说，企业配置金融资产具有正反两方面作用。一方面，更多流动性较强的金融资产的配置不仅能使企业获得收益，而且其较强的流动性还能够提高企业的偿付能力，从而使企业能更好地应对外部环境变化所带来的经营风险与财务风险，并更好地把握投资机会；另一方面，过度的金融资产配置不仅易使企业疏于主营业务，而且会使企业承担更多因金融资产价值波动所引发的风险。

实际上，若企业具有较强的外部融资能力或存在预算软约束，则不必做过多的预防性储蓄，因为当企业有未预期到的资金需求时，是能够及时从外部获取信贷支持的。与之相反，难以获取信贷支持的企业，则不得不准备充足的预防性储备以备不时之需。

第三节　企业资产配置的理论基础

一、企业资产配置

资产配置（asset allocation）这一概念源自现代投资组合理论，该理论主要考察投资者如何在不确定的情况下选择最优的投资决策（Markowitz，1952；Tobin，1958）。我们可以将资产配置简单理解为微观经济个体或组织依据其投资需求，持有不同类别资产的安排。在后续的研究中，这一概念被广泛使用，并延伸至家庭、非金融企业、金融企业与政府部门。在以非金融企业为研究对象时，资产配置即企业为实现经营目的，满足经营活动与投资需求而对其持有的各类资产进行分配的经济活动。冯建和王丹（2013）认为，资产配置即企业通过对所持有资产合理、有效的配置，进而达到降低企业经营风险，保持盈利稳定性的目的。

与资产配置相似的概念为资本结构（capital structure）与资产结构（asset structure）。资本结构是指企业权益资本与债务资本的比例以及债务资本中各种不同来源与期限债务的结构性关系。已有研究常用总负债与总资产之比（总负债/总资产）（Fischer et al，1989；蒋殿春，2003；苏冬蔚、曾海舰，2009）、总负债与股东权益之比（总负债/股东权益）（Taub，1975；Kane et al，1984）或长期负债与总资产之比（长期负债/总资产）（Marsh，1982）来描述企业资本结构。资产结构则是指企业所拥有的各类资产规模与结构的关系，以及占总资产的比例，它能够描述企业所持有不同类型资产的分布和结构状况（张新民，2014）。可以看到，资本结构更关注企业的融资（筹资）活动，而资产结构则更关注企业的投资活动。就资产配置与资产结构的关系而言，笔者认为，前者更强调企业动态的、主动的资产选择和持有行为，而后者则更多是描述静态情况下企业不同类型资产的结构及分布情况。或者可以认为，资产配置将改变企业的资产结构，而资产结构则是资产配置的结果。

在以往的研究中，学者们往往采用企业有形资产、固定资产或流动资产占总资产的比例来描述企业的资产结构（Bradley et al，1984；Rajan & Zingales，1995；蒋殿春，2003；肖作平，2005）。此外，也有研究从资产专用性的角度，采用固定资产、在建工程、长期待摊费用和无形资产四项长期非金融资产净值占总资产的比例来描述资产结构（雷新途等，2016）。还有学者聚焦企业的现金资产配置，以分析企业现金持有行为的宏微观因素和经济效益（Opler et al，1999；Han & Qiu，2007；彭桃英、周伟，2006；连玉君、苏治，2008；Frésard，2010；Duchin et al，2017）。

近年来，随着金融市场的发展，金融工具的丰富，在金融深化背景下，经济金融化与企业金融化问题受到众多学者的重视。有学者指出，依据资产流动性的划分方式虽然能够反映资产结构之于资本结构的偿付能力，但无法反映企业价值增值的来源，有鉴于此，他们将企业资产划分为经营资产与金融资产（Nissim & Penman，2001；Penman，2013）。这种划分方式，不仅能够体现资产随外部金融环境、市场环境变化的敏感性，而且能够反映不同资产的财富创造能力（张永冀、孟庆斌，2016）。随后，有大量研究讨论了非金融企业的金融资产配置行为，包括金融资产的界定（Orhangazi，2008；Demir，2009b；刘珺等，2014；宋军、陆旸，2015），配置金融资产的动机（胡奕明等，2017；闫海洲、陈百助，2018），引致因素与宏微观经济效应（Orhangazi，2008；Duchin，2010；Tori & Onaran，2018）。

综上所述，基于本书对企业资产配置的界定，以及所研究的问题和已有文献，书中的后续内容将借鉴上文所提及的学者成果，将企业资产配置分为金融资产配置和经营资产配置，并分别讨论企业杠杆率变动与这二者之间的关系。需要指出的是，本书对企业资产配置的研究将重点突出其结构性、主动性以及资产配置背后的投资活动。首先，就结构性而言，依据尼西姆和彭曼（Nissim & Penman，2001）的划分方式，企业经营资产为总资产减去金融资产，因此在总资产不变的情况下，金融资产配置的增加势必会减少企业对经营资产的配置，即金融资产与经营资产互为补集。其次，就主动性而言，笔者认为，企业资产的配置应当为企业的主动行为，而非被动改变。不以企业自主意志而改变的固定资产和无形资产的折旧摊销以及应收账款的变动，不应纳入企业资产配置的讨论范畴。最后，笔者认为，企业资产配置的背后即为投资活动，投资活动是企业最为重要的组织活动，它决定着企业的发展方向。将企业资产划分为金融资产与经营资产的方式，不仅能够与大类资产配置中所强调的金融资产与实物资产形成对照关系，而且能区分企业的投资活动，即投资于金融还是实体经济。更多的金融资产配置意味着企业更多地参与了金融投资，而更多的经营资产配置，尤其是针对固定资产和无形资产的配置，则表明企业扩大了其经营投资规模。

二、企业金融资产配置

（一）企业金融资产的界定

企业金融资产（financial assets）是指企业所持有的，能够在特定市场买卖交易，同时其本身具有市场价格与远期估价的金融工具或金融产品的总称，它是一种以价值形态存在的资产，是一种能够索取实物资产的无形权利。依据我国《企业会计准则》① 的说明，企业金融资产包括现金、其他单位的权益工具、收取现金或其他金融资产的合同权利、与其他单位交换金融资产或金融负债的合同权利、须用或可用企业自身权益工具进行结算的非衍生工具和衍生工具。具体到企业资产负债表中，则表现为现金、交易性金融资产、可供出售金融资产、持有至到期投资等科目。其中，现金虽然不会产生收益，但在已有研究中，大多学者均将其纳入广义金融资产的统计范畴。

现有研究大多以金融资产占总资产的比例来描述企业金融资产配置的规模。德米尔（Demir，2009b）较早采用了这一度量方式来分析企业金融化的成因，并将现金、短期投资和对其他企业的投资等科目作为金融投资的测量指标。依据我国上市公司财务报表科目，刘珺等（2014）将交易性金融资产、买入返售金融资产、可供出售金融资产、持有至到期投资、发放贷款及垫款等科目作为企业金融资产配置的估算指标，并将其称为类金融资产。随后，宋军和陆旸（2015）对企业配置金融资产的范畴进行了进一步扩展，引入衍生金融资产、短期投资净额、长期债权投资净额、长期股权投资（金融机构股权）和投资性房地产，以及其他流动性资产明细中的委托贷款、理财产品及信托产品投资余额等，使企业金融资产配置的度量范围更加全面。

当企业总资产尤其是非金融类资产出现未预期的下降时，企业金融资产占总资产的比重可能也会大幅上升，而这并不是因企业投资决策所引起的金融资产配置。为了排除这种影响，也有学者采用企业金融投资的绝对规模来度量企业金融资产配置。例如，胡奕明等（2017）在研究宏观经济环境如何影响企业的金融资产配置时，采用了金融资产配置的相对规模（金融资产占总资产的比重）和绝对规模（企业金融投资的自然对数值）的方式。

本书对企业金融资产的界定参考了张成思和张步昙（2016）的方式，将

① 详见 http：//www. mof. gov. cn/zhengwuxinxi/zhengcefabu/2006zcfb/200805/t20080519_23108. htm。

货币资金、持有至到期投资、交易性金融资产、投资性房地产、可供出售的金融资产、长期股权投资以及应收股利和应收利息等科目，作为企业广义金融资产的配置，而将扣除长期股权投资持有的金融资产作为企业狭义金融资产配置的度量。同时，本书参考刘珺等（2014）以及宋军和陆旸（2015）的方式，在张成思和张步昙（2016）选取科目的基础上纳入衍生金融资产、买入返售金融资产净额、发放贷款及垫款净额等科目，从而对金融资产的度量更加全面。

（二）企业金融资产配置的影响因素

已有研究对企业金融资产配置的动因进行了一些探索，但是得到的结论并不一致。例如，国内外一些学者认为，传统生产性行业的利润率下降是诱发非金融企业增加金融资产配置的主要原因（Krippner，2005；张成思、张步昙，2015）；然而从数据上看，盈利性较高的企业由于资金充足、生产性投资机会相对欠缺，也会增加金融资产配置的比重（宋军、陆旸，2015）。通过对不同观点的梳理，可将企业金融配置动机的有关解释分为“蓄水池”理论、“投资替代”理论及“实体中介”理论（戴赜等，2018）。

“蓄水池”理论指出，企业配置金融资产的目的是将其作为流动性储备，以防止现金流冲击带来的资金链断裂风险，即预防性储蓄（Smith & Stulz，1985；Stulz，1996；胡奕明等，2017）。一方面，金融资产具有更强的流动性和更广泛的交易市场，当企业面临财务困境时，能够通过迅速出售金融资产以获得流动性，从而缓解资金压力；另一方面，当企业认为未来将面临宏观经济的不确定性或潜在的投资机会时，也倾向“持币而动”，对那些本身就存在融资约束的企业而言尤其如此（Almeida et al，2004）。学者德米尔（Demir，2009a）通过对阿根廷等国非金融企业投资组合的分析得出，除了收益率之差外，应对宏观经济的不确定性是企业配置更多金融资产的重要原因之一。此外也有研究认为，企业对资金流动性的管理能够有效缓解融资约束对企业固定资产投资的抑制作用（Ding et al，2013）。企业以缓解财务困境为目的而从事了一些金融投资，这是有利于实体经济发展的。不过张成思和张步昙（2016）指出，从数据上来看，我国企业金融资产配置与实体经济投资是负相关的，造成这一结果的原因可能是已有研究并未对不同类型的金融资产配置加以区别。

“投资替代”理论认为，企业进行金融资产配置的目的是追求利润最大化，所以当金融投资收益率较实体经济投资收益率更高时，企业会通过配置更多的金融资产来寻求获利，进而“挤出”实体经济投资（Orhangazi，2008；Demir，2009b）。基于“投资替代”理论，可以从以下三个方面来解释企业配置金融资产的行为。第一，实体经济投资收益率不断下降。在欧美发达国家，传统生产性行业利润率的长期下降是推动其企业金融化的原动力（张成思、张步昙，2015）。2008 年全球金融危机以来，在国外需求不足、国内结构性矛盾突出的情况下，我国实体经济也陷入了持续的低迷状态，导致实体经济的投资收益率不断下降。第二，金融投资收益率不断上升。在实体经济低迷的情况下，政府频繁推出宽松的货币政策，当宏观层面过剩的流动性进入资本市场和房地产市场时，就会造成资产价格泡沫和房地产价格泡沫；股票市场和房地产市场的交替繁荣，引起了金融投资收益率的不断上升。第三，企业对短期利益的偏好程度上升。“股东价值最大化”的企业目标会使管理层更看重短期利益，从而倾向持有易于在短期内获利的金融资产而非投资实体（即使在两者收益率相似的情况下），这将在某种程度上改变以往企业“生产—留存—投资”的资产配置模式。“投资替代”理论所解释的企业金融资产配置，不利于实体经济的发展。面对投资收益率的差距，不断涌入金融活动的资源会进一步推动资产价格的上涨，从而加剧实体经济投资与生产性投资的收益率差距，进一步削弱实体经济投资。有学者已通过韩国和土耳其的数据验证了“挤出效应”的存在，即企业更多的金融资产配置，加剧了实体经济投资的下降趋势，并导致了经济形势的恶化（Seo et al，2012；Akkemik & Özen，2014）。

此外，还有学者提出了“实体中介”理论来解释新兴市场国家的企业金融资产配置现象，即一些企业易于从银行获得资金，但生产效率较低，因而一方面从银行获得资金，另一方面则把资金转贷给其他企业（Shin & Zhao，2013）。这类企业通过增加金融资产的持有，从事类似金融中介的业务，故被称为“实体中介”。“实体中介”的产生主要源于银行的融资歧视。这一情况在我国中小企业和非上市民营企业之中尤为突出。相比大型企业和国有企业，中小企业和民营企业受自身发展时间短，规模小，管理体系不健全、不完善等因素的制约，更难从银行获得融资（Hodgman，1961），而预算软约束的存在也使银行更趋向于大客户业务（Dewatripont & Maskin，1995）。在受到信贷歧视的情况下，企业被迫寻找资本市场、影子银行等其他融资渠道。在发达的市场经济国家，高风险企业主要依靠风险资本、私募股权基金、资本市场等直接融资方式获得融资；而在中国、印度等新兴市场国家，金融市场发展相对缓慢，高风险企业只能通过影子银行获得融资，进而推高了影子银行的投资收益率（李建军，2010；李建军、薛莹，2014）。面对影子银行投资的高收益率，那些拥有大量闲余资金的企业有着盘活资金、提高资金利用效率的诉求。于是，这些企业便通过影子银行的信贷体系，将资金提供给那些难以从银行获得融资的企业，即表现为非金融企业的金融化现象（Du et al，2017；李建军、马思超，2017）。

实际上，这类企业的金融资产配置也是出于获取收益的动机，本质上与“投资替代”动机属于同一类型，只是其参与金融活动的形式和渠道有所不同。企业在“实体中介”动机下的金融资产配置主要是通过非正规金融市场或银行通道业务的形式，而在“投资替代”动机下的金融资产配置则主要是通过购买理财产品、持有可交易性金融资产等形式（马思超、彭俞超，2019）。

三、企业经营资产配置

（一）企业经营资产的界定

经营资产（operating assets）是企业资产的重要组成部分，有学者将其定义为企业在获取经营利润过程中所使用的全部资产（Horst，1993），还有学者将企业活动划分为经营活动与金融活动，进而依据企业所开展的不同活动将其资产划分为经营资产与投资资产，前者包括应收账款与存货等（Feltham & Ohlson，1995）。概括地说，经营资产就是指企业所实际拥有或支配的、作为企业经营和生产活动的物质载体的资产。钱爱民和张新民（2009）认为，经营资产是企业在开展生产经营活动过程中所拥有或控制的，并且在使用中能够为企业带来正常经营利润的资产①。依据我国 2007 年的会计准则②，钱爱民和张新民（2009）将企业交易性金融资产、可供出售金融资产、持有至到期投资以及长期股权投资等项目归为投资性资产，而将经营资产依据流动性划分为经营性流动资产和经营性非流动资产。前者包括现金、应收账款和存货等科

① 钱爱民和张新民（2009）在研究中采用了“经营性资产”一词。如上文所述，笔者参考有关学者尼西姆和彭曼的划分方式，将企业资产分为经营资产与金融资产。鉴于经营性资产与经营资产之概念的同一性，而将经营性资产等同于经营资产。并且，已有国内文献中，对经营性资产与经营资产的英文翻译均为 operating assets，这也证明二者并无本质差别，故本书中统称为经营资产。

② 《企业会计准则》由中华人民共和国财政部制定，于 2006 年 2 月 15 日经财政部令第 33 号发布，自 2007 年 1 月 1 日起施行。

目；后者包括厂房设备等固定资产、生物资产以及无形资产等科目。但实际上，企业金融投资与经营投资均属投资活动，但二者在利润的来源与获取方式上存在差异。在将企业资产配置分为金融资产配置和经营资产配置（Nissim & Penman，2001）这一框架（以下称为“Nissim-Penman 框架”）下，可依据企业活动的来源，将资产划分为经营资产与金融资产，这一划分方式不仅能区分企业的获利来源，还能够识别企业是否具有“脱实向虚”和“金融化”的倾向，得到了众多国内学者的认可和借鉴（黄莲琴、屈耀辉，2010；宋军、陆旸，2015；张永冀、孟庆斌，2016）。

本书对经营资产的界定即采用 Nissim-Penman 框架，将总资产中的非金融资产部分均纳入经营资产的范畴。但对企业经营资产配置的度量，则不能简单地以经营资产占总资产的比重来描述。如前文所述，本书对资产配置的研究，更关注资产配置背后的企业投资活动，并强调资产配置的结构性与主动性，单纯以无形资产或固定资产占总资产之比的方式难以准确描述企业的投资规模与投资结构。

首先，在 Nissim-Penman 框架下，经营资产与金融资产互为补集。基于本书所研究的问题，通过杠杆率变动对企业金融资产配置的分析即能从侧面反映整体经营资产配置的情况。其次，我国的无形资产除了专利权等技术型资产外，还包括土地使用权、采矿权等各类使用权（邵红霞、方军雄，2006；郝颖等，2014），且无形资产配置中的土地使用权比例远远高于知识型无形资产（刘爱东，2008），单纯以无形资产年度变化的方式难以反映企业的研发投资活动。已有文献多采用计入当期损益的开发支出和确认为无形资产的开发支出，来度量企业研发投资的规模（Balkin et al，2000；Zhang et al，2003；陈爽英等，2010）。再次，虽然能够以固定资产、在建工程、工程物资等科目的年度变化额来衡量企业的固定资产投资规模（Fazzari et al，1988；姚明安、孔莹，2008），但企业折旧摊销方案的差异会造成固定资产“被动地”变动，从而难以准确描述企业主动配置固定资产的行为。基于支出法的度量方式，采用企业当期购建固定资产、无形资产和其他长期资产支出的方式来度量固定资产投资规模，这一方式能够较好地解决上述问题（Dougal et al，2015；倪婷婷、王跃堂，2016；饶品贵等，2017）。此外，采用支出法的度量方式也便于比较企业固定资产投资与研发投资的结构性差异。最后，鉴于企业应收账款、应收票据等科目的变动更多是受上下游关联企业影响，而非企业主动性配置所致，故本书对应收类科目不进行深入分析。

综上所述，在后续对企业经营资产配置的研究中，本书将除金融资产以外的其余资产均归为经营资产；在分析企业杠杆率变动与经营资产配置时，将聚焦企业的投资活动与研发活动，并采取支出法描述企业的经营资产配置。

（二）企业经营资产配置的影响因素

依据上文对企业资产配置讨论范畴的界定，本书将企业经营投资活动划分为固定资产投资与研发投资，前者的资产配置体现为资产负债表中固定资产科目的增加，反映了企业在同一技术水平下的规模扩张；后者的资产配置结果则体现为无形资产科目的增加，反映的是企业技术水平的提升。

从已有文献来看，影响企业投资活动的微观因素主要有资本结构、融资约束、成长机会以及公司治理等。其中，企业资本结构对投资活动的影响存在多种渠道。首先，法马和米勒（Fama & Miller，1972）指出，当企业增加风险负债时，最大化企业价值的投资决策难以同时满足最大化股东财富与债权人财富，这就造成股东与债权人利益的冲突，而这种冲突会导致企业债务融资对投资行为产生投资替代和投资不足等问题（Jensen & Meckling，1976；Myers，1977）。前者表现为企业获得负债后更倾向于投资高风险、高收益的项目，后者则表现为债务人会主动放弃那些仅有利于债权人的投资项目。其次，债务的相机治理作用能够通过缓解股东与管理层之间因代理问题而引发的过度投资问题，进而对企业投资支出产生负向影响（Jensen，1986；Stulz，1990）。一方面，负债本金与利息的支付会减少经理人所能够支配的现金；另一方面，负债的增加会使管理层面临更多的监控与破产风险，一旦企业不能按期偿还债务，公司的控制权则将归债权人所有，从而剥夺管理层从企业取得各种利益的权利。童盼和陆正飞（2005）以股东-债权人冲突和负债作为分析治理机制的切入点，其研究发现，债务比例与企业投资呈负相关性，在高风险企业中，负债的治理作用强于股东-债权人冲突所产生的过度投资。最后，债务期限结构的差异会改变债权人的控制力以及债务人的偿债压力，进而影响企业的投资活动。有研究指出，一方面短期负债的增加会使债务人面临更大的偿债压力，这将促使经理人减少对风险项目的投资，进而降低投资替代（Myers，1977；Barnea et al，1980）；另一方面，短期债务具有更有效的优先权并且需要更频繁地签订债务合同，这会促使经理人去接受那些有利于债权人的项目，进而缓解投资不足的问题。这一观点得到了大量实证研究的证实（Barclay & Smith，

1995；Aivazian et al，2005b）。但也有学者指出，短期负债的增加易引发更多的流动性风险，并加剧企业投资不足的问题（Diamond，1991）。依据我国上市公司的财务数据，陆正飞等（2006）发现，新增的长期债务对企业新增投资具有正向作用，这一现象在财务风险更低的企业中更加显著，但过度负债会引起财务风险的上升，并削弱企业的投资能力。

在融资约束方面，法扎里等（Fazzari et al，1988）最先考察了不同融资约束下企业的投资活动与内部现金流的关系，发现融资约束使企业投资与其内部现金流存在显著的正相关关系，并且这种关系会随着融资约束程度的加强而加强，其他一些学者的研究也验证了这一观点（Hoshi et al，1991；Whited et al，1992）。此外，有研究表明，与固定资产投资类似，企业内部现金流与研发投资也具有正相关性（Hall，1992；Himmelberg & Petersen，1994；Brown et al，2009），而对于受到融资约束的企业，因其内部资金和股权融资是企业研发活动的重要来源，营运资本则对研发活动具有平滑作用（鞠晓生等，2013）。在强调现金流和企业融资约束对投资行为的影响时，法扎里等（Fazzari et al，1998）指出，成长机会是另一个影响企业投资的重要因素。有研究证实，拥有大量正净现值投资机会的公司，其投资活动产生的现金流具有更高的市场价值（Jones，2001）。莫尔加多和平达多（Morgado & Pindado，2003）指出，成长机会是驱动企业投资支出的关键因素，成长性更好的企业具有更高的合理投资规模，因而更不容易出现过度投资问题。

此外，有学者讨论了公司治理与企业投资活动的关系（Stein，2003；Kosová et al，2013）。依据中国数据，有研究验证并指出股权结构是决定企业投资水平和投资绩效的重要影响因素（Clark，2003；Chen et al，2013）。另有研究表明，管理层与经理人的教育背景、人力资本和社会资源能为企业带来更多的知识与创造力，从而对企业研发投资具有促进作用，而企业的激励政策则会强化这一作用（Barker & Mueller，2002；Lin et al，2011；Dalziel et al，2011）。

在宏观层面，经济运行对微观企业投资活动的影响主要是通过“金融加速器”效应来进行的，即宏观经济增长所引起的信贷扩张将缓解企业融资约束，进而增加投资活动（Bernanke & Gertler，1989），并且这种作用存在非对称性，在萧条阶段企业投资的下降往往大于经济复苏时期其投资规模的增加（Dangl & Wu，2016）。此外，宏观经济不确定性的增加，使企业对未来的经济趋势难以形成稳定预期，从而使其调整投资计划。王义中和宋敏（2014）研究发现，宏观经济不确定性的上升将通过外部需求渠道、流动性需求渠道以及对长期资金的需求渠道而对企业投资产生负向影响。也有学者认为企业投资与经济周期并非都表现为顺周期性，郭婧和马光荣（2019）发现，国有经济投资具有一定逆周期性，且波动性较小。此外，一些研究也指出，外部经济环境不确定性的增加会促使企业扩大研发投资以提高未来的竞争力（Miller & Friesen，1982；王凯、武立东，2016）。

除经济运行外，包括货币政策、财政政策和政策不确定性在内的政策性因素也会通过不同渠道影响企业投资活动。

首先，作为重要的宏观经济政策之一，货币政策对调控微观企业行为具有重要作用（王国刚，2012）。已有研究发现，货币政策主要通过影响市场利率、资产价格以及信贷规模来影响企业投资行为。卡什亚普等（Kashyap et al，1993）指出，紧缩的货币政策会减少商业银行等金融机构对企业的贷款供给，从而影响企业投资行为。这种情况下，小型企业会倾向于以商业信用融资来替代银行借款（Nilsen，2002）。蒋瑛琨等（2005）对我国的货币政策传导途径进行了实证检验，并验证了货币政策传导的信贷渠道。此外，也有学者发现，货币政策对企业投资行为的促进作用还会因宏观经济环境和企业特征的差异而有所不同（刘金叶、高铁梅，2009；靳庆鲁等，2012）。就企业研发活动而言，谢乔昕（2017）研究发现，宽松的货币政策将同时通过需求效应与供给效应而对企业研发具有正向影响，而货币政策的不确定性则会弱化这一效果。

其次，财政政策对企业投资的影响主要是通过政府支出与税收政策来实现的。有研究发现，财政支出的增加会挤出私人部门的投资，并对企业投资活动产生负面影响（Alesina et al，2002）。但另有学者认为扩张性政府支出能够活跃经济，促进消费并带动企业投资（Lewis & Winkler，2015）。在税收政策方面，有研究表明，减税政策将通过降低企业投资成本、改善现金流等方式对投资活动产生正向影响（Hall & Jorgenson，1967；Blundell et al，1992）。就我国的情况而言，付文林和赵永辉（2014）发现企业税收负担的加重将对投资活动具有显著的制约作用，而税收优惠则是刺激企业扩大投资规模的有效工具，但毛德凤等（2016）研究发现，税收的激励作用对企业研发活动的贡献较弱。

最后，众多研究均表明政策不确定性的增加对企业投资具有负向影响。贾倩等（2013）以地方官员的变更来描述政策的不确定性，并发现政策不确定性的增加对企业投资具有负向影响，这一点对省属国有企业而言更为显著。陈国进和王少谦（2016）认为，经济政策不确定性的增加对企业投资互动的负向影响主要通过资本边际收益率渠道和资金成本渠道，而这种影响还表现为逆周期性与行业的非对称性。饶品贵等（2017）发现，经济政策不确定性的增加不仅会抑制企业的投资活动，而且会使企业在进行投资决策时更加考虑经济因素。但孟庆斌和师倩（2017）的研究指出，宏观经济政策不确定性的增加将促进企业的研发活动，并且这一促进作用对易受不确定因素影响的企业和风险偏好程度更低的企业更为显著。

此外，还有学者分析了企业所在地的制度、文化及基础设施对投资行为的影响并指出，地区基础设施的水平将会直接影响所在地企业的投资活动，因此若要促进企业增加投资，先要改善一个国家或地区的硬件基础设施（Munnell & Cook，1990；Gramlich，1994）。随后，有学者从不同角度分析了制度因素与文化环境对企业投资行为的影响，如国家对外开放度（王正位、朱武祥，2010）、社会文化价值观念（Coget，2011）、金融市场状况（Cleary，1999；Nini et al，2009）和行业协会协调（屈文洲等，2011）等。

从已有文献来看，对影响企业固定资产投资和研发投资的相关研究较为丰富，包括微观层面的企业资本结构、融资能力、投资机会、公司治理，以及宏观层面的经济运行、货币政策、财政政策等。但已有研究大多是分别探讨了上述因素对企业投资行为的影响，对企业投资活动的结构性分析则较少。应当指出，虽然固定资产投资与研发投资同属企业的经营投资活动，但二者在风险、收益与融资需求等方面存在较大差异。

第四节　本章小结

首先，本章界定了微观杠杆率与宏观杠杆率的概念、内涵及其测度方式，并论述了二者之间的关系。基于所要研究的问题，笔者以企业资产负债率作为本书的核心指标，并以我国非金融上市公司作为主要研究样本。

其次，本章论述了杠杆率研究所涉及的相关理论，包括“债务-通缩”理论，金融加速器理论、预算软约束理论与预防性储蓄理论。其中，“债务-通缩”理论与金融加速器理论主要应用于本书第三章，即对金融周期与企业杠杆率变动的研究之中；预算软约束理论主要应用于本书第四章，即对信贷政策与企业杠杆率分化的研究之中；预防性储蓄理论则主要应用于本书第五章，即对企业杠杆率变动与金融资产配置的研究之中。此外，对本书第六章所涉及的资本结构相关理论，已在本书第一章和第二章第三节相关部分中进行了详尽论述，故不在此单列。

最后，本章还辨析了资产结构、资本结构以及资产配置的概念，并强调了企业资产配置的结构性、主动性及其所反映的企业投资活动特点。其中，对企业资产配置的结构性的强调，突出体现为笔者对企业的金融资产配置与经营资产配置进行了区分，并进一步区分了企业的流动性金融资产与非流动性金融资产配置。对企业资产配置的主动性的强调，则体现为笔者对企业资产配置的考量并未涉及与企业折旧摊销等相关的资产变动，而是聚焦于企业资产配置背后的投资活动，并将企业固定资产投资与研发投资的分析纳入统一的分析框架。

正如本书第一章所指出的，现有文献对微观企业杠杆率驱动因素的研究多从经济运行、宏观政策与制度因素等方面展开，尚未关注金融周期对微观企业杠杆率变动的影响和作用机制。此外，对于我国企业杠杆率分化的问题，也有学者进行了探讨，但并未深入挖掘其背后的银行信贷歧视因素。在企业杠杆率变动的微观效应领域，已有文献大多从杠杆率与企业风险和绩效之间的关系等方面展开探讨，也有研究探讨了杠杆率变动对企业固定资产投资和研发投资的影响，但并未同时分析企业杠杆率变动对这两种经营投资活动的结构和规模的影响，也少有文献分析杠杆率变动对企业金融资产配置的影响。有鉴于此，在后续内容中，首先，笔者将从总量视角出发，依托“债务-通缩”理论与金融加速器理论，通过对金融周期与企业杠杆率变动的考察，分析外部金融环境变化对微观企业的影响。其次，从企业杠杆率变动的结构视角出发，依据预算软约束理论，重点分析银行信贷歧视与货币政策适度性对国有企业与非国有企业杠杆率分化的影响。最后，聚焦企业杠杆率变动对资产配置的影响，以企业资产配置的主动性、结构性及其所反映的投资活动为重点，探讨杠杆率变动对企业经营资产配置和金融资产配置的影响及作用机制。

第三章　金融周期与企业杠杆率变动

为应对2008年的全球金融危机，我国政府实施了“四万亿”刺激计划，当然，宽松的货币政策与财政政策在重启经济引擎的同时也带来了新的问题。2015年底我国非金融企业债务总量达到112万亿元，相当于当年我国国内生产总值的158.6%[①]。同年，中央将“去杠杆”列为供给侧结构性改革的五大任务之一。

已有针对企业杠杆率问题的研究主要集中在杠杆率的驱动因素以及杠杆率变动所产生的经济效应两个方面。在杠杆率的驱动因素方面，有学者分别从盈利能力（Chivakul & Lam，2015）、有形资产占比（肖泽忠、邹宏，2008；Liang et al，2014）、企业规模（Chen et al，2014；Chivakul & Lam，2015）、成长机会（Jiang & Zeng，2014）、所有制因素（Song et al，2011；陈卫东、熊启跃，2017）和行业角度（郭鹏飞、孙培源，2003）等企业自身特点，以及经济增长（Bhamra et al，2010）、货币政策（Leary，2009；Lemmon & Roberts，2010；汪勇等，2018）、经济不确定性（Baum et al，2010；宫汝凯等，2019）等宏观因素方面展开研究。然而，已有文献并未关注金融周期对企业杠杆率变动的影响。

实际上，自美国次贷危机爆发以来，主流经济学开始意识到仅仅关注实体经济的短期波动难以准确描述金融深化背景下宏观经济的变化（BIS，2014），金融市场运行和金融资产价格的波动不仅会影响实体经济的运行，而且其本身所固有的“非理性繁荣”还可能成为诱发经济危机的因素（Borio，2014）。金融周期问题逐渐受到各国中央银行的关注，《中国货币政策执行报告》[②] 指出，需要引入宏观审慎政策来应对日益重要的金融周期问题，以弥补原有调控框架

① 详见 http：//stats. bis. org/statx/srs/table/f4. 1。

② 详见 http：//www. gov. cn/xinwen/2017-11/18/content_5240675. htm。

存在的弱点和不足，加强系统性金融风险防范。现有针对金融周期的研究大多集中在金融周期指数的构建、描述以及金融周期与经济周期、货币政策和金融稳定之间的关系（Claessens et al，2011、2012；Drehmann et al，2012；Borio，2014；马勇等，2017）。

总结已有文献可知，金融周期对实体经济的影响存在两种渠道，即银行信贷渠道（Bernanke et al，1991；Korajczyk & Levy，2003；Brissimis & Magginas，2005）与资产负债表渠道（Bernanke & Gertler，1989；Bernanke et al，1999；Kiyotaki & Wright，1991；Christiano et al，2010）。正如德雷曼等（Drehmann et al，2012）所指出的，对金融周期最简约的描述即为信贷与房地产价格，而这恰好是银行信贷渠道与资产负债表渠道的主要推动力。随着金融周期的上行，一方面，信贷利差的扩大以及银行自身资产负债表的改善将促使商业银行扩大信贷规模，而“债务-通缩”机制的存在又会使企业具有提高自身负债的动力。另一方面，持有房地产及金融资产的企业，其抵押能力也随资产价格的提高而增强，进而改善银行对企业的信贷评估，使企业更容易通过银行审核并获得贷款。即信贷规模影响着企业负债端，而房地产与金融资产的价格影响着企业的资产端，负债与资产之比即为企业杠杆率，故金融周期可能通过银行信贷渠道或资产负债表渠道（或二者兼而有之）来影响企业杠杆率。

第一节　文献回顾与理论分析：银行信贷渠道与资产负债表渠道

在对全球金融危机的反思中，金融周期的概念被正式提出，博里奥（Borio，2014）将金融周期定义为对价格与风险的认知，对待风险的态度以及金融约束之间自我强化的相互作用，而这种作用将使金融市场在经历逐渐繁荣之后走向萧条；并且，这种相互作用可能会加剧实体经济的波动，甚至造成严重的金融问题和经济萧条。已有研究多采用信贷、房地产价格和股票市场价格等金融变量来描述金融周期。克莱森斯等（Claessens et al，2011）选取信贷、房地产价格和股票市场价格等金融变量，采用转折点法，构建了 21 个国家和地区 1960—2007 年的金融周期指数。他们的研究发现，不同国家和地区之间的金融周期均表现出较强的内在联动性与外部同步性，此外，信贷周期具有“陡降缓升”的特征，其与房地产周期具有较强的趋同性。在随后的这项研究中，克莱森斯等（Claessens et al，2012）还将研究样本扩展到44个国家和地区。此外，德雷曼等（Drehmann et al，2012）则认为应更加关注金融周期的中周期波动，他们选取信贷规模（广义信贷）、信贷规模与GDP之比和房地产价格作为指标，采用转折点法和BP（band-pass）滤波法①来构建金融周期指标，并认为金融周期的短期周期为1年~8年，中期周期为8年~30年。上述学者同样也认为信贷周期与房地产周期表现出较强的趋同性，这与克莱森斯等（Claessens et al，2011）的研究结果一致。基于克莱森斯等（Claessens et al，2011、2012）和德雷曼等（Drehmann et al，2012）的研究，博里奥（Borio，2014）认为信贷与房地产价格是分析金融周期最主要的指标，而金融周期的振幅与波长则更多是受政策影响，并且在金融周期峰值过后往往会出现金融危机或实体经济的衰退。还有学者进一步将金融周期指数的构成扩展到股票价格、银行利差、金融杠杆、金融市场风险溢价、国际资本流动规模、货币供应量、社会融资规模、长期风险溢价、本币汇率指数等指标上来（马勇等，2016b、2017；苗文龙等，2018）。

金融周期的理论渊源可追溯到1867年约翰·密尔所提出的信贷周期的概念（credit cycle），他将信贷周期划分为崩溃、萧条、活跃与兴奋四个阶段，并试图探究信贷周期与经济周期的关系（Niemira & Klein，1994），而信贷周期亦是金融周期的主要内容。费雪（Fisher，1933）在“债务-通缩”理论基础上构建了一个微观主体负债行为及资产价格变化对实体经济运行影响的分析框架。当经济衰退时，面临清算的债务人抛售资产的行为会进一步造成其资产价值降低，进而削弱其抵押能力，导致债务压力加剧并面临新的债务清算，而这又使其不得不继续抛售资产，从而造成恶性循环，导致经济加速衰退。随后，有西方学者又提出金融不稳定性假说（Minsky，1986）与金融加速器理论（Bernanke et al，1999；Kiyotaki & Moore，1997），进一步探讨了金融体系对实体经济的影响机制。

金融不稳定性假说将金融体系的不稳定性归因为市场参与主体的共同风险暴露这一内生性因素，在经济周期的上行过程中，实体经济的繁荣会使金融体系逐渐由稳定转为不稳定，而金融体系的不稳定又会影响实体经济中的资产价

---

① Band-Pass滤波方法的实质是频域控制法，其通过事先设定高频、低频信息的过滤范围，能够较好地剔除变量序列中的随机扰动项和长期趋势项，且不会改变变量序列的时间次序，同时也不会对信息频率重新加权（杜婷，2007）。

格，造成经济过度繁荣的假象，并埋下风险与衰退的“种子”（Minsky，1986）。从市场参与主体出发，学者博里奥等（Borio et al，2001）认为金融不稳定性源于市场参与主体在不同经济状况中对风险的不恰当估计，即在经济繁荣阶段，抵押品价值随着资产价格的增长而增长，市场参与者往往会低估风险，从而造成信贷规模的扩张与存款贷款利差的增大。同时，银行等逐利性的金融中介则会减少风险准备金以释放更多的流动性，并进一步扩大信贷规模；而当经济转入萧条时，信贷违约的增多又会使市场参与者高估风险，并迅速收缩信贷。

作为企业最主要融资来源之一的银行信贷，其配置和规模影响着社会资金的融通效率，这也是造成总供给和总需求波动的重要原因（胡奕明等，2008），而银行信贷规模则是影响金融周期的重要因素之一（Borio，2014）。金融周期的下行表现为资产价格的降低和信贷规模的收缩，一方面，银行持有资产价格的降低以及利差的缩小，导致银行自身的资产负债表和准备金恶化，从而迫使银行收缩信贷规模（Loungani & Rush，1995；Einarsson & Marquis，2001；Holmstrom & Tirole，1997；Bernanke et al，1991），而银行与企业之间的信息不对称又将进一步放大信贷缩减对实体经济的冲击。另一方面，金融摩擦的存在又会使企业难以从其他渠道获得融资以弥补银行贷款的减少（Korajczyk & Levy，2003），并且银行也很难在短时间内从金融市场中吸收存款或借取资金来弥补准备金的减少（Brissimis & Magginas，2005）。银行为满足监管的要求以及规避“挤兑”与“流动性”风险，往往会降低发放贷款的规模或提高贷款利率并执行更加严格的审批程序，同时会加紧贷款的催收，这将进一步增加融资约束性企业的借贷难度。此外由于贷款利率的提高，使企业从银行获取融资的成本有所上升，即使获得银行的授信，企业的借贷意愿也会降低。与之相反，金融周期的上行则会带来信贷规模的扩张、银行资产负债表的改善、信贷审批的放松以及借贷利率的下降。由此，提出如下假说。

假说 3-1：金融周期的上行将通过银行信贷渠道而对非金融企业杠杆率的变动具有正向影响，反之亦然。

除银行信贷渠道外，金融周期还可能通过资产负债表渠道影响企业杠杆率。资产负债表渠道的理论依据即上文所提到的金融加速器理论。金融加速器理论从抵押品价值的波动出发，探讨了金融体系对经济周期的影响（Bernanke et al，1999；Kiyotaki & Moore，1997）。资产价值的下降将减损借款人的抵押能力，从而使拥有较好盈利项目的投资人也难以从银行等金融中介获取融资；反之，随着借款人资产价值的上升，其抵押能力也随之提高，从而更容易获得信贷，而金融体系中广泛存在的信息不对称和信贷市场摩擦又会放大这一机制。

具体而言，信息不对称和金融摩擦的存在使企业在向金融市场寻求融资时往往会出现逆向选择和道德风险问题，此时，拥有优质资产或抵押品的企业更受银行等金融中介的青睐（Bernanke & Gertler，1989；Kiyotaki & Wright，1991），即企业的融资能力深受其资产负债表优劣的影响。就资产端而言，经济萧条及金融周期的下行，不仅表现为信贷规模的收缩，而且表现为金融资产及房地产价格的下行。资产价格的减损将会恶化持有这些资产的企业的资产负债表，并影响银行等金融中介对企业抵押能力和偿债能力的评估，进而降低授信额度或提高借贷利率。与此同时，外部融资的缺失又会加剧企业的融资约束，从而造成其经营活动的困难，进一步恶化实体经济的运行。反之，在经济繁荣及金融周期上行过程中，金融资产与房地产资产价格的上涨则会改善持有这类资产的企业的资产负债表，并提高其抵押能力，进而改善银行对企业的信贷评估，使企业更容易通过银行审核并获得贷款。获得贷款的企业，其生产规模和投资的扩张又会进一步推高资产价格，从而促进金融周期的持续上行。就负债端而言，“债务-通缩”机制则会使得金融周期通过名义价格的变化影响企业的债务压力（Christiano et al，2010）。通常而言，企业所签订的债务合同均为名义价格，金融周期的上行所带来的资产价格上升将使企业债务的实际价值下降，从而提高企业的融资能力并有助于企业的发展，反之亦然。由此，提出如下假说。

假说 3-2：金融周期的上行将通过资产负债表渠道对非金融企业杠杆率的变动具有正向影响，反之亦然。

实际上，金融周期对微观企业的影响也可能同时受到这两种机制的作用（Campello，2003）。金融周期不仅通过银行信贷渠道影响企业从银行获得的贷款水平，即作用于负债，而且通过资产负债表渠道影响企业的资产端，即企业所持有金融资产及房地产的市场价值。企业杠杆率的定义即为负债与资产之比，当金融周期上行时，一方面信贷规模的扩张与资产价格的上涨会扩大企业的负债；另一方面也会增加企业的资产，企业资产负债表的优化又会使企业提高其抵押能力从而获得更多的信贷。

依据上文对金融周期影响微观企业两种渠道的分析可知，银行信贷渠道与资产负债表渠道的侧重有所不同，前者主要从金融机构出发，更关注银行发放贷款的能力，后者则更关注企业获取贷款的问题。通常而言，大型企业、国有企业的融资能力较强（Liang et al，2014；Chen et al，2014），如果此类企业杠杆率的变动更易受金融周期的影响，那么金融周期对企业杠杆率的变动则主要通过银行信贷渠道；如果持有金融资产和房地产更多的企业，其杠杆率的变动更易受金融周期的影响，那么金融周期对企业杠杆率变动的影响则更多是通过资产负债表渠道来进行的。

第二节　金融周期与企业杠杆率变动研究的实证设计

一、样本选择与数据来源

本书选取 2007—2017 年沪深两市 A 股上市公司财务报表的季度数据，并剔除金融行业上市公司以及特别处理（special treatment，ST）和特别转让（particular transfer，PT）类企业，最终获得 99 371 个有效样本观测值。企业财务报表数据来源于国泰安中国经济金融研究数据库（CSMAR），金融周期指标等宏观数据来源于中国经济数据库（CEIC）和万得（Wind）数据库，并对企业层面的连续性变量进行了上下 1%极端值缩尾处理①。

二、变量定义

笔者参考了马勇等（2016b、2017）以及苗文龙等（2018）的研究，选取了国房景气指数、上证 A 股指数季度增速、私人部门信贷占 GDP 的比值、银行间同业拆借利率（7 天同业拆借利率）、人民币名义有效汇率指数等作为构建金融周期指标的变量。构建方法参考马勇等（2016b）的研究，先对子指标进行平滑因子为 1 600 的 HP 滤波②，以各指标对其均衡值的偏离（缺口值）来表示正向或者负向的波动程度，求取缺口值，并采用 min-max 标准化方法③

① 由于金融周期指标在构建过程中已经经过平滑处理，所以这里不再对其进行缩尾。

② HP 滤波法是由霍德里克和普雷斯科特在分析美国战后的经济景气时首先提出的（Hodrick & Prescott，1997）。这种方法被广泛地应用于对宏观经济趋势的分析研究中。

③ 最小-最大标准化方法，又称离差标准化，是对原始数据进行线性变换，即将原始值通过标准化映射成在区间［0，1］中的值。其公式为：标准化结果 $x' = (x - \min) / (\max - \min)$，其中 x 表示原始数据，min 表示该指标的最小值，max 表示该指标的最大值。

对各子指标进行量纲处理，最后采用简单平均（等权重）的加权方法合成单一指标①。

企业杠杆率以非金融企业总负债与总资产之比加以测算。此外，在稳健性检验和进一步分析中，笔者还测算了企业净资产负债率、长期杠杆、短期杠杆、银行杠杆与商业信用杠杆。其中，净资产负债率为总负债与总权益之比；短期杠杆为企业流动负债与总资产之比；长期杠杆为企业非流动负债与总资产之比；银行杠杆为企业期末短期借款、长期借款之和与总资产之比；商业信用杠杆为企业应付账款、应付票据、预收款项之和与总资产之比。

笔者也控制了企业规模（*Size*）、盈利能力（*ROA*）、主营业务收入增长率（*Sales_g*）、实际控制人性质（*SOE_r*）、有形资产占比（*Tangible*）、非债务性税盾（*NDTS*）、独立董事占比（*INDI*）、高管持股占比（*Manager*）和资本密集度（*CAPI*）等会影响企业杠杆率水平的变量，各变量的定义详见表 3-1。

表 3-1　金融周期与企业杠杆率变动研究的主要变量定义、描述性统计

变量	变量描述	变量定义	样本量	标准差	中位数	均值
lev	杠杆率	总负债/总资产	99 371	0.213 3	0.437 4	0.436 8
lev2	权益比率	总负债/所有者权益	99 371	1.260 6	0.772 8	1.169 2
lev_short	短期杠杆率	流动负债合计/总资产	99 371	0.184 2	0.338 1	0.351 5
lev_long	长期杠杆率	非流动负债合计/总资产	98 853	0.105 2	0.039 6	0.084 9
lev_bank	银行杠杆率	（短期借款+长期借款）/总资产	92 027	0.087 4	0.011 1	0.055 3
lev_comm	商业信用杠杆率	（应付账款+应付票据+预收款项）/总资产	93 837	0.122 1	0.135 0	0.165 1
FC	金融周期	综合测算	99 371	8.829 1	50.160 0	50.696 0
Size	企业规模	总资产的自然对数	99 371	1.261 5	21.721 4	21.885 4
ROA	企业盈利能力	净利润/总资产	99 371	0.035 5	0.018 9	0.026 3
Sales_g	主营业务收入增长率	本年主营业务收入/上年主营业务收入-1	84 750	0.605 0	0.118 3	0.229 6

① 马勇等（2017）研究表明，基于简单算术平均加权的金融周期指数对总需求有着相对更大的解释力，故本书在进行基准回归时主要选择简单平均（等权重）的加权方法。

续表

变量	变量描述	变量定义	样本量	标准差	中位数	均值
SOE_r	实际控制人性质(国有股占比)	国有股/总股本	99 274	0. 171 9	0. 000 0	0. 081 4
Tangible	有形资产占比	(固定资产+存货)/总资产	99 371	0. 079 6	0. 962 3	0. 937 3
NDTS	非债务性税盾	固定资产折旧/主营业务收入	91 481	0. 042 5	0. 030 4	0. 043 9
INDI	独立董事占比	独立董事人数与董事会人数之比	91 279	0. 052 5	0. 333 3	0. 371 4
Manager	高管持股占比	高管持股数与总股数之比	87 673	0. 135 2	0. 000 1	0. 064 1
CAPI	资本密集度	固定资产净额与员工总数之比的自然对数	91 506	1. 135 1	12. 450 0	12. 484 5

变量的统计结果如表 3-1 所示，2007—2017 年沪深两市 A 股上市公司的杠杆率均值为 0. 436 8。除了权益比率外，企业短期杠杆率、长期杠杆率、银行杠杆率与商业信用杠杆率的标准差均小于总杠杆。此外，样本企业中，银行杠杆率均值最小，短期杠杆率均值最大。就 2007—2017 年所测算的金融周期季度数据而言，均值为 50. 696 0，中位数则与均值较为接近。

三、模型设定

在检验金融周期对非金融企业杠杆率的影响时，将对方程（3-1）进行回归。其中 Lev_{it} 为 i 企业 t 期的杠杆率，FC_t 为 t 期的金融周期指数，X_{it} 为企业的控制变量集；考虑到企业个体之间的差异以及不同年份宏观因素的差异，模型也同时控制了年度固定效应、季度固定效应与个体固定效应，其中 u_i 为个体固定效应，δ_t 为时间固定效应，ε_{it} 为随机误差。若 β_1 显著大于 0，则说明随着金融周期指数的增大，企业杠杆率也随之增大，即金融周期对非金融企业的杠杆率具有正向影响。

$$Lev_{it} = \beta_0 + \beta_1 FC_t + \gamma X_{it} + u_i + \delta_t + \varepsilon_{it} \tag{3-1}$$

并且，为了进一步分析金融周期对企业不同维度下杠杆率的影响，笔者还会将式（3-1）中的企业总杠杆 Lev_{it} 替换为企业权益杠杆率（$Lev2_{it}$）、短期杠杆率（Lev_short_{it}）、长期杠杆率（Lev_long_{it}）、银行杠杆率（Lev_bank_{it}）与商业信用杠杆率（Lev_comm_{it}），分别进行回归。

第三节　金融周期与企业杠杆率变动研究的实证结果分析

一、基准回归

金融周期对企业杠杆率的基准回归结果如表 3-2 所示，列（1）中金融周期的系数为 0.000 2，且在 1%的统计水平上显著，说明金融周期的上行对非金融企业的杠杆率具有正向影响。如列（2）和列（3）所示，这一结果在纳入更多控制变量的情形下仍然显著。此外，列（1）至列（3）均同时控制了年度固定效应与季度固定效应，但考虑到金融周期仍属于时间序列数据，虽然基于其他宏观因素所引起的年份差异因素，笔者控制了年度固定效应，但是也可能因此掩盖金融周期对企业杠杆的影响，故在列（4）中，仅控制了个体固定效应和季度固定效应，而未控制年份固定效应，结果显示，金融周期的系数仍在 1%的统计水平上显著为正。

表 3-2　金融周期与企业杠杆率变动的基准回归结果

变量	（1）	（2）	（3）	（4）
	Lev	*Lev*	*Lev*	*Lev*
FC	0. 000 2 ***	0. 000 2 ***	0. 000 2 ***	0. 000 3 ***
	（0. 000 1）	（0. 000 1）	（0. 000 1）	（0. 000 0）
Size	0. 071 8 ***	0. 077 3 ***	0. 078 6 ***	0. 040 7 ***
	（0. 000 7）	（0. 000 8）	（0. 000 9）	（0. 000 7）
ROA	-0. 934 5 ***	-0. 968 5 ***	-0. 959 3 ***	-0. 919 5 ***
	（0. 012 2）	（0. 012 8）	（0. 013 7）	（0. 014 0）
Sales_g		0. 011 7 ***	0. 011 6 ***	0. 014 9 ***
		（0. 000 6）	（0. 000 6）	（0. 000 6）
SOE_r		-0. 080 6 ***	-0. 084 9 ***	-0. 012 1 ***
		（0. 002 9）	（0. 003 1）	（0. 002 8）
Tangible		0. 039 7 ***	0. 045 7 ***	0. 044 6 ***
		（0. 006 2）	（0. 006 4）	（0. 006 5）
NDTS			-0. 188 6 ***	-0. 194 8 ***
			（0. 017 2）	（0. 017 5）

续表

变量	(1)	(2)	(3)	(4)
	Lev	*Lev*	*Lev*	*Lev*
INDI			-0.014 3	-0.064 0***
			(0.010 1)	(0.010 3)
Manager			-0.077 5***	-0.058 2***
			(0.006 4)	(0.006 5)
CAPI			0.003 7***	0.002 7***
			(0.000 7)	(0.000 7)
常数项	-1.080 9***	-1.224 6***	-1.287 3***	-0.510 9***
	(0.016 2)	(0.020 2)	(0.022 0)	(0.018 3)
观测值	99 371	84 680	77 938	77 938
R^2	0.144	0.164	0.171	0.124
样本企业数量	3 459	3 066	2 974	2 974
个体固定效应	控制	控制	控制	控制
季度固定效应	控制	控制	控制	控制
年份固定效应	控制	控制	控制	未控制

注：*** 代表在1%的统计水平上显著，括号中为标准误。

除企业总杠杆率外，笔者还构建了企业权益杠杆率（总负债/总权益）、短期杠杆率（流动负债合计/总资产）、长期杠杆率（非流动负债合计/总资产）、银行杠杆率（长期借款/总资产）与商业信用杠杆率（应付账款、应付票据、预收款项之和/总资产），并将不同维度的杠杆率作为因变量，对方程（3-1）进行回归，结果如表 3-3 所示。

表 3-3　金融周期对企业不同维度杠杆率的影响

变量	(1)	(2)	(3)	(4)	(5)
	Lev2	*Lev_short*	*Lev_long*	*Lev_bank*	*Lev_comm*
FC	0.001 1**	0.000 1	0.000 2***	0.000 1***	0.000 1***
	(0.000 5)	(0.000 1)	(0.000 0)	(0.000 0)	(0.000 0)
常数项	-9.106 8***	-0.330 2***	-0.922 8***	-0.653 6***	-0.235 3***
	(0.155 0)	(0.021 6)	(0.013 9)	(0.012 3)	(0.014 4)
观测值	77 938	77 938	77 632	72 316	73 666

续表

变量	(1)	(2)	(3)	(4)	(5)
	Lev2	*Lev_short*	*Lev_long*	*Lev_bank*	*Lev_comm*
R^2	0.121	0.080	0.147	0.083	0.068
样本企业数量	2 974	2 974	2 956	2 742	2 840
其他控制变量	控制	控制	控制	控制	控制
个体固定效应	控制	控制	控制	控制	控制
季度固定效应	控制	控制	控制	控制	控制
年份固定效应	控制	控制	控制	控制	控制

注：本表列举了部分控制变量的回归系数，其他控制变量的回归系数详见附录2附表1。

** 、*** 分别代表在5%、1%的统计水平上显著，括号中为标准误。

在表3-3中，列（1）显示，金融周期的上行对非金融企业的权益杠杆亦有正向影响，但仅在5%的统计水平上显著。列（2）中的金融周期系数并不显著，而在列（3）、列（4）和列（5）中，金融周期系数均在1%的统计水平上显著为正，即金融周期的上行对非金融企业杠杆率的影响，主要是通过影响其长期杠杆率、银行杠杆率以及商业信用杠杆率来实现的。一方面，度量银行杠杆率的长期借款科目是非流动负债的重要部分，长期杠杆率与银行杠杆率表现一致符合逻辑，并进一步验证了金融周期对企业杠杆率正向影响的银行信贷渠道。另一方面，“债务-通缩”机制的存在使金融周期通过名义价格的变化来影响企业的债务压力（Christiano et al，2010），企业所签订的商业信用债务合同均为名义价格，金融周期的上行所带来的资产价格上升将使企业债务的实际价值下降，这也将促使企业增加商业信用杠杆。

二、机制检验

为探究金融周期究竟是通过资产负债表渠道还是通过银行信贷渠道作用于企业杠杆率的，笔者采用分组的方式对基准模型进行了回归。如表3-4所示，列（1）和列（2）报告了在考虑行业差异情形时的不同企业规模分组中，金融周期对杠杆率的影响，列（1）为企业规模在行业均值以上的分组，其金融周期系数为0.000 1，并在10%的统计水平上显著，而列（2）为规模在行业均值以下的企业分组，其金融周期系数为0.000 3，并在1%的统计水平上显著。由此可见，金融周期上行对企业杠杆率的正向作用在规模较小的企业中更为显著。

在列（3）至列（6）中，笔者还参考彭俞超等（2018）采用企业销售额来衡量企业融资能力的做法，并将样本企业分组为强融资能力企业与弱融资能力企业。在列（4）中，金融周期系数为 0.000 3，且在 1%的统计水平上显著，而列（3）的显著水平仅为 5%，即金融周期上行对企业杠杆率的影响在融资能力较弱的企业中更为显著。列（5）和列（6）则是根据企业实际控制人性质对样本进行划分，在国有企业分组中，金融周期系数为 0.000 2，仅在 10%的统计水平上显著；而在非国有企业分组中，金融周期系数为 0.000 4，仅在 1%的统计水平上显著，即金融周期上行对非国有企业杠杆率的影响更为显著。

综上所述，金融周期上行对企业杠杆率的正向作用在规模较小、融资能力较弱的企业以及非国有企业中更为显著。究其原因，一方面，由于信息不对称而带来的逆向选择和道德风险问题，往往使规模较小的企业以及民营企业受到信贷约束（Hodgman，1961；Stiglitz & Weiss，1981），而预算软约束的存在则使银行更偏向于为国有企业、大型企业提供金融服务（Dewatripont & Maskin，1995）。金融周期的上行往往伴随着信贷市场的扩张与商业银行自身资产负债表的优化，市场上充裕的资金将使原本融资能力较差的企业以及民营企业也能获得银行贷款。另一方面，金融周期上行也预示着实体经济的繁荣，信贷市场的扩张也使企业对经济增长抱有信心，从而增加借款意愿。

表 3-4　金融周期对异质性企业杠杆率变动的影响：信贷渠道

变量	(1)	(2)	(3)	(4)	(5)	(6)
	Lev	*Lev*	*Lev*	*Lev*	*Lev*	*Lev*
	规模更大	规模更小	高销售额	低销售额	国有企业	非国有企业
FC	0.000 1*	0.000 3***	0.000 2**	0.000 3***	0.000 2*	0.000 4***
	(0.000 1)	(0.000 1)	(0.000 1)	(0.000 1)	(0.000 1)	(0.000 1)
常数项	-1.392 4***	-1.546 1***	-1.216 1***	-1.367 6***	-1.096 1***	-1.381 4***
	(0.034 7)	(0.041 8)	(0.032 5)	(0.036 9)	(0.032 8)	(0.030 8)
观测值	40 723	35 791	40 243	37 695	34 585	42 393
R^2	0.153	0.153	0.154	0.147	0.185	0.169
样本企业数量	1 890	2 165	2 048	2 346	1 098	1 997
其他控制变量	控制	控制	控制	控制	控制	控制

续表

变量	(1)	(2)	(3)	(4)	(5)	(6)
	Lev	*Lev*	*Lev*	*Lev*	*Lev*	*Lev*
	规模更大	规模更小	高销售额	低销售额	国有企业	非国有企业
个体固定效应	控制	控制	控制	控制	控制	控制
季度固定效应	控制	控制	控制	控制	控制	控制
年份固定效应	控制	控制	控制	控制	控制	控制

注：本表列举了部分控制变量的回归系数，其他控制变量的回归系数详见附录2附表2。

*、**、*** 分别代表在10%、5%、1%的统计水平上显著，括号中为标准误。

此外，为进一步探明信贷渠道下金融周期对异质性企业不同维度杠杆率的影响，笔者依据企业规模、销售额，将样本企业划分为高于行业均值和低于行业均值两组，并据此对企业短期杠杆率、长期杠杆率、银行杠杆率以及商业信用杠杆率进行回归①。如表3-5A和表3-5B所示，在企业规模和销售额低于行业均值的分组中，列（4）、列（6）和列（8）显示金融周期的回归系数均在1%的统计水平上显著为正，而在列（3）和列（5）中，金融周期的回归系数均仅在5%的统计水平上显著为正，在列（1）、列（2）和列（7）中，金融周期的回归系数则不显著。这表明，对于融资能力较弱的企业而言，金融周期上行对企业杠杆率的影响更强，且这种影响更多是就企业的长期杠杆率、银行杠杆率以及商业信用杠杆率而言的。这与表3-3和表3-4的结果一致，即金融周期的上行一方面伴随着商业银行自身资产负债表的改善和信贷的扩张，使原本融资能力较差的企业也能获得借贷；另一方面"债务-通缩"机制的存在又使企业产生增加商业信用杠杆的动机。

表3-5A　金融周期对异质性企业不同维度杠杆率的影响：基于企业规模的分组

变量	(1)	(2)	(3)	(4)	(5)	(6)	(7)	(8)
	Lev_short		*Lev_long*		*Lev_bank*		*Lev_comm*	
	规模更大	规模更小	规模更大	规模更小	规模更大	规模更小	规模更大	规模更小
FC	-0.000 0	0.000 1	0.000 1**	0.000 2***	0.000 1**	0.000 1***	0.000 1	0.000 2***
	(0.000 1)	(0.000 1)	(0.000 1)	(0.000 1)	(0.000 0)	(0.000 0)	(0.000 1)	(0.000 1)

① 对国有企业与非国有企业的进一步分析，详见本书第四章。

续表

变量	(1)	(2)	(3)	(4)	(5)	(6)	(7)	(8)
	Lev_short		*Lev_long*		*Lev_bank*		*Lev_comm*	
	规模更大	规模更小	规模更大	规模更小	规模更大	规模更小	规模更大	规模更小
常数项	-0.303 2***	-0.836 4***	-1.043 2***	-0.708 0***	-0.654 3***	-0.561 3***	-0.141 0***	-0.568 0***
	(0.035 3)	(0.040 8)	(0.025 4)	(0.023 9)	(0.021 9)	(0.021 7)	(0.024 2)	(0.026 6)
观测值	40 723	35 791	40 687	35 526	38 660	32 309	39 036	33 283
R^2	0.052	0.102	0.124	0.087	0.066	0.054	0.049	0.081
样本企业数量	1 890	2 165	1 887	2 150	1 814	1 945	1 846	2 035
其他控制变量	控制	控制	控制	控制	控制	控制	控制	控制
个体固定效应	控制	控制	控制	控制	控制	控制	控制	控制
季度固定效应	控制	控制	控制	控制	控制	控制	控制	控制
年份固定效应	控制	控制	控制	控制	控制	控制	控制	控制

注：本表列举了部分控制变量的回归系数，其他控制变量的回归系数详见附录 2 附表 3A。

、* 分别代表在 5%、1%的统计水平上显著，括号中为标准误。

表 3-5B　金融周期对异质性企业不同维度杠杆率的影响：基于销售额差异的分组

变量	(1)	(2)	(3)	(4)	(5)	(6)	(7)	(8)
	Lev_short		*Lev_long*		*Lev_bank*		*Lev_comm*	
	高销售额	低销售额	高销售额	低销售额	高销售额	低销售额	高销售额	低销售额
FC	0.000 0	0.000 1	0.000 1**	0.000 3***	0.000 1**	0.000 2***	0.000 1	0.000 2***
	(0.000 1)	(0.000 1)	(0.000 1)	(0.000 1)	(0.000 0)	(0.000 0)	(0.000 1)	(0.000 1)
常数项	-0.224 8***	-0.315 9***	-0.947 2***	-1.024 4***	-0.658 5***	-0.751 4***	-0.087 5***	-0.196 8***
	(0.033 1)	(0.035 7)	(0.022 8)	(0.022 1)	(0.019 6)	(0.020 2)	(0.023 4)	(0.022 2)
观测值	40 243	37 695	40 199	37 433	37 990	34 326	38 674	34 992
R^2	0.068	0.075	0.135	0.127	0.075	0.077	0.066	0.055
样本企业数量	2 048	2 346	2 044	2 329	1 947	2 131	1 997	2 219
其他控制变量	控制	控制	控制	控制	控制	控制	控制	控制
个体固定效应	控制	控制	控制	控制	控制	控制	控制	控制
季度固定效应	控制	控制	控制	控制	控制	控制	控制	控制
年份固定效应	控制	控制	控制	控制	控制	控制	控制	控制

注：本表列举了部分控制变量的回归系数，其他控制变量的回归系数详见附录 2 表附 3B。

、* 分别代表在 5%、1%的统计水平上显著，括号中为标准误。

除银行信贷渠道外，金融周期还可能通过资产负债表渠道作用于企业杠杆率，金融周期上行所带来的资产价格上升将改善企业的资产负债表，尤其是那些持有较多金融资产与房地产的企业。在考虑行业差异的情况下，依据企业有形资产、投资性房地产以及所持金融资产占总资产比例，将样本企业分为高低两组并分别对方程（3-1）进行回归。如表 3-6 所示，列（1）和列（2）汇报了在有形资产的高低分组下，金融周期对企业杠杆率影响的差异。列（1）显示，在有形资产占比较高的企业分组中，金融周期系数为 0.000 3，且在 1%的统计水平上显著。列（2）显示，在有形资产占比较低的企业分组中，金融周期系数为 0.000 2，仅在 5%的统计水平上显著。虽然列（1）和列（2）在显著水平上有所不同，但其差异并不明显。金融周期的内涵是对价格与风险的认知，对待风险的态度以及金融约束之间自我强化的相互作用（Borio，2014）；从度量来看，金融周期主要受信贷规模和资产价格的影响，而企业的有形资产更多是指存货与固定资产，其价格受金融周期影响较小，故金融周期对有形资产规模异质性企业的杠杆率影响并无显著差异。

列（3）和列（4）汇报了在投资性房地产占比的高低分组下，金融周期对企业杠杆率影响的差异。列（3）显示，在投资性房地产占比较高的企业分组中，金融周期系数为 0.000 3，且在 1%的统计水平上显著。列（4）显示，在投资性房地产占比较低的企业分组中，金融周期系数并不显著。同样，列（5）和列（6）的结果显示，在持有较多金融资产的企业分组中，金融周期系数为 0.000 4，且在 1%的统计水平上显著，而在持有较少金融资产的企业分组中，金融周期系数并不显著。综上所述，持有房地产和金融资产更多的企业，金融周期对其杠杆率的影响更为显著。金融周期上行所带来的房地产和金融资产的价格上涨改善了企业资产负债表并提高了抵押能力。一方面，这使企业更容易通过银行信贷资格审查，即银行更愿意为企业提供贷款；另一方面，企业资产价值的上涨也增强了企业的偿债信心，并提高其借款意愿。从表 3-4 和表 3-6的结果来看，金融周期对企业杠杆率的影响同时存在于银行信贷渠道与资产负债表渠道，前者表现为金融周期对融资能力较差的企业和非国有企业杠杆率的影响更为显著，后者则表现为对持有房地产和金融资产更多的企业而言，金融周期对其杠杆率的影响更为显著。

表 3-6　金融周期对异质性企业杠杆率变动的影响：资产负债表渠道

变量	(1)	(2)	(3)	(4)	(5)	(6)
	Lev	*Lev*	*Lev*	*Lev*	*Lev*	*Lev*
	高有形资产	低有形资产	高投资性房地产	低投资性房地产	高金融资产	低金融资产
FC	0.000 3***	0.000 2**	0.000 3***	-0.000 0	0.000 4***	0.000 1
	(0.000 1)	(0.000 1)	(0.000 1)	(0.000 2)	(0.000 1)	(0.000 1)
常数项	-1.577 9***	-1.465 8***	-1.254 3***	-1.256 1***	-1.171 3***	-1.332 9***
	(0.052 6)	(0.031 3)	(0.037 0)	(0.052 7)	(0.033 4)	(0.030 6)
观测值	37 096	39 430	30 356	10 184	36 774	39 731
R^2	0.168	0.173	0.150	0.238	0.155	0.169
样本企业数量	2 407	2 286	1 607	657	2 585	2 432
其他控制变量	控制	控制	控制	控制	控制	控制
个体固定效应	控制	控制	控制	控制	控制	控制
季度固定效应	控制	控制	控制	控制	控制	控制
年份固定效应	控制	控制	控制	控制	控制	控制

注：本表列举了部分控制变量的回归系数，其他控制变量的回归系数详见附录 2 附表 4。

** 、*** 分别代表在 5%、1%的统计水平上显著，括号中为标准误。

同样，为进一步探明在资产负债表渠道下，金融周期对异质性企业不同维度杠杆率的影响，笔者依据企业所持有的房地产投资和金融资产规模，将样本企业划分为高于行业均值和低于行业均值两类并分组进行回归，结果见表 3-7A和 3-7B。如表 3-7A 所示，在持有投资性房地产占比较高的企业分组中，列（3）、列（5）和列（7）显示金融周期的回归系数均在 1%的统计水平上显著为正，而在列（4）、列（6）和列（8）中，金融周期的回归系数均不显著。这表明，持有较多投资性房地产的企业，金融周期上行对其长期杠杆率、银行杠杆率以及商业信用杠杆率的正向影响更为显著。

在表 3-7B 中，笔者又依据企业持有金融资产占比对样本企业进行划分，并依据方程（3-1）对不同维度的企业杠杆率进行回归，与房地产持有分组不同的是，列（1）至列（4）显示，持有较多金融资产的企业分组，其短期杠杆率变动更受金融周期的影响，而持有金融资产的多少并不影响金融周期对企业长期杠杆率的影响。此外，在列（5）中，金融周期系数为 0.000 1 且在

10%的统计水平上显著；而在列（6）中，金融周期系数为0.000 2且在1%的统计水平上显著，即持有较少金融资产的企业，金融周期上行对其银行杠杆率的正向影响更大。在列（7）中，金融周期系数为0.000 2且在1%的统计水平上显著，但列（8）中的金融周期系数并不显著，这表明持有较多金融资产的企业，金融周期对其商业信用杠杆率的影响更大。究其原因，是因为银行信贷更注重能够作为抵押品的房地产而非金融资产。此外，持有较多金融资产的企业，可能存在金融化的倾向，这使银行可能从风险角度拒绝为其提供借款；商业信用借款对抵押物的要求并不仅限于房地产，因而变现能力较强的金融资产能够有效提高企业的偿债能力，从而增强其在商业信用领域筹资的能力。

表 3-7A　金融周期对异质性企业不同维度杠杆率的影响：基于投资性房地产持有的分组

变量	(1)	(2)	(3)	(4)	(5)	(6)	(7)	(8)
	Lev_short		*Lev_long*		*Lev_bank*		*Lev_comm*	
	高投资性房地产	低投资性房地产	高投资性房地产	低投资性房地产	高投资性房地产	低投资性房地产	高投资性房地产	低投资性房地产
FC	0.000 1	−0.000 1	0.000 2***	0.000 1	0.000 2***	0.000 1	0.000 2***	0.000 1
	(0.000 1)	(0.000 2)	(0.000 1)	(0.000 1)	(0.000 1)	(0.000 1)	(0.000 1)	(0.000 1)
常数项	−0.351 9***	−0.198 9***	−0.869 9***	−1.021 9***	−0.616 8***	−0.657 4***	−0.244 7***	−0.243 1***
	(0.036 9)	(0.054 9)	(0.025 1)	(0.039 2)	(0.022 4)	(0.035 6)	(0.025 1)	(0.041 3)
观测值	30 356	10 184	30 272	10 103	28 160	9 589	28 593	9 464
R^2	0.083	0.088	0.116	0.173	0.061	0.103	0.073	0.081
样本企业数量	1 607	657	1 601	650	1 481	612	1 520	622
其他控制变量	控制	控制	控制	控制	控制	控制	控制	控制
个体固定效应	控制	控制	控制	控制	控制	控制	控制	控制
季度固定效应	控制	控制	控制	控制	控制	控制	控制	控制
年份固定效应	控制	控制	控制	控制	控制	控制	控制	控制

注：本表列举了部分控制变量的回归系数，其他控制变量的回归系数详见附录2附表5A。

*** 代表在1%的统计水平上显著，括号中为标准误。

表 3-7B　金融周期对异质性企业不同维度杠杆率的影响：基于金融资产持有的分组

变量	(1)	(2)	(3)	(4)	(5)	(6)	(7)	(8)
	Lev_short		*Lev_long*		*Lev_bank*		*Lev_comm*	
	高金融资产	低金融资产	高金融资产	低金融资产	高金融资产	低金融资产	高金融资产	低金融资产
FC	0.000 2**	-0.000 1	0.000 2***	0.000 2***	0.000 1**	0.000 2***	0.000 2***	0.000 1
	(0.000 1)	(0.000 1)	(0.000 1)	(0.000 1)	(0.000 0)	(0.000 1)	(0.000 1)	(0.000 1)
常数项	-0.397 3***	-0.311 7***	-0.769 7***	-0.964 1***	-0.467 9***	-0.738 5***	-0.138 0***	-0.328 9***
	(0.032 6)	(0.031 1)	(0.019 8)	(0.021 6)	(0.017 2)	(0.019 2)	(0.022 7)	(0.020 3)
观测值	36 774	39 731	36 577	39 625	33 652	37 318	34 541	37 781
R^2	0.075	0.086	0.144	0.119	0.063	0.081	0.058	0.084
样本企业数量	2 585	2 432	2 573	2 423	2 410	2 281	2 489	2 341
其他控制变量	控制	控制	控制	控制	控制	控制	控制	控制
个体固定效应	控制	控制	控制	控制	控制	控制	控制	控制
季度固定效应	控制	控制	控制	控制	控制	控制	控制	控制
年份固定效应	控制	控制	控制	控制	控制	控制	控制	控制

注：本表列举了部分控制变量的回归系数，其他控制变量的回归系数详见附录 2 附表 5B。

** 、*** 分别代表在 5%、1%的统计水平上显著，括号中为标准误。

三、稳健性检验

为了证明研究结论的可靠性，笔者又对前文的实证结果进行了稳健性检验。其一，选取滞后 1~4 期的金融周期指标对企业杠杆率进行回归，结果如表 3-8 中列（1）至列（4）所示。其中，滞后 1 期与滞后 2 期的金融周期回归系数均显著大于 0，且均在 1%统计水平上显著，此外滞后 2 期的回归系数小于滞后 1 期。可以看到，金融周期上行对于企业杠杆率的正向作用将持续两个季度，并且其影响力逐步减小。其二，替换了金融周期的度量指标，将原金融周期中的国房景气指数替换为 70 个大中城市的同比增速，以及将私人部门信贷占 GDP 的比重替换为社会融资总额的季度同比增速，同样采取简单加权方式合成金融周期指标（*FC*2），回归结果如表 3-8 中的列（5）所示，与上文并不相悖。其三，参考马勇等（2017）与范小云等（2017）的方法，采用主成分分析法（principal components analysis，PCA）对多因素降维，将原金融周期指标中的单个因素合成新的金融周期指数（*FC_PCA*），并对方程（3-1）进行回归，结果如表 3-8 列（6）所示，*FC_PCA* 的回归系数为 0.001 2，且在 5%统计水平上显著，与上文结果一致。

表 3-8　金融周期与企业杠杆率变动的稳健性检验

变量	（1）	（2）	（3）	（4）	（5）	（6）
	Lev	*Lev*	*Lev*	*Lev*	*Lev*	*Lev*
L. FC	0.000 2***					
	（0.000 1）					
L2. FC		0.000 1***				
		（0.000 0）				
L3. FC			0.000 1			
			（0.000 1）			
L4. FC				-0.000 1		
				（0.000 1）		
FC2					0.000 1**	
					（0.000 1）	
FC_PCA						0.001 2**
						（0.000 5）
常数项	-1.281 5***	-1.278 3***	-1.274 7***	-1.268 3***	-1.280 2***	-1.273 9***
	（0.021 8）	（0.021 7）	（0.021 8）	（0.021 8）	（0.021 9）	（0.021 6）
观测值	77 935	77 928	77 927	77 938	77 938	77 938
R^2	0.171	0.171	0.171	0.171	0.171	0.171
样本企业数量	2 974	2 974	2 974	2 974	2 974	2 974
其他控制变量	控制	控制	控制	控制	控制	控制
个体固定效应	控制	控制	控制	控制	控制	控制
季度固定效应	控制	控制	控制	控制	控制	控制
年份固定效应	控制	控制	控制	控制	控制	控制

注：本表列举了部分控制变量的回归系数，其他控制变量的回归系数详见附录 2 附表 6。

** 、*** 分别代表在 5%、1%的统计水平上显著，括号中为标准误。

第四节 进一步讨论：金融周期的波动与企业杠杆率变动

如上文所述，金融周期的上行和下行都可能被金融市场所放大从而对实体经济产生冲击（宋玉华、徐前春，2004），并通过银行信贷渠道与资产负债表渠道影响非金融企业杠杆率的变动。此外，已有关于金融周期的研究还认为，金融自由化浪潮和金融创新运动所引发的信贷扩张是金融危机爆发的重要预警指标（Gourinchas & Obstfeld，2012；Mendoza & Terrones，2012；Borio，2014）。同时，有学者强调了金融周期波动中的信贷因素，即信贷的过度扩张和收缩均会引发宏观经济的波动甚至金融危机（Alessi & Detken，2009；马勇等，2009；陈昆亭等，2011；Schularick & Taylor，2012）。当金融周期波动性增大时，金融市场运行的不确定性也随之上升。一方面，银行等金融机构可能采取审慎原则而收缩贷款规模并提高信贷审查标准；另一方面，面对受金融冲击而波动的实体经济，企业可能更倾向于采取保守方式即“持币观望”，其投资意愿和借款意愿亦随之降低。在这两种作用下，金融周期波动的增加对企业杠杆率可能具有负向影响。

为考察金融周期波动对企业杠杆率变动的影响，笔者构建了金融周期变动指标。在标准的金融学文献中，金融波动（financial volatility）主要用于衡量某个金融变量时间序列在样本区间的波动程度，一般用相应金融变量的年度移动标准差来表示。这种方法不仅可以显示金融变量在某个时段内的波动程度大小，而且能够显示其在时间趋势上的变化情况（陈雨露等，2016）。由于金融周期的短周期通常为1~8年（Drehmann et al，2012），而企业短期贷款的调整时间通常为1年，长期贷款调整时间通常为3~5年，故选择金融周期的4年移动标准差（前后8个季度）来描述金融周期的波动性（*FC_Risk*8），并检验金融周期波动对企业杠杆率的影响，回归结果如表3-9所示。

表3-9 金融周期波动对企业杠杆率的影响

变量	(1)	(2)	(3)	(4)	(5)
	Lev	*Lev_short*	*Lev_long*	*Lev_bank*	*Lev_comm*
*FC_Risk*8	-0.003 8***	-0.003 6***	-0.000 3	-0.000 1	-0.000 7*
	(0.000 5)	(0.000 5)	(0.000 3)	(0.000 3)	(0.000 4)

续表

变量	(1)	(2)	(3)	(4)	(5)
	Lev	*Lev_short*	*Lev_long*	*Lev_bank*	*Lev_comm*
常数项	−1. 232 6***	−0. 289 5***	−0. 908 3***	−0. 644 3***	−0. 220 1***
	(0. 022 3)	(0. 021 9)	(0. 014 1)	(0. 012 6)	(0. 014 6)
观测值	77 938	77 938	77 632	72 316	73 666
R^2	0. 171	0. 081	0. 147	0. 082	0. 068
样本企业数量	2 974	2 974	2 956	2 742	2 840
其他控制变量	控制	控制	控制	控制	控制
个体固定效应	控制	控制	控制	控制	控制
季度固定效应	控制	控制	控制	控制	控制
年份固定效应	控制	控制	控制	控制	控制

注：本表列举了部分控制变量的回归系数，其他控制变量的回归系数详见附录 2 附表 7。

*、*** 分别代表在 10%、1%的统计水平上显著，括号中为标准误。

在列（1）中，金融周期波动的回归系数为−0. 003 8 且在 1%的统计水平上显著，即金融周期波动的增加对企业杠杆率具有负向影响，而列（2）至列（5）显示，这种负向影响主要针对企业的短期杠杆率与商业信用杠杆率。一方面，相比长期杠杆率与银行杠杆率，短期杠杆率更容易调整，能够使企业凭借其偿债能力来应对金融周期波动所可能造成的风险；另一方面，面对金融周期的波动，上下游企业之间有可能会采取催缴应收账款的行为并缩减赊账周期，从而使企业商业信用杠杆率降低。

第五节　本章小结

本章基于对 2007—2017 年非金融类上市公司财务数据和季度层面金融周期的匹配数据，研究了金融周期与企业杠杆率变动之间的关系。结果显示，金融周期与非金融企业杠杆率之间存在正向关系，这一影响在考虑时滞的情况下仍然存在。笔者认为，金融周期通过银行信贷与资产负债表这两种渠道作用于企业杠杆率。前者表现为金融周期对企业杠杆率的正向影响在规模较小、融资能力较差以及非国有企业的分组中更为显著，而后者表现为对持有较多金融资产和房地产投资的企业而言，金融周期对其杠杆率的影响更显著。一方面，金融周期的上行会带来信贷规模的扩张、银行资产负债表的改善、信贷审批的放松以及借贷利率的下降，使融资能力较差的企业也能获得外部资金，从而提高杠杆率；另一方面，由于信息不对称和金融摩擦的存在，当金融周期上行时，金融资产与房地产资产价格的上涨会改善持有这类资产企业的抵押能力，从而推高其杠杆率。进一步来说，金融周期对企业不同维度杠杆率的影响存在一定差异，金融周期更多是影响企业的长期杠杆率、银行杠杆率以及商业信用杠杆率，而非短期杠杆率。

结合本章理论分析和研究结论，提出以下政策建议。首先，商业银行应合理扩张信贷规模，即使在金融周期上行阶段也要加强贷前审查以及资金用途的考察，同时在金融周期下行阶段也不应缩减对优质民营企业以及规模较小企业的信贷。其次，商业银行以及监管机构应关注企业的房地产投资及金融资产的持有，金融周期上行所带来的资产价格膨胀虽然能够提高企业抵押能力，但金融周期的波动亦会给银行和金融体系带来风险。此外，增加房地产持有能提高抵押能力的错误“示范信号”，也会诱使更多的企业涌入房地产投资当中，从而导致产业“空心化”以及经济的“脱实向虚”。最后，在结构性去杠杆过程中不仅要关注企业的负债端，而且要关注企业的资产端，尤其是持有较多房地产及金融资产的企业。在政策的推动下，虽然此类企业能够在短时间内完成去杠杆目标，但金融周期的上行又会推高其杠杆率，从而导致政策失效。

第四章　银行信贷歧视与企业杠杆率变动

随着我国经济进入新常态，前期因粗放型经济增长所引发的结构性问题逐渐凸显，实体经济长期疲软、杠杆率高企和经济"脱实向虚"等问题日益发酵。2008年美国次贷危机以后，我国实行了宽松的货币政策和财政政策，企业部门在此期间一直处于快速加杠杆阶段。2015年12月"三去一降一补"中的"去杠杆"[①] 政策提出以后，调整经济结构，降低负债结构，成为监管部门进行宏观调控的重要领域。

值得关注的是，金融资源在不同经济主体之间的非效率配置意味着国有企业和民营企业获得的是与其自身产出效率不相匹配的融资能力（邵挺，2010；周煜皓、张盛勇，2014），从而作用于所有制性质不同企业之间的杠杆率水平。全球金融危机爆发以后，我国非金融企业出现了严重的杠杆分化问题，主要表现为国有企业杠杆率居高不下，民营企业杠杆率明显下降。银行基于政府隐性担保、抵押品价值、社会关系、风险与收益的考虑而更倾向于将优质、低息的信贷资源分配给国有企业，民营企业和中小企业则面临较强的融资约束，进而导致国有企业和民营企业杠杆分化现象日益凸显（纪洋等，2018；汪勇等，2018）。

近年来，随着国内外经济政策的不确定性不断上升，影子银行体系的过度膨胀、经济"脱实向虚"和杠杆率高企等现象使系统性金融风险逐渐集聚，防范风险成为监管部门的重要任务。此外，货币政策的紧缩又会使银行基于风险收益的权衡，更倾向于将信贷资源配置给有政府隐性担保的国有企业，导致民营企业的融资成本进一步提高（Song et al，2011；饶品贵、姜国华，2013a；战明华，2015）。在我国金融压抑、国有商业银行垄断经营和资本市场不发达

① 详见 http：//www.gov.cn/xinwen/2015-12/21/content_5026332.htm。

的背景下，信贷市场摩擦、政企关联和政府隐性担保使银根紧缩，对抵押品价值较低、信息不对称程度较高和不存在政治关联的民营企业融资能力的负面冲击更强，而国有企业的外部融资能力所受到的影响则较少，这可能造成国有企业与民营企业之间的杠杆分化。党的十九大报告明确指出，要健全货币政策和宏观审慎双支柱调控框架，提高金融调控的有效性，防范系统性金融风险，以保证宏观经济的稳定。2018 年 4 月，中央财经委员会举行了成立以来的第一次会议，会议指出“要以结构性去杠杆为思路去杠杆”①。自此，去杠杆阶段已经由总量性去杠杆阶段向结构性去杠杆阶段过渡。那么，银行所有制歧视行为与国有企业和非国有企业的杠杆分化是否存在关联？货币政策如何影响信贷配给与非金融企业杠杆分化之间的关系？

已有文献多从金融资源的错配、宏观经济环境、金融市场竞争、企业预算软约束等角度剖析企业部门高杠杆率形成的原因（王宇伟等，2018；蒋灵多、陆毅，2018；中国人民银行营业管理部课题组，2017），但少有文献关注异质性企业的杠杆分化问题。纪洋等（2018）阐释了在政府隐性担保情况下，经济政策的不确定性对国有企业和非国有企业杠杆分化的影响。然而，少有文献从银行信贷歧视的视角剖析异质性企业杠杆分化的现象。本书拟在这一领域进行有益的补充，并且进一步阐释在银行的所有制歧视背景下，货币政策对国有企业和非国有企业杠杆分化程度的作用机理。

第一节　文献回顾与理论分析：银行信贷歧视、货币政策与企业杠杆分化

2008 年全球金融危机爆发后，我国国有企业和非国有企业的杠杆分化现象逐渐显现，主要表现在非国有企业的杠杆率明显下降，而国有企业的杠杆率则呈上升趋势（纪洋等，2018；钟宁桦等，2016）。中国人民银行营业管理部课题组（2017）从预算软约束和资源错配的视角剖析了我国部分企业杠杆率长期居高不下的原因。政府对企业融资行为的隐性担保驱使金融中介将金融资本向这类企业输送，进而形成低效企业挤走高效企业的现象，我国现阶段杠杆率高企、经济“脱实向虚”以及“僵尸企业”处置问题等，应归因于金融资源在不同经济主体之间的错配（邵挺，2010）。此外，国有企业在重工业领域

① 详见 http：//www. gov. cn/xinwen/2018-04/02/content_5279304. htm。

集中分布的特征、与金融中介特殊的银企关系以及抵押品优势也会进一步会推高其杠杆率水平，加剧其与民营企业之间的杠杆差异程度（Brandt & Li，2003；苟琴等，2014；汪勇等，2018）。

我国资本市场不发达的外部环境和金融中介垄断主导的金融结构，使银行在金融资本的配置上处于核心地位。杠杆率的负债端可以进一步细分为经营负债和金融负债，其中，经营负债产生于企业与客户、供应商和员工之间的生产经营活动，金融负债则是企业因发行债券和向银行借款等行为而产生的负债（黄莲琴、屈耀辉，2010）。企业的借贷行为通过影响金融负债而作用于企业杠杆率水平。我国的金融抑制和国有银行垄断经营的市场环境，使银行在信贷资源的配置上存在严重的所有制歧视行为（Allen et al，2005）。主流金融中介基于企业资质、政府隐性担保和政治关联等考虑倾向于为国有企业放贷，而民营企业融资需求则无法得到满足。在一个完全有效的市场环境中，利率水平取决于资金的供求和风险溢价情况，然而，银行倾向性资金配置使国有企业等融资优势部门长期处于预算软约束之中，杠杆率居高不下（中国人民银行营业管理部课题组，2017）。国有部门的预算软约束也会进一步挤占高效率企业的资金，进而加剧国有企业与非国有企业的杠杆分化程度。基于以上分析，提出本章的第一个研究假说。

假说4-1：银行信贷歧视会放大国有企业和非国有企业的杠杆分化程度。

货币政策是实行宏观调控的重要手段，在抑制经济“脱实向虚”，防范系统性金融风险以及促进实体经济平稳发展等方面发挥了重要的作用。已有研究表明，我国长期量化宽松的货币政策在一定程度上推动了企业杠杆率的高企（蒋灵多、陆毅，2018）。全球金融危机爆发后，我国的“四万亿”经济扩张政策使国有企业相比非国有企业获取了更多的信贷资源，在一定程度上加剧了国有企业和非国有企业的杠杆分化程度（Johansson & Feng，2016）。因此，宽松的货币政策意味着企业的信贷可得性提高，从而推高微观层面的企业资产负债率。

然而，国有银行高度垄断集中的金融体系结构，使信贷资源的配置上存在“体制主从”次序，即国有企业能够从银行融入超过其自身生产经营所需的资金，民营企业则长期处于流动性约束之中。金融市场摩擦、政府隐性担保和银企关系等因素，使银根紧缩对民营企业融资的负面冲击更大，而国有企业融资水平受到的影响则较小。信贷市场信息的不完备意味着在紧缩性货币政策下，高杠杆率企业可以有效隔绝价格型货币政策对其负债杠杆约束的传导机制（Kaya & Banerjee，2014）。相比宽松的货币政策，紧缩性货币政策背景下银行信贷资金会更多地配置给贷款风险相对较小并有政府担保的国有企业，从而放大国有企业和非国有企业之间的杠杆分化程度。有鉴于此，提出本章的第二个假说。

假说4-2：在银行信贷歧视背景下，紧缩性货币政策会进一步放大国有企业和非国有企业的杠杆分化程度。

第二节 银行信贷歧视与企业杠杆率变动研究的实证设计

一、样本选择与数据来源

笔者选取了2007—2017年沪深两市A股上市公司的数据作为样本，鉴于本书关注的是非金融企业的杠杆分化问题，因此将金融行业上市公司从样本中剔除；由于ST和PT类企业的财务状况和盈利能力存在异常，也将这两类企业从样本中剔除，最终获得20 377个有效样本观测值。数据来源于国泰安CSMAR数据库、中经网和Wind数据库，并对连续变量进行了上下1%的极端值缩尾处理。

二、变量定义

如前文所述，本书选用总负债与总资产之比来反映微观层面的企业杠杆率水平。本章在进一步讨论中按照负债产生的原因，将企业杠杆率划分为金融杠杆与经营杠杆。同时，本章采用Nissim-Penman财务框架将负债划分为经营负债和金融负债，将资产划分为金融资产和经营资产（Nissim & Penman，2001）。金融资产的界定详见本书第二章第三节，金融负债则包括短期借款、交易性金融负债、衍生金融负债、一年内到期非流动性负债、应付债券、长期借款和应付利息等。金融负债与金融资产之比即为金融性杠杆，总资产扣除金融资产后得到的即为经营资产，总负债扣除金融负债后得到的即为经营负债，经营性杠杆率则为经营负债与经营资产之比。

笔者采用两种方式来衡量企业从银行获得的信贷支持。第一种方法，采用本期短期借款、本期一年内到期非流动性负债、本期长期借款与上期短期借款、上期一年内到期非流动性负债、上期长期负债之差与总资产的比值等来反映，即“银行贷款规模”。第二种方法，以利息支出占销售收入的比重来衡量企业从银行获得借款的规模，即“银行利息支出占比”，这两项指标均能反映企业从银行获得信贷资源的强度。此外，笔者采用实际控制人性质来划分国有企业与非国有企业，并在回归中采用交乘项的方式来考察银行信贷歧视对国有企业和非国有企业杠杆分化程度的影响。

对货币政策方向的测度，同样采用两种方式。第一种方式是基于我国特定的货币政策与宏观环境来设置货币政策的虚拟变量（祝继高、陆正飞，2009；饶品贵、姜国华，2013a），将2004年、2006年、2007年、2010年设置为货币政策紧缩年度。第二种方式是利用中国人民银行发布的“货币政策感受指数”来反映货币政策的紧缩程度，该指数越低，货币政策的紧缩性越强。央行发布的货币政策感受指数为季度数据，因此，我们将年度四个季度值的平均值作为该年度货币政策紧缩程度的代理指标。

此外，模型也控制了现金流水平（*Cash*）、有形资产占比（*Tangible*）、企业规模（*Size*）、盈利能力（*ROA*）、主营业务收入增长率（*Sales_g*）、实际控制人性质（*SOE*）、非债务性税盾（*NDTS*）、独立董事占比（*INDI*）、高管持股占比（*Manager*）、资本密集度（*CAPI*）等会影响企业杠杆率水平的变量。变量的定义和描述性统计结果如表4-1所示。

表4-1　银行信贷歧视与企业杠杆率变动研究的主要变量定义、描述性统计

变量	变量描述	变量定义	样本量	标准差	中位数	均值
Lev	企业杠杆率	总负债/总资产	20 377	0.216 2	0.440 5	0.444 4
BL	银行贷款规模	（本期短期借款+本期一年内到期非流动性负债+本期长期借款-上期短期借款-上期一年内到期非流动性负债-上期长期负债）/总资产	20 377	0.080 8	0.003 1	0.018 0
BIE	银行利息支出占比	利息支出/销售收入	20 377	0.109 4	0.000 0	0.001 9

续表

变量	变量描述	变量定义	样本量	标准差	中位数	均值
Cash	现金流水平	经营性现金流净额与总资产之比	20 377	0.075 6	0.041 4	0.041 6
Tangible	有形资产占比	（固定资产+存货）/总资产	20 377	0.186 4	0.378 1	0.387 8
Size	企业规模	总资产的自然对数	20 377	1.309 5	21.845 8	22.010 6
ROA	盈利能力	净利润/总资产	20 377	0.054 1	0.035 5	0.038 7
Sales_g	主营业务收入增长率	本年主营业务收入/上年主营业务收入-1	20 377	0.592 3	0.119 5	0.221 4
SOE	实际控制人性质	国有企业为 1，否则为 0	20 377	0.483 2	0.000 0	0.387 3
NDTS	非债务性税盾	固定资产折旧/主营业务收入	20 377	0.045 5	0.031 3	0.045 6
INDI	独立董事占比	独立董事人数与董事会人数之比	20 377	0.055 1	0.333 3	0.372 0
Manager	高管持股占比	高管持股数与总股数之比	20 377	0.131 2	0.000 1	0.058 9
CAPI	资本密集度	固定资产净额与员工总数之比的自然对数	20 377	1.127 9	12.479 5	12.503 3

三、模型设定

为了进一步考察银行信贷歧视对非金融企业杠杆率的影响，以及货币政策对银行信贷歧视与非金融企业杠杆分化之间的作用机制，构建实证模型，如下所示。

$$Lev_{it} = \beta_0 + \beta_1 BL_{it} \cdot SOE_{it} + \beta_2 BL_{it} + \beta_3 SOE_{it} + \gamma X_{it} + u_i + \delta_t + \varepsilon_{it} \qquad (4-1)$$

模型（4-1）用于检验银行信贷歧视对非金融企业杠杆分化的影响，其中，Lev_{it} 表示企业 i 在第 t 年的杠杆率水平；BL_{it} 表示企业 i 在第 t 年从银行获得信贷资源的强度；SOE_{it} 表示企业所有制性质的虚拟变量，如果该值为 1，则表示其为国有企业，该值为 0，则表示其为民营企业；X_{it} 表示控制变量。此外，笔者在该模型中也进一步控制了企业固定效应和年份固定效应，并在企业层面进行了聚类处理。

为了考察银行信贷歧视对国有企业和非国有企业杠杆分化程度的影响，本书通过引入企业所有制性质与银行信贷的交乘项来识别上述机制，具体来看，如果交乘项系数 $BL_{it} \cdot SOE_{it}$ 显著为正，则说明银行所有制歧视行为会放大国有企业和非国有企业的杠杆分化程度，即假说 4-1 成立。反之，如果交乘项系数为负，则说明该假说不成立。

$$Lev_{it} = \beta_0 + \beta_1 BL_{it} \cdot SOE_{it} \cdot MFI_t + \beta_2 BL_{it} \cdot SOE_{it} + \beta_3 BL_{it} \cdot MFI_t + \beta_4 SOE_{it} \cdot MFI_t + \gamma X_{it} + u_i + \delta_t + \varepsilon_{it} \quad (4-2)$$

为了进一步检验货币政策对银行信贷歧视与国有企业和非国有企业杠杆分化的影响，笔者在基准模型基础上加入了企业所有制性质（SOE_{it}）、银行信贷强度（BL_{it}）与货币政策感受指数（MFI_t）的交乘项。若交乘项系数为负，则说明银行处于所有制歧视背景中，相较于宽松型货币政策，紧缩型货币政策会进一步放大国有企业和非国有企业的杠杆分化程度，即研究假说 4-2 成立。

第三节　银行信贷歧视与企业杠杆率变动研究的实证结果分析

一、基准回归

先对银行信贷歧视与非金融企业杠杆分化之间的关系进行实证分析，得到的回归结果如表 4-2 所示。列（1）和列（2）中采用本期短期借款、一年内到期非流动性负债和长期借款与上期短期借款、上期一年内到期非流动性负债和上期长期负债之差与总资产之比来衡量企业从银行获得的贷款规模。结果显示，无论是否控制年份固定效应，企业所有制性质（*SOE*）与银行信贷强度（*BL*）的交乘项系数分别为 0.059 0 和 0.057 3，且均在 10%的统计的水平上显著，说明银行基于所有制性质的歧视行为会进一步加剧国有企业和非国有企业的杠杆分化程度，即假说 4-1 成立。

表 4-2 银行信贷歧视与国有企业和非国有企业杠杆分化的基准回归结果

变量	(1)	(2)	(3)	(4)
	Lev	*Lev*	*Lev*	*Lev*
SOE·BL	0.059 0*	0.057 3*		
	(0.032)	(0.031)		
BL	0.023 4	0.011 7		
	(0.018)	(0.017)		
SOE·BIE			0.034 3***	0.026 0**
			(0.011)	(0.012)
BIE			0.027 3***	0.026 1***
			(0.006)	(0.006)
Cash	-0.088 0***	-0.096 2***	-0.083 4***	-0.090 9***
	(0.020)	(0.020)	(0.019)	(0.019)
Tangible	0.268 8***	0.255 8***	0.260 2***	0.246 2***
	(0.022)	(0.021)	(0.021)	(0.020)
Size	0.036 3***	0.048 4***	0.034 9***	0.048 0***
	(0.005)	(0.006)	(0.004)	(0.006)
ROA	-0.005 3	-0.011 0	-0.016 2***	-0.016 3***
	(0.009)	(0.009)	(0.003)	(0.003)
Sales_g	-0.000 0**	-0.000 0**	-0.000 0	-0.000 0
	(0.000)	(0.000)	(0.000)	(0.000)
SOE	0.006 7	0.007 2	0.007 3	0.005 4
	(0.009)	(0.009)	(0.008)	(0.008)
NDTS	0.006 8**	0.007 1**	0.010 6***	0.010 8***
	(0.003)	(0.003)	(0.004)	(0.004)
INDI	-0.034 1	-0.014 8	-0.052 5	-0.027 7
	(0.035)	(0.035)	(0.034)	(0.034)
Manager	-0.107 1***	-0.115 7***	-0.104 8***	-0.115 0***
	(0.025)	(0.025)	(0.025)	(0.025)
CAPI	-0.016 0***	-0.014 9***	-0.013 9***	-0.012 7***
	(0.003)	(0.003)	(0.003)	(0.003)

续表

变量	(1)	(2)	(3)	(4)
	Lev	*Lev*	*Lev*	*Lev*
常数项	−0.239 8**	−0.499 2***	−0.220 3**	−0.497 6***
	(0.100)	(0.137)	(0.096)	(0.134)
观测值	20 377	20 377	21 491	21 491
R^2	0.098	0.106	0.091	0.100
样本企业数量	2 993	2 993	2 996	2 996
个体固定效应	控制	控制	控制	控制
年份固定效应	未控制	控制	未控制	控制

注：*、**、*** 分别代表在10%、5%、1%的统计水平上显著，括号中为标准误。

银行基于风险与收益权衡，倾向于为存在政府显性或隐性担保、抵押品价值较高和存在政企关系的国有企业放贷。银行的所有制歧视行为使国有企业能够从外部融入超过其自身生产经营所需的资金，而民营企业则长期处于流动性约束之中，这导致民营企业因生产投资、外部行业环境变动和宏观政策不确定性而发生流动性危机的风险更高，从而减少金融中介、债权人和供销商对民营企业的资金融通行为，强化国有企业和非国有企业的杠杆分化程度。替换银行信贷支持的指标（*BIE*），将利息支出与总资产的比值作为企业从银行获得信贷强度的代理指标，回归结果见表4-2中的列（3）和列（4），交乘项（*SOE*·*BIE*）回归系数分别为0.034 3和0.026 0，且分别在1%和5%的统计水平上显著，实证结果没有发生改变。

地方官员决定着信贷资源、土地、税收减免和政府补贴等经济资源的配置，而监督和约束机制的缺失则为企业与官员之间的“政企互惠”提供了空间（戴亦一等，2014）。金融压抑、资产市场不发达和国有企业垄断经营的市场环境，意味着银行在金融资源的配置上存在较强的金融错配行为。政治关联的企业与当地政府官员建立了长期、良好的关系，从而在生产要素的获取和市场竞争中处于优势地位，能够向金融中介释放经营良好、破产风险较低的正向信号，从而提高金融资本的获取能力，提高资产负债率（于蔚等，2012；余明桂、潘红波，2008）。政府补贴作为地方政府对企业的无偿资金转移，能够缓解企业的融资约束，提高企业的风险承担水平，从而促进企业负债水平的提高（毛其淋、许家云，2016）。为了进一步考察银行所有制歧视对存在或不存在政治关联和政府补贴的企业杠杆分化程度的影响，笔者引入政治关联或政府补贴虚拟变量，与企业从银行获得信贷规模的交乘项进行检验，结果如表 4-3 所示。

关于对企业是否存在政治关联的认定，本书采用的方式为，若企业招待费、协调周边费和应酬费支出高于行业中位数，则认定其为存在政治关联的企业，反之，则认为其不存在政治关联。实证结果如表 4-3 中的列（1）所示，政治关联虚拟变量与银行信贷强度的交乘项 *PC*・*BL* 回归系数为 0. 317 9，且在 1%的统计水平上显著，这表明银行信贷歧视行为会放大存在政治关联和不存在政治关联企业的杠杆分化程度。列（2）中采用了董事长或总经理的政府背景来衡量政治关联，若高管存在政府背景，则认为企业存在政治关联，反之则不存在。实证结果表明采用高管的政府背景作为是否存在政治关联的代理指标，*PC*2・*BL* 交乘项回归系数为 0. 194 1，且在 1%的统计水平上显著为正，前文得到的结论依然成立。

表 4-3 中的列（3）和列（4）分别按照是否存在政府补助，以及政府补助金额是否高于所在行业年度中位数设置政府补助的虚拟变量，在两种不同的衡量方式下，政府补助虚拟变量与银行信贷规模的交乘项系数均为正，且在 1%的统计水平上显著，即表明银行信贷歧视会进一步放大存在政府补助和不存在政府补助企业之间的杠杆分化程度。

表 4-3　银行信贷歧视与非金融企业杠杆分化

变量	(1)	(2)	(3)	(4)
	Lev	*Lev*	*Lev*	*Lev*
PC・*BL*	0. 137 9***			
	(0. 053)			
*PC*2・*BL*		0. 194 1***		
		(0. 061)		
GS・*BL*			0. 225 7***	
			(0. 065)	
*GS*2・*BL*				0. 181 9***
				(0. 038)
常数项	-0. 604 7***	-0. 518 6***	-0. 499 5***	-0. 510 1***
	(0. 158)	(0. 137)	(0. 133)	(0. 137)

续表

变量	(1)	(2)	(3)	(4)
	Lev	*Lev*	*Lev*	*Lev*
观测值	17 546	20 189	20 377	19 991
R^2	0. 132	0. 110	0. 128	0. 116
样本企业数量	2 969	2 985	2 993	2 985
其他控制变量	控制	控制	控制	控制
个体固定效应	控制	控制	控制	控制
年份固定效应	控制	控制	控制	控制

注：本表列举了部分控制变量的回归系数，其他控制变量的回归系数详见附录 2 附表 8。

*** 代表在 1%的统计水平上显著，括号中为标准误。

我国金融制度的历次变迁大多源于政府的强制性政策供给行为，而非市场驱动所致。由金融中介主导和国有银行垄断的金融结构使信贷资金配置与生产效率之间存在严重的不匹配性（鲁晓东，2008）。在政府干预经济程度较深、官员腐败程度较高和外部融资环境较差的地区，银行信贷资源在不同经济主体之间配置的非市场化程度更高，即融资优势企业和融资弱势企业之间的杠杆分化程度更高。为了进一步考察银行信贷歧视对国有企业和非国有企业之间杠杆分化影响的地区异质性，笔者将企业注册地所在省份与地区市场化指数、经营环境指数相匹配①，分别按照高于和低于对应指数的中位数进行分样本回归。

表 4-4 给出了分样本回归结果，其中列（1）给出了在经济资源市场化配置程度不同的地区，银行信贷歧视对企业杠杆率分化的异质性影响，结果表明，在市场分配经济资源比重较低的地区，银行所有制歧视对国有企业和非国有企业杠杆分化程度的正向影响更为显著，而这种效应对在市场化程度较高地区的企业则并不显著。表中列（3）和列（4）是按照地方政府行政效率高低进行划分之后的回归结果，回归结果显示，银行信贷歧视对国有企业和非国有企业杠杆分化程度的正向影响仅在行政审批程序烦琐、机构臃肿、人员冗杂的地区是显著的，而提高地方政府的行政效率则可以弱化银行中介歧视性行为对企业杠杆分化的影响。其原因在于，当政府过度干预经济资源配置且执政能力

① 其中，各个省份市场分配经济资源比重数据来自樊纲市场化指数，数据统计年限为 2004 年到 2009 年，政府效率数据来自《中国分省经营环境指数 2017 年报告》，数据包括年份为 2006 年、2008 年、2010 年、2012 年和 2016 年。

低下时，会强化金融资本对存在天然政治关联和政府隐性担保的国有企业部门进行定向配置，即进一步加剧微观经济主体之间的金融错配程度，从而放大银行所有制歧视与国有企业和非国有企业杠杆分化之间的正向关系。表4-4中的列（5）列（6）为融资成本差异性地区的分组回归结果，对银行信贷歧视与非金融企业杠杆分化之间关系的实证分析结果表明，在金融服务和融资成本高的地区中，银行信贷歧视对国有企业和非国有企业杠杆分化程度的正向影响更为显著。金融服务和融资成本较高的地区，其外部融资环境和社会信任度更差，企业还款风险也更高，银行基于违约风险的考虑更倾向于为存在政府担保且破产风险较低的国有企业放贷，这无疑加剧了国有企业与非国有企业之间的杠杆分化程度。

表4-4　银行信贷歧视与国有企业和非国有企业杠杆分化的地区异质性

变量	(1)	(2)	(3)	(4)	(5)	(6)
	Lev	*Lev*	*Lev*	*Lev*	*Lev*	*Lev*
	市场分配经济资源比重高	市场分配经济资源比重低	政府效率高	政府效率低	金融服务和融资成本高	金融服务和融资成本低
SOE·*BL*	-0.050 2	0.167 9**	-0.015 4	0.257 1**	0.183 0**	-0.027 9
	(0.058)	(0.067)	(0.053)	(0.106)	(0.089)	(0.100)
常数项	-1.287 1***	-0.120 7	-0.814 1***	-0.143 5	-0.434 2**	-0.354 0
	(0.426)	(0.607)	(0.190)	(0.344)	(0.213)	(0.280)
观测值	1 709	752	5 628	1 695	4 177	3 010
R^2	0.197	0.186	0.173	0.128	0.161	0.121
样本企业数量	936	443	2 453	958	2 126	1 609
其他控制变量	控制	控制	控制	控制	控制	控制
个体固定效应	控制	控制	控制	控制	控制	控制
年份固定效应	控制	控制	控制	控制	控制	控制

注：本表列举了部分控制变量的回归系数，其他控制变量的回归系数详见附录2附表9。

** 、*** 分别代表在5%、1%的统计水平上显著，括号中为标准误。

二、机制检验

为了进一步探究货币政策对银行信贷歧视与国有企业和非国有企业杠杆分化之间关系的影响，本章在基准模型中引入了企业所有制性质、银行信贷强度与货币政策感受指数三项的交乘项。在控制其他变量后，若 *SOE* · *BL* · *MFI* 系数显著为负，则说明相比宽松货币政策，紧缩货币政策会放大银行信贷歧视以及国有企业和非国有企业之间的杠杆分化程度。表 4-5 中给出了模型（4-2）的回归结果，其中列（1）显示货币政策感受指数的下降（即货币紧缩程度的提高），会放大银行所有制歧视对国有企业和非国有企业之间的杠杆分化作用，证明了研究假说 4-2。此外，笔者还替换了货币政策紧缩程度的代理指标，将 2004 年、2006 年、2007 年和 2010 年设置为货币政策紧缩年度，其余年份则为货币政策宽松期间，以此进行分样本回归。表 4-5 中的列（2）和列（3）显示，仅在列（2）中，*SOE* · *BL* 的系数显著为正，即在货币政策紧缩的年份，银行所有制歧视使国有企业和非国有企业之间存在杠杆分化现象，然而这种效应在央行执行宽松货币政策期间并不显著。

表 4-5　货币政策、银行信贷歧视与国有企业和非国有企业杠杆分化

变量	(1)	(2)	(3)
	Lev	*Lev*	*Lev*
		紧缩货币政策期间	宽松货币政策期间
SOE · *BL*	0.519 0**	0.190 4**	0.047 8
	(0.248)	(0.075)	(0.031)
SOE · *BL* · *MFI*	−0.010 9**		
	(0.005)		
SOE · *MFI*	0.000 1		
	(0.000)		
BL · *MF*	0.015 7***		
	(0.003)		
BL	−0.671 3***	0.038 9	0.015 4
	(0.135)	(0.054)	(0.017)
MFI	0.002 4**		
	(0.001)		
常数项	−0.738 5***	−0.728 6**	−0.490 7***
	(0.216)	(0.337)	(0.136)
观测值	14 542	3 643	16 734
R^2	0.139	0.156	0.108

续表

变量	(1)	(2)	(3)
	Lev	*Lev*	*Lev*
		紧缩货币政策期间	宽松货币政策期间
样本企业数量	2 977	2 210	2 991
其他控制变量	控制	控制	控制
个体固定效应	控制	控制	控制
年份固定效应	控制	控制	控制

注：本表列举了部分控制变量的回归系数，其他控制变量的回归系数详见附录 2 附表 10。

** 、*** 分别代表在 5%、1%的统计水平上显著，括号中为标准误。

如前所述，金融压抑、信息不透明以及代理成本等问题，使银行出于收益-风险的考量，在贷款对象的选择上存在国有企业优先于非国有企业，在贷款结构的选择上存在短期贷款优先于长期贷款的特征（Custódio et al，2013；周煜皓、张盛勇，2014）。作为政府部门重要的调控手段，货币政策通过影响信贷规模和融资成本，进而作用于企业投融资行为。如果现行货币政策与经济发展之间的契合度较小，即当货币政策适度性较低时，银行信贷决策对企业实际融资需求的关注度会下降，借贷双方的信息不对称使银行更倾向于为企业提供短期贷款以降低代理风险（钟凯等，2016）。因此，货币政策适度性的提高可以通过缓解企业融资约束而减缓“短贷长投”行为，降低企业发生非效率投资和流动性危机的可能性。

此外，银行家对经济运行信心的提高，也会弱化其对以民营企业和中小企业等为代表的高风险企业的金融歧视行为，进而作用于所有制性质不同企业之间的杠杆率水平。央行沟通是在信息噪声和学习偏差下引导公众预期的重要方式，可以起到稳定市场预期和提高货币政策有效性的作用（郭豫媚、周璇，2018）。货币政策紧缩会抬高企业融资成本，引发企业和居民对未来经济形势的消极预期，而央行沟通则有助于稳定公众预期，降低政策不确定性对企业投融资的负面影响，从而降低银行信贷歧视下紧缩货币政策对国有企业和非国有企业杠杆分化的正向影响。

为了进一步检验货币政策适度性、银行家信心指数以及央行沟通对银行信贷歧视下紧缩货币政策与国有企业和非国有企业杠杆分化的调节效应，笔者采用上述变量与货币政策感受指数、所有制性质虚拟变量以及银行信贷规模进行交互，对货币政策适度性、银行家信心指数和央行沟通的调节效应进行实证研究，结果如表 4-6 所示。表中的列（1）是在模型（4-2）基础上加入了与货币政策适度性（*MCM*）的交乘项，笔者利用中国人民银行发布的《银行家问卷调查》① 中的货币政策感受指数，以认为货币政策“适度”的银行家所占比重作为当季货币政策适度性的代理指标，采用四个季度指数的平均值来反映当年货币政策适度性。结果显示，*MCM*·*SOE*·*BL*·*MFI* 交乘项系数为 0.005 6，并在 1%统计水平上显著，即货币政策适度性的提高，有助于改善在紧缩性货币政策下，银行基于风险-收益考量所引发的融资优势企业和融资劣势企业之间的金融错配和杠杆分化程度。表中的列（2）则进一步考察了银行家信心指数对银行信贷歧视下紧缩性货币政策与国有企业和非国有企业杠杆分化之间的调节效应，结果显示，银行家信心指数的提高会减弱现行银行体制下紧缩货币政策与杠杆分化之间的正向关系。

表 4-6　货币政策适度性、银行信贷歧视与国有企业和非国有企业杠杆分化

变量	(1)	(2)	(3)
	Lev	*Lev*	*Lev*
MCM·*SOE*·*BL*·*MFI*	0.005 6***		
	(0.001)		
BCI·*SOE*·*BL*·*MFI*		0.002 7***	
		(0.001)	
CBC·*SOE*·*BL*·*MFI*			-0.060 5**
			(0.028)
SOE·*BL*·*MFI*	-0.423 4***	-0.081 5*	0.206 9**
	(0.075)	(0.042)	(0.086)
常数项	0.100 8	-0.647 6***	0.983 3***
	(0.379)	(0.150)	(0.379)
观测值	14 542	14 542	9 117
R^2	0.182	0.179	0.225
样本企业数量	2 977	2 977	2 505
其他控制变量	控制	控制	控制

① 数据来源：中国人民银行调查统计司。

续表

变量	(1)	(2)	(3)
	Lev	*Lev*	*Lev*
个体固定效应	控制	控制	控制
年份固定效应	控制	控制	控制

注：本表列举了部分控制变量的回归系数，其他控制变量的回归系数详见附录 2 附表 11。

*、**、*** 分别代表在 10%、5%、1%的统计水平上显著，括号中为标准误。

表 4-6 中的列（3）进一步考察了央行沟通对货币政策与异质性企业杠杆分化的影响。本书借鉴林建浩和赵文庆（2015）构建央行沟通指数的思路和选择的措辞（具体包括通胀、通缩、上调利率、下调利率、货币供给增速回落、信贷增速回落、流动性偏多、流动性充足、信贷扩充过快以及政策紧缩和政策宽松共 11 类措辞），将《中国货币执行报告》作为文字信息提取源，并参照海涅曼和乌尔里克（Heineman & Ulrich，2007）提出的测度方法构建我国的央行沟通指数。具体而言，如果央行沟通指数越高，说明央行货币政策的执行方向趋于宽松；反之，则表明央行货币政策的紧缩性意愿更为明显。表 4-6 中的列（3）还汇报了央行沟通对货币政策和国有企业、非国有企业杠杆分化程度的影响，结果显示，交乘项 *CBC* · *SOE* · *BL* · *MFI* 的回归系数为 -0.060 5，且在 5%的统计水平上显著，这表明在紧缩货币政策下，若央行沟通中包括上调准备金率、采取适度从紧的货币政策再次调高存款准备、控制货币供给量增长速度等紧缩货币政策的措辞，则会弱化银行信贷歧视下货币政策紧缩程度与国有企业和非国有企业杠杆分化之间的正向关系。其原因在于，央行的信息沟通将稳定公众预期，降低政策不确定性对经济主体投融资活动的影响，从而在一定程度上抑制银行在信贷紧缩条件下基于风险与收益权衡，将资金向存在政府隐性担保且贷款风险较低的国有企业的进一步倾斜，即降低国有企业和非国有企业之间的杠杆分化程度。

三、稳健性检验

首先，采用替换核心指标作为稳健性检验。前文对企业所有制性质的划分是根据年报中公布的数据进行的。在稳健性检验中，则根据股权控制链计算所得的实际控制人拥有上市公司的所有权比例情况，将企业进一步划分为国有企业和非国有企业。替换指标后，稳健性检验的结果如表 4-7 所示，结果显示国有企业虚拟变量和银行信贷强度的交乘项系数均在5%的统计水平上显著为正，说明银行信贷歧视会放大国有企业和非国有企业之间的杠杆分化现象，结果没有发生实质性改变。其次，考虑到2008年我国推出的“四万亿”经济刺激计划可能会对企业杠杆率水平的变动造成一定影响，因此，在稳健性检验中对2008年以后沪深两市A股非金融类上市公司银行信贷歧视与国有企业和非国有企业杠杆分化之间的关系进行实证分析，结果如表4-8所示，之前所得到的结论仍然成立。

表4-7 银行信贷歧视与国有企业和非国有企业杠杆分化的稳健性检验：替换指标

变量	(1)	(2)	(3)	(4)
	Lev	*Lev*	*Lev*	*Lev*
SOE2 · BL	0.086 7**	0.082 5**		
	(0.036)	(0.035)		
SOE2 · BIE			0.036 2***	0.028 5**
			(0.012)	(0.012)
常数项	−0.241 9**	−0.486 7***	−0.199 8**	−0.450 8***
	(0.100)	(0.137)	(0.099)	(0.137)
观测值	20 430	20 430	21 566	21 566
R^2	0.097	0.104	0.088	0.097
其他控制变量	控制	控制	控制	控制
个体固定效应	控制	控制	控制	控制
年份固定效应	未控制	控制	未控制	控制

注：本表列举了部分控制变量的回归系数，其他控制变量的回归系数详见附录2附表12。

** 、*** 分别代表在5%、1%的统计水平上显著，括号中为标准误。

表4-8 银行信贷歧视与国有企业和非国有企业杠杆分化的稳健性检验：2008年以后样本回归

变量	(1)	(2)	(3)
	Lev	*Lev*	*Lev*
		紧缩货币政策期间	宽松货币政策期间
SOE · BL	0.057 3*	0.190 4**	0.047 8
	(0.031)	(0.075)	(0.031)

续表

变量	(1)	(2)	(3)
	Lev	*Lev*	*Lev*
		紧缩货币政策期间	宽松货币政策期间
常数项	-0.499 2***	-0.728 6**	-0.490 7***
	(0.137)	(0.337)	(0.136)
观测值	20 377	3 643	16 734
R^2	0.106	0.156	0.108
样本企业数量	2 993	2 210	2 991
其他控制变量	控制	控制	控制
年份固定效应	控制	控制	控制
个体固定效应	控制	控制	控制

注：本表列举了部分控制变量的回归系数，其他控制变量的回归系数详见附录2附表13。

*、**、*** 分别代表在10%、5%、1%的统计水平上显著，括号中为标准误。

第四节　进一步讨论："脱实向虚"还是"服务实体"

近年来，我国实体经济长期疲软和经济金融化日益增强的结构性矛盾不断凸显。企业部门在金融行业高额利差收益的吸引下，也开始通过购买股票、债券、理财产品、信托产品以及成立或控制各类准金融机构等方式，不断将资源投入资本市场，经济"脱实向虚"和杠杆率高企等问题逐渐发酵。具有融资优势的企业从外部融入资金后，可以选择将现金流用于购买机器、厂房、研发专利等生产经营活动中，也可以转而将闲置资金投入资本市场，以获取高额利差收益。如果国有企业和规模较大的企业将资金投入生产经营活动，那么银行信贷歧视将会放大国有企业和非国有企业的经营性杠杆，而对金融性杠杆的影响并不显著。反之，如果国有企业将资金用于购买各类金融产品，加入正规金融市场或者影子信贷市场的链条，则会加剧国有企业和非国有企业的金融性杠杆分化程度，而几乎不会作用于经营性杠杆差异。因此，可以通过实证分析银行信贷歧视对国有企业和非国有企业结构性杠杆分化现象的影响，来识别企业从金融中介融入资金的用途，从而判断经济是否存在"脱实向虚"的趋势，以及是否真正"服务实体经济"。

为了进一步识别企业投资行为，笔者参照 Nissim-Penman 财务框架，从资产中剥离经营资产和金融资产，从负债中剥离经营负债（*OprLev*）和金融负债（*FinLev*），分别将对应性质的负债与资产相除，得到经营性杠杆和金融性杠杆，以进一步检验银行信贷歧视对国有企业和非国有企业结构性杠杆分化的影响，以及这种影响在紧缩货币政策和宽松货币政策下的作用机理。表 4-9 中给出了银行信贷歧视对国有企业和非国有企业金融性杠杆和经营性杠杆分化程度的影响，以及这种效应在货币政策紧缩时期和货币政策宽松时期的异质性。结果显示，银行信贷歧视会加剧国有企业和非国有企业金融性杠杆的分化程度，并且这种效应在货币政策紧缩的年份和货币政策宽松的年份均是显著的。然而，银行所有制歧视对国有企业和非国有企业经营性杠杆分化的影响并不显著。可见，银行对国有企业信贷资金的倾向性配置并没有促进其实体投资行为，反而会推高这类企业的金融性杠杆，即加剧经济“脱实向虚”的趋势。

表 4-9　进一步讨论：“脱实向虚”还是“服务实体”

变量	(1)	(2)	(3)	(4)	(5)	(6)
	FinLev	*FinLev*	*FinLev*	*OprLev*	*OprLev*	*OprLev*
	全样本	宽松货币政策	紧缩货币政策	全样本	宽松货币政策	紧缩货币政策
SOE · BL	1.621 7***	1.567 5***	1.874 9*	-0.065 1	-0.070 2	-0.205 5
	(0.348)	(0.355)	(1.061)	(0.061)	(0.062)	(0.193)
BL	-0.518 1*	-0.633 7**	0.832 1	-0.195 5***	-0.187 0***	-0.072 5
	(0.304)	(0.294)	(0.752)	(0.042)	(0.037)	(0.147)
常数项	-8.023 5***	1.286 7***	-8.163 6***	1.285 4***	-6.083 2	0.614 1
	(1.329)	(0.279)	(1.298)	(0.279)	(4.943)	(0.586)
观测值	20 377	16 734	3 643	20 377	16 734	3 643
R^2	0.134	0.137	0.161	0.085	0.089	0.110
样本企业数量	2 993	2 993	2 991	2 991	2 210	2 210
其他控制变量	控制	控制	控制	控制	控制	控制
年份固定效应	控制	控制	控制	控制	控制	控制
个体固定效应	控制	控制	控制	控制	控制	控制

注：本表列举了部分控制变量的回归系数，其他控制变量的回归系数详见附录 2 附表 14。

*、**、*** 分别代表在 10%、5%、1%的统计水平上显著，括号中为标准误。

第五节　本章小结

本章利用2007—2017年沪深两市非金融类上市公司的数据，对货币政策、银行信贷歧视与非金融企业杠杆分化现象进行了实证分析。研究发现，首先，银行信贷歧视会加剧国有企业和非国有企业的杠杆分化程度，并且这种效应存在企业和地区层面的异质性，具体表现为：银行信贷歧视与国有企业和非国有企业杠杆分化之间的正向关系，在存在政企关联、政府补贴的企业中，以及经济资源市场化配置程度低、行政效率较低和融资成本高的地区更加显著，而货币政策紧缩程度的提高会进一步加剧企业的杠杆分化现象。其次，货币政策适度性、银行家信心指数和央行沟通有效性的提高，在一定程度上能够缓解紧缩货币政策与国有企业和非国有企业杠杆分化之间的正向关系。最后，银行信贷歧视主要作用于国有企业和非国有企业的金融性杠杆分化之中，而对经营性杠杆分化的影响并不显著，并且这种效应在货币政策紧缩或宽松时期均显著存在。

结合本章的理论分析和实证研究结论，提出以下政策建议。其一，消除银行信贷歧视行为，提高信贷资源分配的市场化程度，从而抑制因金融资本在不同经济主体之间错配而引发的国有企业和非国有企业的杠杆分化现象。其二，提高货币政策与经济增长和金融结构之间的协调性，增强央行沟通的有效性，发挥其在加强公众信任和稳定市场预期中的作用，从而降低政策不确定性对经济平稳增长的负面影响。其三，强化企业财务报表披露机制，加强金融监管并不断完善实体投资环境，从而抑制产业空心化，防范系统性金融风险。

第五章　企业杠杆率变动与金融资产配置

现代企业利用外部资金扩大经营与投资，提高社会资金利用效率，这是市场经济中的合理行为。然而，过高的杠杆率不仅会在宏观上阻碍经济增长（Reinhart & Rogoff，2010），积聚金融风险（Schularick & Taylor，2012；Valencia，2014），而且会在微观上推高企业的债务风险（Campello，2006），弱化企业绩效（Berk et al，2010），并对企业投资造成显著的负面影响（谭小芬、张文婧，2017）。

高杠杆的背后是企业的高负债。面对经济增长乏力与外部需求不足的负向冲击，企业依靠外部资金度过萧条时期原本是市场经济中的正常做法，关键是企业将加杠杆所获得的资产配置在了何处。有学者关注到了企业杠杆率对生产性投资行为（陆正飞等，2006；姚明安、孔莹，2008；喻坤等，2014）与研发行为（王玉泽等，2019）的影响。实际上，企业增加金融资产配置、参与金融投资活动也是一种投资行为。现有针对我国非金融企业杠杆率与金融资产配置的研究更关注其对杠杆率的影响，如刘贯春等（2018）发现，企业配置金融资产有助于降低其杠杆率，而金融渠道获利的增加则会推高企业杠杆率；这种效应主要体现于短期杠杆率，而企业配置金融资产则更多是出于“蓄水池”的动机。但吴军和陈丽萍（2018）则认为，提高金融资产配置对降杠杆的正面作用仅存在于上市公司之中，对于非上市公司而言金融资产配置的提高则会对降低杠杆率造成负面影响，且非上市公司的金融配置行为更多体现为“投资替代”效应。

从我国上市公司杠杆率变动与金融资产配置的关系来看，企业配置金融资产与其杠杆率之间可能并非单一的线性关系。此外，杠杆率与流动性金融资产和非流动性金融资产之间的关系也存在明显差异（见图5-1）。若将金融资产的配置视为一种异于经营投资的金融投资行为，则企业对流动性金融资产与非流动性金融资产的配置可能会因企业杠杆率的不同而有所不同。就流动性金融资产而言，企业在低杠杆情形下，往往存在融资不足的问题，需要配置一定比例的流动性金融资产来作为流动性储备，而当负债增加即杠杆率增大时，则会逐步减少流动性金融资产的配置。但是，如果企业过度融资，此时就需要配置流动性金融资产以应对高杠杆所带来的偿债风险和经营风险。对于非流动性金融资产而言，由于其具有较高的收益，在杠杆率增大时，企业出于投资替代的动机，将增加非流动性金融资产的配置。但随着杠杆率的进一步增大，若仍选择过度投资金融资产，则超额的金融资产配置会在企业内部积聚不确定性风险，同时高杠杆引发的高融资成本与债务压力也会对企业业务的运行产生负面影响，因而此时企业就会减少存在一定风险的非流动性金融资产配置。这就使得企业杠杆率与其流动性金融资产的配置表现为正 U 形，而与非流动性金融资产的配置表现为倒 U 形。

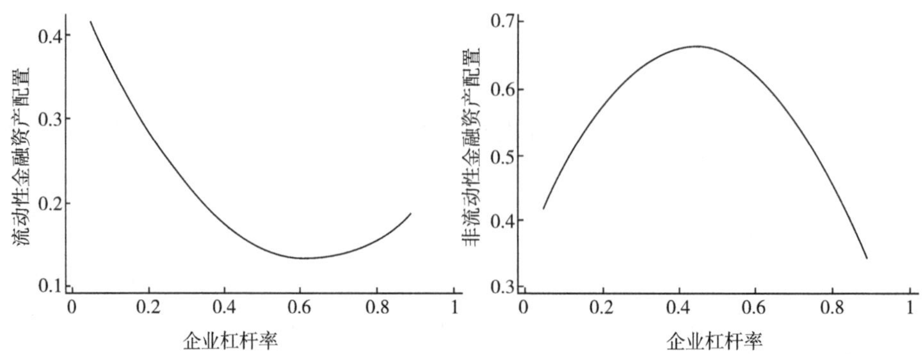

图 5-1　企业杠杆率与流动性金融资产（左）、非流动性金融资产（右）的 U 形关系

数据来源：笔者测算。

第一节　文献回顾与理论分析："蓄水池"动机与"投资替代"动机

对于企业配置金融资产的行为，有学者认为，传统行业利润率的持续降低造成越来越多的企业通过增加金融资产配置而参与金融活动，并将这种现象称为企业金融化（Krippner，2005；张成思、张步昙，2015）。此外，宋军和陆旸（2015）发现，盈利能力较强、现金较为充裕的企业也会配置一部分金融资产。通过对已有文献的分析，可以将企业配置金融资产的动机分为“蓄水池”与“投资替代”两种类型。

一、基于“蓄水池”动机的金融资产配置

“蓄水池”理论指出，企业配置金融资产的主要目的是预防因流动性不足而引发的资金链断裂风险（Smith & Stulz，1985；Stulz，1996；胡奕明等，2017）。相比固定资产，金融资产有着更为广泛的交易市场和便捷的交易方式，企业能够在短时间内出售所持有的金融资产而获得资金的补充流动性，尤其是交易性金融资产、衍生金融资产等流动性更强的金融资产。

当企业处于较低杠杆率时，没能很好地享受债务融资所带来的“税盾效应”（Modigliani & Miller，1963），也没能有效利用社会资金，但此时企业所面临的财务风险和偿债压力较低，企业盈利能力和生产率所受到的外部不利影响也较小（Mallick & Yang，2011）。一方面，处于较低杠杆率的企业可能本身就具有较强的盈利能力，拥有充足的现金流（Korajczyk & Levy，2003；Levy & Hennessy，2007），此类企业配置金融资产的动机更多是为提高资金利用效率，也可称之为“盈余效应”，然而随着杠杆率的提高，这种“盈余效应”也会随之减弱。另一方面，之所以出现较低的杠杆率，也可能是由于企业受到了较强的融资约束，难以获得外部融资（Fazzari et al，1988），因而需要更多的流动性金融资产作为流动性储备，即表现为上文所提到的“蓄水池”动机。受融资约束的企业可通过配置金融资产实现对资金流动性的管理，从而能够有效缓解融资约束对企业固定资产投资的抑制作用（Ding et al，2013），而当企业获得的外部融资逐渐增多时，其预防性储蓄也就随之减少。此外，当企业认为未来将面临宏观经济的不确定性或潜在的投资机会时，也会偏好于“持币而动”，即配置更多流动性较强的资产，尤其是对那些本身就存在融资约束的企业而言，更是如此（Almeida et al，2004；Demir，2009a）。

随着企业债务的不断扩大，过高的杠杆率会导致较低的业绩增长，并增加企业的违约风险，提升融资成本，加剧其偿债压力（Campello，2006；谭小芬、张文婧，2017）。此时，企业即使遭受微小的外部冲击，也会加剧其债务约束，进而影响企业的经营活动与投资行为，甚至迫使其不得不采取抛售资产的方式来应对债务清算（Fisher，1933；Minsky，1986）。这种情况，又促使企

业去配置一部分流动性较强、易于变现的资产，如现金及流动性金融资产等，以应对偿债压力与外部风险。依据“蓄水池”理论，企业是通过配置流动性较强的金融资产来实现预防性储备，以抵御内部流动性风险以及外部不确定性的，同时杠杆率的差异亦会影响企业配置金融资产的行为。笔者认为，若企业配置金融资产是出于“蓄水池”动机，则其杠杆率与配置金融资产规模的关系可能是正 U 形的，即在低杠杆时，杠杆率的提高会促使企业减少金融资产的配置，而在高杠杆时，杠杆率的进一步提高则会促使企业增加金融资产的配置。

二、基于“投资替代”动机的金融资产配置

“投资替代”理论认为，企业的目的是追求利润最大化，当金融投资收益率较实体经济投资收益率更高时，企业会以金融资产投资替代实体经济投资（Orhangazi，2008；Demir，2009b）。根据庄聪生和全哲洙（2013）的测算，我国金融行业的平均利润率为 22%，而工业的平均利润率仅为 6.4%，纺织业的平均利润率仅为 4.7%。金融行业的高收益使企业更倾向于通过参与金融活动来获益，而配置金融资产则是企业参与金融投资最为直接、便利的方式，这在资产负债表上表现为发放贷款及垫款净额、投资性房地产净额、长期股权投资净额等科目的增加（马思超、彭俞超，2019）。基于“投资替代”理论，已有文献认为，实体经济投资收益率的不断下降，金融投资收益率的不断上升以及对短期利益偏好程度的上升均是企业不断增加金融资产配置的重要原因（张成思、张步昙，2015）。

基于“投资替代”动机而配置金融资产的行为可能会因企业杠杆率的变动而有所不同。低杠杆率时，企业能够以较强的偿债能力和抗风险能力来应对金融资产价格和流动性的波动；随着杠杆率的增大，企业则能够利用更多的外部资金来扩大投资，包括以配置金融资产的形式投资金融活动并从中获得收益。对于经营能力较差的企业来说，实体经济投资收益率的下降以及金融投资收益率的上升使其更倾向于投资金融资产（张成思、张步昙，2015），而这势必会“挤出”企业的实体投资。不断涌入金融活动的资源则会进一步推动包括房地产在内的资产价格上涨，从而加剧其与实体经济投资和生产性投资的收益率差距，并进一步削弱实体经济投资（Orhangazi，2008）。有学者分别以阿根廷、墨西哥、韩国、土耳其和英国的非金融企业为样本，从不同侧面证明了

“挤出效应”的存在（Demir，2009b；Seo et al，2012；Akkemik & Özen，2014；Tori & Onaran，2018）。

但是，随着企业杠杆的进一步增大，经营风险与偿债风险也随之提高（Opler & Titman，1994），企业对外部冲击的抵御能力则不断减弱（Zingales，1998；Campello，2003）。在此情形下，若企业仍然选择增加金融资产的配置，则超额的金融资产配置无异于在企业内部积聚了不确定性风险，并加大了企业的经营风险，尤其对于融资约束程度较高、公司治理较差的企业而言，更是如此（李建军、韩珣，2019）。有鉴于此，企业基于“投资替代”动机的金融资产配置与其杠杆率的关系可能是倒U形的，即在低杠杆时，杠杆率的提高会促使企业增加金融资产的配置，而在高杠杆时，企业杠杆率的提高则会促使企业减少金融资产的配置。

三、企业配置流动性金融资产与非流动性金融资产的理论模型

此处设定一个三期模型，时间标记为 $t=0$，1，2。在 $t=1$，2 时，企业获得其在位资产（即用于生产活动的经营资产）的收益 $\tilde{x}_t$。其中，$t=1$ 时，$\tilde{x}_1$ 遵从独立同分布的随机分布变量，可描述为 $Pr(x_1=X_H)=\pi$，$Pr(x_1=X_L)=1-\pi$，且存在 $X_H>X_L\geqslant 0$；$t=2$ 时，收益为确定性，即 $\tilde{x}_2=X_2$。同时，企业需要在每期偿还其债务 D[①]。可以假设 $X_H>D>X_L$ 以及 $X_2>D$。这就意味着，企业无法偿还债务的不确定性情形只会发生在 $t=1$ 时。

设在 $t=0$ 时，企业拥有内部资本 W，可将其配置为流动性金融资产和非流动性金融资产，并存在如下约束：

$$BC_0:\ W=I_0+I_{iL} \tag{5-1}$$

流动性金融资产将在 $t=1$ 时拥有 $\tilde{x}_t$ 的收益，即企业可从配置的流动性金融资产中获得 $\tilde{r}_1 I_0$ 的收益。企业配置的非流动性金融资产在 $t=1$ 时的收益为 0，但在 $t=2$ 时将获得 $R_{iL}>0$ 的投资回报。如果企业决定清算部分非流动性金融资产配置，例如对 αI_{iL} 的非流动性金融资产进行清盘［此时企业仍保留 $(1-\alpha)I_{iL}$ 部分的非流动性金融资产配置，直到 $t=2$ 时］，则企业只能获得 $\alpha\beta I_{iL}(0<\beta<1)$ 的收益。

在 $t=1$ 时，企业将进行金融资产配置的选择，企业可配置 I_0 的流动性金

① 当企业总资产既定时，可将 D 视为杠杆率。

融资产，并在 $t = 2$ 时将得到收益 $\tilde{r}_2$。可设 $\tilde{r}_1$ 与 $\tilde{r}_2$ 是独立的且均匀分布于 $[0, r_M]$，因此期望回报为 $r_M/2$。可假设企业配置金融资产的平均回报为正，即 $r_M > 2$。

此外，该模型还进行了如下合理假设。

第一，假设 $X_H > D > X_L$。这意味着，当企业效益较好时，则拥有足够的现金流来偿还债权人；效益较差时，则没有足够的资金来偿付债务，此时企业将不得不抛售流动性金融资产以换取流动性来偿还债务，如果仍然无法覆盖债务则会继续抛售非流动性金融资产。

第二，假设 $R_{iL} > (r_M)^2/4$，即非流动性金融资产的投资回报足够大。

第三，X_L 相对于 D 而言是凸的。企业生产性投资存在一个最优规模 I_P^*，当实际投资低于此水平（即投资不足）时，追加投资将增加企业回报，即当 $I_P < I_P^*$ 时，有 $dX_L/dI_P > 0$；而当实际投资水平超过最优规模（也就是投资过度）时，减少投资则会增加企业回报，即当 $I_P > I_P^*$ 时，有 $dX_L/dI_P < 0$。考虑到企业内部资本是固定的，随着杠杆率的增加，企业将增大投资规模。此外，随着杠杆率的增加，D 也增大，意味着投资上升。因此，在低杠杆率下，有 $dX_L/dD > 1$，而在高杠杆下，则有 $dX_L/dD < 1$。

接下来可考察 $\tilde{x}_t$ 的不同情形。

情形 1：若 $\tilde{x}_1 = X_H$，由于 $X_H > D$ 的存在，则企业能够按期偿还债务。企业在 $t = 1$ 时的现金余额可表示为 $CS_1(\tilde{x}_1 = X_H) = X_H - D + r_1 I_0$。企业会将此部分资金继续配置到流动性金融资产上，并获得 $r_M/2(X_H - D + \tilde{r}_1 I_0)$ 的期望收益。此外，企业在偿还债务后还剩余 $X_2 - D$，并获得非流动性金融资产投资收益 $R_{iL} I_{iL}$。

由此，企业的预期股东总价值可表示为下式：

$$
\begin{aligned}
SV(\tilde{x}_1 = X_H) &= X_2 - D + \mathbf{E}_{\tilde{r}_1}\left[\frac{r_M}{2}(X_H - D + \tilde{r}_1 I_0)\right] + R_{iL} I_{iL} \\
&= X_2 - D + \frac{r_M}{2}\left(X_H - D + \frac{r_M}{2} I_0\right) + R_{iL} I_{iL}
\end{aligned}
\tag{5-2}
$$

情形 2：若 $\tilde{x}_1 = X_L$，则企业具有 $X_L + \tilde{r}_1 I_0$ 的资金，在偿还债务 D 前，可依据 $X_L + \tilde{r}_1 I_0$ 与 D 的关系，进一步将情形 2 划分为情形 2a 与情形 2b。

在情形 2a 时，当 $X_L + \tilde{r}_1 I_0 > D$（即 $\tilde{r}_1 \geqslant (D - X_L)/I_0$），则企业不必清算其非流动性金融资产即能够偿还所有债务。企业可将其持有的资金（$X_L + \tilde{r}_1 I_0 - D$）再次配置到流动性金融资产上，并在最终期获得收益 $X_2 - D + r_M/2(X_L +$

$\tilde{r}_1 I_0 - D) + R_{iL} I_{iL}$。

在情形 2b 时，当 $X_L + \tilde{r}_1 I_0 < D$（即 $\tilde{r}_1 < (D - X_L)/I_0$），则企业必须清算部分（$\alpha$）的非流动性金融资产以偿还债务。

$$X_L + \tilde{r}_1 I_0 + \alpha\beta I_{iL} = D \Rightarrow \alpha = \frac{D - X_L - \tilde{r}_1 I_0}{\beta I_{iL}} \in (0, 1) \tag{5-3}$$

在 $t = 2$ 时，企业仍将持有 $(1 - \alpha) R_{iL} I_{iL}$ 的流动性金融资产（此时企业所持有的流动性金融资产将全部被抛售以偿还债务）。因此，以 $\tilde{x}_1 = X_L$ 为条件的股东的总期望价值将由两部分组成，即在 $\tilde{r}_1 \geqslant (D - X_L)/I_0$ 情形时，企业不必清算其非流动性金融资产即能够偿还所有债务，以及在 $\tilde{r}_1 < (D - X_L)/I_0$ 情形时，需要清算部分（α）的非流动性金融资产以偿还债务。综上所述，可将企业的预期股东总价值表达为：

$$SV(\tilde{x}_1 = X_L) = X_2 - D + \mathbf{E}_{\tilde{r}_1}\left\{\left[\frac{r_M}{2}(X_L + \tilde{r}_1 I_0 - D) + R_{iL} I_{iL}\right]\mathbf{X}_{\left(\tilde{r}_1 \geqslant \frac{D - X_L}{I_0}\right)}\right\} + \mathbf{E}_{\tilde{r}_1}\left[(1 - \alpha) R_{iL} I_{iL} \mathbf{X}_{\left(\tilde{r}_1 < \frac{D - X_L}{I_0}\right)}\right] \tag{5-4}$$

上式中 $\mathbf{X}_A$ 为示性函数，若 A 为真，则其取值为 1，否则取值为 0。可进一步将式（5-4）化为①：

$$SV(\tilde{x}_1 = X_L) = X_2 - D + \frac{1}{r_M}\int_{\frac{D - X_L}{I_0}}^{r_M}\left[R_{iL} I_{iL} + \frac{r_M}{2}(X_L - D + \tilde{r}_1 I_0)\right] \mathrm{d}\tilde{r}_1 + \frac{1}{r_M}\int_0^{\frac{D - X_L}{I_0}} (1 - \alpha) R_{iL} I_{iL} \mathrm{d}\tilde{r}_1 \tag{5-5}$$

在计算积分后平方②，可得：

$$SV(\tilde{x}_1 = X_L) = X_2 - D + R_{iL}(W - I_0) - \frac{(D - X_L)^2}{\beta r_M I_0} R_{iL} + \frac{(r_M)^2}{4 I_0}\left(I_0 - \frac{D - X_L}{r_M}\right)^2 + \frac{R_{iL}}{r_M}\frac{(D - X_L)^2}{2\beta I_0} \tag{5-6}$$

可将预算约束（5-1）来替代 $I_{iL} = W - I_0$，企业最初的股东期望价值③即为：

$$SV = \pi \cdot SV(x_1 = X_H) + (1 - \pi) \cdot SV(x_1 = X_L)$$

① 为确保式（5-5）中的 α 处于［0，1］，则需要有进一步的条件，详见附录 1-1。

② 对于积分的求解，详见附录 1-2。

③ 此处假定不存在代理问题，企业管理者与股东的利益是一致的，管理者的目标即为最大化股东价值。

$$= X_2 - D + \pi\left[\frac{r_M}{2}\left(X_H - D + \frac{r_M}{2}I_0\right) + R_{iL}(W - I_0)\right] +$$

$$(1 - \pi)\left[R_{iL}(W - I_0) - \frac{(D - X_L)^2}{2\beta I_0}\frac{R_{iL}}{r_M} + \frac{(r_M)^2}{4I_0}\left(I_0 - \frac{D - X_L}{r_M}\right)^2\right] \quad (5-7)$$

可对式（5-7）求导，企业的最优流动性金融资产配置即可表达为：

$$I_0^* = \sqrt{\frac{(1 - \pi)\left(\frac{R_{iL}}{2\beta r_M} - \frac{1}{4}\right)}{R_{iL} - \frac{(r_M)^2}{4}}}(D - X_L) \quad (5-8)$$

依据式（5-8）可知 I_0^* 即为 $(D - X_L)$ 的线性函数，可理解为企业配置流动性金融资产的目的即为填补债务缺口，而最优非流动性金融配置可表达为：

$$I_{iL}^* = W - I_0^* = W - \sqrt{\frac{(1 - \pi)\left(\frac{R_{iL}}{2\beta r_M} - \frac{1}{4}\right)}{R_{iL} - \frac{(r_M)^2}{4}}}(D - X_L) \quad (5-9)$$

依据上文假设 3 可知，在低杠杆率下，有 $\mathrm{d}X_L/\mathrm{d}D > 1$，而在高杠杆率下，则有 $\mathrm{d}X_L/\mathrm{d}D < 1$，对式（5-8）求导可知：

$$\frac{\mathrm{d}I_0^*}{\mathrm{d}D} \propto \left(1 - \frac{\mathrm{d}X_L}{\mathrm{d}D}\right)\begin{cases} < 0，若企业处于低杠杆率时 \\ > 0，若企业处于高杠杆率时 \end{cases} \quad (5-10)$$

由此可发现，在低杠杆率时，企业流动性金融资产配置与杠杆率呈负向关系，而在高杠杆率时，企业流动性金融资产配置与杠杆率呈正向关系。正如式（5-8）所描述的，企业配置流动性金融资产的目的更多是为应对债务风险以及企业流动资金的不足，即上文所分析的“蓄水池”动机。基于以上分析，提出如下有待验证的假说。

假说 5-1：若企业基于“蓄水池”动机配置金融资产，则其杠杆率与金融资产配置之间呈正 U 形关系。

依据式（5-9）可知，企业流动性金融资产与非流动性金融资产的关系可表达为 $I_{iL}^* = W - I_0^*$，依据式（5-10）的结论，可知在低杠杆率时，企业非流动性金融资产配置与杠杆率呈正向关系，而在高杠杆率时，企业非流动性金融资产配置与杠杆率呈负向关系。企业配置非流动性金融资产的目的更多是为获取高额的金融投资回报，以“替代”企业主营业务投资。基于以上分析，提出以下有待验证的假说。

假说 5-2：若企业基于“投资替代”动机而配置金融资产，则杠杆率与金融资产配置之间呈倒 U 形关系。

第二节 企业杠杆率变动与金融资产配置研究的实证设计

一、样本选择与数据来源

笔者选取 2007—2017 年沪深两市 A 股上市公司财务报表的季度数据，并剔除金融行业与房地产行业的上市公司以及 ST 和 PT 类企业，最终获得 21 697 个有效样本观测值。企业财务报表数据来源于国泰安 CSMAR 数据库，对控制变量中的连续性变量进行了上下 1%极端值缩尾处理。

二、变量定义

由于本书主要关注企业杠杆率变动对金融资产配置的影响，所以主要采用基于资产科目的度量方式。参考张成思和张步昙（2016）的研究方法，笔者将企业配置的货币资金、持有至到期投资、交易性金融资产、投资性房地产、可供出售的金融资产、长期股权投资以及应收股利和应收利息等科目，作为企业广义金融资产的度量，而将扣除长期股权投资配置的金融资产作为企业狭义金融资产的度量。参考刘珺等（2014）、宋军和陆旸（2015）的做法，在张成思和张步昙（2016）选取科目的基础上纳入衍生金融资产、买入返售金融资产净额、发放贷款及垫款净额等科目，以使对金融资产的度量更加全面。此外，参考德米尔（Demir，2009b）的计算方式，将企业所配置的广义金融资产占其总资产的比例用来度量金融资产配置，并命名为 *Fin*1；而将企业配置的狭义金融资产占总资产的比例命名为 *Fin*2。

本书所选择的金融资产科目中既有流动性资产也有非流动性资产，依据中国的会计定义，流动性资产和非流动性资产的主要区别为是否能在一定的周期内（通常为一年）将资产转变为流动的资金使用，也就是说，流动性资产的变现能力与流动性更强。笔者将属于流动性资产类别的交易性金融资产、衍生金融资产、买入返售金融资产净额、应收股利净额与应收利息净额等科目之和与总资产之比，作为对企业流动性金融资产配置的度量（*Fin_cflow*）；将属于非流动性资产的发放贷款及垫款净额、可供出售金融资产净额、持有至到期投资净额、投资性房地产净额、长期股权投资净额等科目之和占总资产的比重，作为企业非流动性金融资产配置的度量（*Fin_unflow*）。

对于企业杠杆率，本书则采取总负债/总资产的方式进行度量，以反映企业债务水平与资产水平的匹配情况（李科、徐龙炳，2011；饶品贵、姜国华，2013b；刘晓光、刘元春，2019）。此外，本书所采用的模型也控制了盈利能力（*ROA*）、企业规模（*Size*）、企业价值（*TobinQ*）、企业总资产周转率（*Turnover*）、市盈率（*PEratio*）等会影响企业金融资产配置水平的变量。指标定义详见表5-1。

表5-1　企业杠杆率变动与金融资产配置研究的主要变量定义、描述性统计

变量	变量描述	变量定义	样本量	标准差	中位数	均值
*Fin*1	企业广义金融资产占比	（货币资金+交易性金融资产+可供出售金融资产+持有至到期投资+长期股权投资+投资性房地产+应收股利+应收利息）/总资产	21 697	0. 171 2	0. 221 8	0. 264 9
*Fin*2	企业狭义金融资产占比	（货币资金+交易性金融资产+可供出售金融资产+持有至到期投资+投资性房地产+应收股利+应收利息）/总资产	21 697	0. 161 7	0. 185 8	0. 231 1
Fin_cflow	企业流动性金融资产占比	（货币资金+交易性金融资产+衍生金融资产+买入返售金融资产净额+应收股利净额+应收利息净额）/总资产	21 697	0. 154 1	0. 159 8	0. 204 9
Fin_unflow	企业非流动性金融资产占比	（发放贷款及垫款净额+可供出售金融资产净额+持有至到期投资净额+投资性房地产净额+长期股权投资净额）/总资产	21 697	0. 101 4	0. 020 8	0. 060 0
Lev	企业杠杆率	总负债/总资产	21 697	0. 206 6	0. 412 9	0. 418 6
ROA	盈利能力	净利润/总资产余额	21 697	0. 050 9	0. 040 2	0. 043 3

续表

变量	变量描述	变量定义	样本量	标准差	中位数	均值
Size	企业规模	总资产的自然对数	21 697	1.242 1	21.744 4	21.914 6
TobinQ	企业价值	市值/总资产	21 697	2.058 8	1.823 0	2.421 2
Turnover	总资产周转率	营业收入/资产总额期末余额	21 697	0.446 5	0.547 1	0.656 3
PEratio	市盈率	收盘价当期值/（净利润上年年报值/实收资本本期期末值）	21 697	160.170 9	40.371 9	80.289 5

从统计结果来看，企业配置金融资产差异性较大，企业广义金融资产配置占比（*Fin*1）的均值为0.264 9，最小值为0，最大值则超过了0.99，这是因为金融资产中包含了货币资金，如上市公司星美联合（000892）等大量持有货币资金。企业狭义金融资产配置占比（*Fin*2）的均值为0.231 1，与*Fin*1的差异不大，就结构而言，流动性金融资产配置占比（*Fin_cflow*）的均值为0.204 9，远大于非流动性金融资产配置占比（*Fin_unflow*）的0.060 0。这表明，大部分企业更倾向于配置流动性金融资产。

三、模型设定

在检验企业杠杆率变动对企业配置金融资产配置的影响时，首先，对方程（5-11）进行回归，其中Fin_{it}为i企业t期金融资产配置占总资产的比例，Lev_{it}为i企业t期总负债与总资产之比（即杠杆率），X_{it}为企业控制变量集。考虑到企业个体之间的差异以及不同年份宏观因素的差异，模型将同时控制年度固定效应与个体固定效应，其中，u_i为个体固定效应，δ_t为时间固定效应，ε_{it}为随机误差。考虑到企业杠杆率与金融资产之间的非线性关系，模型中会同时纳入企业杠杆率的一次项和二次项。若二次项系数显著，则说明杠杆率与金融资产占比呈正U形关系。更进一步，如果β_2系数大于零，即企业配置金融资产的行为更多表现为“蓄水池”动机；若β_2小于0，则说明杠杆率与金融资产占比呈倒U形关系，即企业配置金融资产的行为更多表现为“投资替代”动机。

$$Fin_{it} = \beta_0 + \beta_1 Lev_{it} + \gamma X_{it} + u_i + \delta_t + \varepsilon_{it} \tag{5-11}$$

$$Fin_{it} = \beta_0 + \beta_1 Lev_{it} + \beta_2 Lev\_sq_{it} + \gamma X_{it} + u_i + \delta_t + \varepsilon_{it} \tag{5-12}$$

其次，如上文所述，笔者按流动性将金融资产划分为流动性金融资产与非流动性金融资产，相比非流动性金融资产，货币资金、交易性金融资产、衍生金融资产等流动性金融资产有着更强的变现能力与流动性，在市场上能够便捷地交易，但其收益通常低于非流动性金融资产。由于流动性金融资产与非流动性金融资产自身的特点，杠杆率与其二者的关系可能会存在差异。为此，在模型（5-13）与模型（5-14）中，分别对 Fin_cflow_{it} 与 Fin_unflow_{it} 进行回归，若模型（5-13）与模型（5-14）中的 β_2 系数符号不同，则表明杠杆率变动对企业配置金融资产的影响会由于金融资产流动的差异而有所不同。

$$Fin\_cflow_{it} = \beta_0 + \beta_1 Lev_{it} + \beta_2 Lev\_sq_{it} + \gamma X_{it} + u_i + \delta_t + \varepsilon_{it} \tag{5-13}$$

$$Fin\_unflow_{it} = \beta_0 + \beta_1 Lev_{it} + \beta_2 Lev\_sq_{it} + \gamma X_{it} + u_i + \delta_t + \varepsilon_{it} \tag{5-14}$$

最后，如方程（5-15）与方程（5-16）所示，在模型中增加了交乘项的形式，即将 $X_{it} \cdot Z_{it}$ 纳入回归方程，从企业内外风险因素、融资能力以及经营能力三个维度，考察异质性企业中杠杆率对流动性金融资产和非流动性金融资产配置的不同影响。此外，若方程（5-13）与方程（5-14）中的 β_2 显著为正（负），则说明杠杆率与金融资产配置关系为正（倒）U 形，此时需要对方程（5-15）与（5-16）进行分组回归，分别考察在 U 型的左右两侧（即高低杠杆率情形下），异质性企业杠杆率与流动性金融资产和非流动性金融资产配置关系的差异。

$$Fin\_cflow_{it} = \beta_0 + \beta_1 Lev_{it} + \beta_2 X_{it} \cdot Z_{it} + \beta_3 Z_{it} + \gamma X_{it} + u_i + \delta_t + \varepsilon_{it} \tag{5-15}$$

$$Fin\_unflow_{it} = \beta_0 + \beta_1 Lev_{it} + \beta_2 X_{it} \cdot Z_{it} + \beta_3 Z_{it} + \gamma X_{it} + u_i + \delta_t + \varepsilon_{it} \tag{5-16}$$

第三节　企业杠杆率变动与金融资产配置研究的实证结果分析

一、基准回归

企业杠杆率与金融资产配置的基准回归结果如表 5-2 所示。列（1）为采用广义金融资产配置占比的度量方式对方程（5-11）进行回归的结果，杠杆率的回归系数为-0.320 6，且在 1%的统计水平上显著，说明杠杆率的提升会减少广义金融资产的配置。在列（2）中，纳入企业杠杆率的平方项，结果显示，杠杆率的平方项回归系数为 0.763 2，而杠杆率一次项的回归系数为-0.987 3，且均在 1%的统计水平上显著。这一结果说明，企业杠杆率与金融资产配置的关系为正 U 形，即在低杠杆率时，随着企业杠杆率的提高，企业会减少金融资产的配置；而在高杠杆率情形下，杠杆率的提高则会使企业增加金融资产的配置。此外，笔者参考林德和梅勒姆（Lind & Mehlum，2010）的方法，进一步验证了 U 形关系的存在，结果显示 t 值为 19.21，而 P 值趋近于 0，该检验结果验证了存在 U 形关系的假说。在列（3）中，则采用狭义金融资产占比对方程（5-12）重新进行回归的方式，其结果与列（2）并不存在显著差异。

表 5-2　企业杠杆率与金融资产配置的基准回归结果

变量	(1)	(2)	(3)
	*Fin*1	*Fin*1	*Fin*2
Lev	-0.320 6***	-0.987 3***	-1.085 5***
	(0.008 1)	(0.023 1)	(0.023 1)
Lev_sq		0.763 2***	0.867 4***
		(0.024 9)	(0.024 8)
ROA	0.205 6***	0.274 0***	0.292 9***
	(0.021 8)	(0.021 4)	(0.021 3)
size	-0.013 6***	-0.012 4***	-0.005 8***
	(0.002 1)	(0.002 1)	(0.002 1)
TobinQ	0.001 3*	0.000 7	0.000 5
	(0.000 7)	(0.000 7)	(0.000 7)
turnover	-0.074 5***	-0.063 0***	-0.055 0***
	(0.004 0)	(0.003 9)	(0.003 9)
PEratio	-0.000 0***	-0.000 0***	-0.000 0***
	(0.000 0)	(0.000 0)	(0.000 0)
常数项	0.735 8***	0.817 6***	0.658 5***
	(0.045 4)	(0.044 4)	(0.044 3)
观测值	21 697	21 697	21 697
R^2	0.217	0.255	0.263
样本企业数量	3 203	3 203	3 203
个体固定效应	控制	控制	控制
年份固定效应	控制	控制	控制

注：*、*** 分别代表在 10%、1%的统计水平上显著，括号中为标准误。

二、机制检验

如上文所述，流动性金融资产与非流动性金融资产在风险、收益以及流动性上均存在差异，虽然整体而言，杠杆率与企业广义金融资产配置呈 U 形关系，但这种关系可能会因金融资产类型的不同而形成差异。为此，笔者分别以企业配置的流动性金融资产占比与非流动性金融资产占比作为因变量，对模型（5-13）与模型（5-14）进行回归，结果如表 5-3 所示。就企业配置的流动性金融资产而言，列（1）显示，杠杆率二次项回归系数为 0.925 2，一次项系数为-1.117 4，且均在 1%的统计水平上显著。这表明，企业杠杆率与其配置的流动性金融资产之间存在 U 形关系，根据回归系数可得 U 形的极值点约为 0.6。即在低杠杆率时，随着杠杆率的提高，企业将减少流动性金融资产的配置；而在高杠杆率时，随着杠杆率的增大，企业则会增加金融资产的配置，实证结果验证了假说 5-1。在列（3）和列（4）中，则采用分组回归的形式，以 0.6 为高低杠杆率的分界线对企业流动性金融资产配置占比进行回归，列（3）中企业杠杆率系数为-0.434 2，而列（4）中的系数则为 0.041 2，且均在 1%的统计水平上显著，这一结果再次验证了企业杠杆率与其所配置流动性金融资产之间的 U 形关系。

表 5-3　企业杠杆率变动对其配置流动性金融资产和非流动性金融资产的影响

变量	(1)	(2)	(3)	(4)	(5)	(6)
	Fin_cflow	*Fin_unflow*	*Fin_cflow*	*Fin_cflow*	*Fin_unflow*	*Fin_unflow*
			Lev<-b/2a	*Lev*>-b/2a	*Lev*<-b/2a	*Lev*>-b/2a
Lev	-1.117 4***	0.130 1***	-0.434 2***	0.041 2**	0.045 2***	-0.055 9***
	(0.022 2)	(0.012 2)	(0.011 1)	(0.018 6)	(0.009 1)	(0.006 8)
Lev_sq	0.925 2***	-0.162 0***				
	(0.023 9)	(0.013 1)				
常数项	0.534 9***	0.282 6***	0.435 5***	0.088 2	0.144 3***	0.446 6***
	(0.042 7)	(0.023 4)	(0.058 2)	(0.063 0)	(0.040 5)	(0.030 0)
观测值	21 697	21 697	16 952	4 745	10 383	11 314
R^2	0.305	0.055	0.312	0.032	0.074	0.051
样本企业数量	3 203	3 203	3 015	1 006	2 411	1 982

续表

变量	(1)	(2)	(3)	(4)	(5)	(6)
	Fin_cflow	*Fin_unflow*	*Fin_cflow*	*Fin_cflow*	*Fin_unflow*	*Fin_unflow*
			Lev<-b/2a	*Lev*>-b/2a	*Lev*<-b/2a	*Lev*>-b/2a
其他控制变量	控制	控制	控制	控制	控制	控制
个体固定效应	控制	控制	控制	控制	控制	控制
年份固定效应	控制	控制	控制	控制	控制	控制

注：本表列举了部分控制变量的回归系数，其他控制变量的回归系数详见附录 2 附表 15。

** 、*** 分别代表在 5%、1%的统计水平上显著，括号中为标准误。

与之相对，列（2）中的因变量则为企业配置非流动性金融资产的占比，结果显示，杠杆率二次项回归系数为-0.162 0，一次项系数为 0.130 1，且均在 1%的统计水平上显著。这表明，企业杠杆率与其配置的非流动性金融资产之间存在倒 U 形关系，根据回归系数可得 U 形的极值点约为 0.4。即在低杠杆率时，随着杠杆率的增大，企业将增加非流动性金融资产的配置；而在高杠杆率时，随着杠杆率的进一步提高，企业会减少非流动性金融资产的配置。列（5）和列（6）则采用分组回归的形式，以 0.4 为高低杠杆率的分界线对企业流动性金融资产配置的占比进行回归，列（5）中企业杠杆率系数为 0.045 2，而列（6）中的企业杠杆率系数则为-0.055 9，且均在 1%的统计水平上显著，这一结果验证了假说 5-2，即企业杠杆率与其配置的非流动性金融资产呈倒 U 形关系。由前文的分析可知，企业基于“蓄水池”动机而配置金融资产，其主要目的是应对内部流动性风险、经营风险以及外部的不确定性，因此流动性成为企业进行资产配置时最为重要的考虑因素；而基于“投资替代”动机的金融资产的配置则更关注其能为企业带来的收益，因而流动性不是企业首要考虑的因素。故企业杠杆率的变动与流动性金融资产的配置表现为正 U 形，而与非流动性金融资产的配置表现为倒 U 形，前者符合“蓄水池”动机，后者符合“投资替代”动机。

由表 5-3 中的列（3）至列（6）可知，虽然多数企业分布在 U 形对称轴的左侧，但处于右侧的企业也有相当的数量，故在后续使用交乘项方式的过程中需要对企业进行分组回归，依据表 5-3 中的列（1）和列（2）所估算的正 U 形与倒 U 形极值点，在对流动性金融资产占比进行分组回归时，将 0.6 作为高低杠杆率的分界线；而在对非流动性金融资产占比进行分组回归时，将

0.4 作为高低杠杆率的分界线。

三、稳健性检验

首先，替换了金融资产的度量方式，在广义金融资产与狭义金融资产中均减去衍生金融资产、买入返售金融资产净额以及发放贷款和垫款净额几项科目，即采用张成思和张步昙（2015）的度量方式，以新的广义金融资产占比（*Fin1_r*）与狭义金融资产占比（*Fin2_r*）指标，重新对方程（5-12）进行回归，结果如表 5-4 中的列（1）和列（2）所示。依据金融资产的流动性，将 *Fin1_r* 划分为流动性金融资产与非流动性金融资产，重新对方程（5-13）和（5-14）进行回归，结果如表 5-4 中的列（3）和列（4）所示。结果与上文均不存在差异。

其次，刘珺等（2014）、谢家智等（2014）在研究中并未将货币资金纳入金融资产的度量范围，为此，笔者在原有流动性金融资产中剔除了货币资金部分，并构成非现金流动性金融资产占比（*Fin_flow*），回归结果见表 5-4 中的列（5），杠杆率一次项回归系数为-0.010 9，二次项回归系数为 0.009 4，且均在 1%的统计水平上显著。这表明，即使除去企业货币资金的配置，其杠杆率与流动性金融资产的配置仍显著存在 U 形关系。

再次，参考已有研究方法（Wintoki et al，2012），采用系统广义矩估计（System GMM）的方法处理可能出现的内生性问题，回归结果如表 5-5 中的列（1)和列（2）所示，其中杠杆率一次项回归系数与二次项回归系数的符号均与表 5-4 中的列（1）和列（2）一致，并且 AR_2 系数大于 0.1，说明通过系统广义矩估计解决了内生性问题，且 Hansen 检验值也均大于 0.1，即说明不存在过度工具变量问题。此外，参考权小锋等（2015）的方法，选择行业杠杆率均值作为企业杠杆率的工具变量，并采用两阶段工具变量法重新对方程（5-13）和（5-14）进行回归，回归结果与上文一致，且 Anderson 统计量均趋近于 0，而 Cragg-Donald Wald 亦大于 10%的阈值。

最后，参考钟宁桦等（2016）的方法，采取解释变量的滞后一期对原方程进行固定效应回归，结果仍与上文一致。

表 5-4　企业杠杆率与金融资产配置的稳健性检验：更换金融资产的度量方式

变量	(1)	(2)	(3)	(4)	(5)
	Fin1_r	*Fin2_r*	*Fin_cflow_r*	*Fin_unflow_r*	*Fin_flow*
Lev	-0.990 4***	-1.088 6***	-1.118 6***	0.128 1***	-0.010 9***
	(0.023 1)	(0.023 0)	(0.022 2)	(0.012 0)	(0.002 8)
Lev_sq	0.764 6***	0.868 8***	0.926 3***	-0.161 7***	0.009 4***
	(0.024 8)	(0.024 8)	(0.023 9)	(0.012 9)	(0.003 0)
常数项	0.816 5***	0.657 4***	0.537 1***	0.279 4***	0.011 8**
	(0.044 3)	(0.044 2)	(0.042 7)	(0.023 0)	(0.005 3)
观测值	21 697	21 697	21 697	21 697	21 697
R^2	0.258	0.266	0.305	0.054	0.006
样本企业数量	3 203	3 203	3 203	3 203	3 203
其他控制变量	控制	控制	控制	控制	控制
个体固定效应	控制	控制	控制	控制	控制
年份固定效应	控制	控制	控制	控制	控制

注：本表列举了部分控制变量的回归系数，其他控制变量的回归系数详见附录 2 附表 16。

、* 分别代表在 5%、1%的统计水平上显著，括号中为标准误。

表 5-5　企业杠杆率与金融资产配置的稳健性检验：系统广义矩估计与工具变量法

变量	(1)	(2)	(3)	(4)	(5)	(6)
	Fin_cflow	*Fin_unflow*	*Fin_cflow*	*Fin_unflow*	*Fin_cflow*	*Fin_unflow*
	广义矩估计	广义矩估计	工具变量法	工具变量法	固定效应	固定效应
Lev	-2.610***	0.772**	-2.466 8***	0.614 0***		
	(0.764)	(0.360)	(0.130 2)	(0.093 4)		
Lev_sq	2.371***	-0.955**	2.075 2***	-0.405 8***		
	(0.900)	(0.444)	(0.128 1)	(0.091 9)		
L. Lev					-0.697 7***	0.096 0***
					(0.023 2)	(0.013 3)
L. Lev_sq					0.659 8***	-0.127 2***
					(0.025 1)	(0.014 4)
常数项	-0.857	-0.462	0.334 1***	0.136 0***	0.691 1***	0.174 9***
	(1.180)	(0.387)	(0.040 5)	(0.029 0)	(0.046 3)	(0.026 5)

续表

变量	(1)	(2)	(3)	(4)	(5)	(6)
	Fin_cflow	*Fin_unflow*	*Fin_cflow*	*Fin_unflow*	*Fin_cflow*	*Fin_unflow*
	广义矩估计	广义矩估计	工具变量法	工具变量法	固定效应	固定效应
观测值	21 697	21 697	21 697	21 697	18 404	18 404
R^2	—	—	0. 646 0	0. 137	0. 155	0. 049
样本企业数量	3 203	3 203	3 203	3 203	2 768	2 768
AR_2	0. 696	0. 265	—	—	—	—
Hansen 检验	0. 925	0. 318	—	—	—	—
Anderson LM 统计量	—	—	0. 000 0	0. 000 0	—	—
Cragg-Donald Wald F 统计量	—	—	281. 224	281. 224	—	—
其他控制变量	控制	控制	控制	控制	控制	控制
个体固定效应	—	—	控制	控制	控制	控制
年份固定效应	控制	控制	控制	控制	控制	控制

注：本表列举了部分控制变量的回归系数，其他控制变量的回归系数详见附录 2 附表 17。

** 、 *** 分别代表在 5%、1%的统计水平上显著，括号中为标准误。

第四节　进一步讨论：企业风险、融资约束与经营能力

一、风险视角下企业杠杆率变动与金融资产配置

企业内部风险与外部风险的差异及变化可能会影响企业杠杆率变动与金融资产配置的关系。笔者采用经济政策不确定性来度量企业所面临的外部风险。经济政策不确定性包括经济政策预期的不确定性、政策执行的不确定性以及政策立场的不确定性（Baker et al，2016；Gulen & Ion，2016）。对于经济政策不确定性的度量，笔者采用贝克尔等（Baker et al，2016）依据《南华早报》所测算的指数①来衡量企业所面临的经济政策不确定性，并将政策不确定性与杠杆率进行交乘，回归结果见表 5-6 中的列（1）至列（4）。在低杠杆率分组，

① 详见 http：//www. policyuncertainty. com/china_monthly. html。

即列（1）和列（3）中，企业杠杆率的回归系数分别为-0.670 4和0.090 8，且均在1%的统计水平上显著，这与表5-4中的列（3）和列（5）一致，交乘项的回归系数分别为0.001 1和-0.000 2，且均在1%的统计水平上显著；而在高杠杆率分组中，交乘项系数并不显著。这表明，当企业处于低杠杆率时，经济政策不确定性的增加，会弱化杠杆率变动对流动性金融资产的负向作用以及对非流动性金融资产的正向作用。也就是说，经济政策不确定性的增加，将促使企业配置更多的流动性金融资产以预防流动性风险，但会减少非流动金融资产的配置以规避资产价格波动带来的风险及损失。

经济政策不确定性的增加会使未来的市场需求更加难以被准确预测，从而增加未来现金流的不确定性。企业会通过配置流动性较强的资产来应对外部环境变化对经营活动和偿债能力的负面冲击，以降低风险（Bloom et al，2007；王红建等，2014）。包括货币资金在内的流动性金融资产有着比存货更强的流动性和更广泛的交易市场，企业能够更快速和便捷地出售此类资产以获得资金补充，从而规避因经济政策不确定性所带来的风险。此外，对于生产性企业而言，经济政策不确定性所引发的原材料价格以及汇率波动等不利冲击均会对企业利润造成影响。面对此类风险，企业可以利用金融资产所具有的分散风险功能，通过持有套期保值、远期定价、远期合约等金融衍生工具锁定价格变动所带来的损失，从而避免远期风险。学者达钦（Duchin et al，2017）基于2009年至2012年美国标准普尔500指数中工业企业的金融资产持有数据的研究也发现，当经济政策的不确定性增加时，企业为了应对现金流不确定性以降低经营风险，会提高金融资产的配置比例。基于此，经济政策不确定性的增加会使更多的企业倾向于配置流动性金融资产，尤其是当其处于低杠杆率时。

表5-6　企业杠杆率变动对其配置流动性金融资产和非流动性金融资产的回归：风险视角

变量	(1)	(2)	(3)	(4)	(5)	(6)	(7)	(8)
	Fin_cflow	*Fin_cflow*	*Fin_unflow*	*Fin_unflow*	*Fin_cflow*	*Fin_cflow*	*Fin_unflow*	*Fin_unflow*
	Lev<-b/2a	*Lev*>-b/2a	*Lev*<-b/2a	*Lev*>-b/2a	*Lev*<-b/2a	*Lev*>-b/2a	*Lev*<-b/2a	*Lev*>-b/2a
Lev	-0.670 4***	0.077 1**	0.090 8***	-0.055 7***	-0.374 9***	0.037 6*	0.047 5***	-0.050 2***
	(0.016 5)	(0.031 6)	(0.015 2)	(0.010 6)	(0.011 1)	(0.019 4)	(0.010 1)	(0.006 9)
EPU · Lev	0.001 1***	-0.000 2	-0.000 2***	-0.000 0				
	(0.000 1)	(0.000 1)	(0.000 1)	(0.000 0)				

续表

变量	(1)	(2)	(3)	(4)	(5)	(6)	(7)	(8)
	Fin_cflow	*Fin_cflow*	*Fin_unflow*	*Fin_unflow*	*Fin_cflow*	*Fin_cflow*	*Fin_unflow*	*Fin_unflow*
	Lev<-b/2a	*Lev*>-b/2a	*Lev*<-b/2a	*Lev*>-b/2a	*Lev*<-b/2a	*Lev*>-b/2a	*Lev*<-b/2a	*Lev*>-b/2a
EPU	-0.000 8***	0.000 1	0.000 2***	0.000 2***				
	(0.000 0)	(0.000 1)	(0.000 0)	(0.000 0)				
FirmRisk · *Lev*					-0.004 1	-0.001 1	0.002 1	-0.005 3***
					(0.003 4)	(0.005 2)	(0.003 5)	(0.001 9)
FirmRisk					0.001 4	0.001 7	-0.000 6	0.002 3**
					(0.001 2)	(0.003 8)	(0.000 8)	(0.001 1)
常数项	0.563 1***	0.067 5	0.116 7***	0.432 4***	0.324 5***	0.119 6*	0.200 2***	0.455 1***
	(0.056 4)	(0.064 0)	(0.039 8)	(0.029 8)	(0.058 3)	(0.065 7)	(0.044 5)	(0.030 7)
观测值	16 952	4 745	10 383	11 314	14 521	4 295	8 657	10 159
R^2	0.330	0.032	0.075	0.051	0.241	0.030	0.071	0.061
样本企业数量	3 015	1 006	2 411	1 982	2 639	954	2 020	1 883
其他控制变量	控制	控制	控制	控制	控制	控制	控制	控制
个体固定效应	控制	控制	控制	控制	控制	控制	控制	控制
年份固定效应	控制	控制	控制	控制	控制	控制	控制	控制

注：本表列举了部分控制变量的回归系数，其他控制变量的回归系数详见附录2附表18。

*、**、***分别代表在10%、5%、1%的统计水平上显著，括号中为标准误。

就企业内部风险而言，参照苏坤（2016）和赵龙凯等（2014）的研究，笔者采用企业息税前利润与年末总资产的比值来衡量企业盈利能力，将经过行业和年度均值调整后波动的三年标准差作为衡量企业风险的变量，并与杠杆率交乘，纳入回归方程，结果如表5-6中的列（5）至列（8）所示。在列（8）中，企业风险与杠杆率的交乘项回归系数为-0.005 3，且均在1%的统计水平上显著，即随着企业经营风险的增大，在高杠杆情形下，杠杆率的进一步提高会使企业减持更多的非流动性金融资产。究其原因，企业配置非流动性金融资产的主要原因在于“投资替代”，虽然企业能够通过配置非流动性金融资产获得较高收益，但金融资产本身也受外部宏观因素的影响，其价格波动与流动性变化也会给配置金融资产的企业带来额外风险（彭俞超等，2018）。当企业处于低杠杆率时，企业能够以较强的偿债能力和抗风险能力来应对金融资产价格和流动性的波动；但是当企业积累了过高的债务时，高杠杆率所带来的破产风险以及债务风险则可能会使其无力应对金融资产本身所具有的风险。所以在高杠杆率阶段，经营风险较大的企业会更加谨慎，减少非流动性金融资产的配置。此外，表5-7中列（5）和列（6）的交乘项系数均不显著，表明企业经营风险的差异并不影响杠杆率变动与其流动性金融资产配置的关系。

二、融资能力视角下企业杠杆率变动与金融资产配置

从融资约束的视角考虑，配置流动性资产的做法和具备较强的融资能力，都能够有效缓解融资约束从而提高投资水平（Aivazian et al，2005a；Denis & Sibilkov，2010），尤其是当外部冲击来临时（Duchin，2010），这种做法和能力的作用更加明显。相比固定资产，金融资产具有更强的流动性，也更易于在市场中交易变现，尤其是对货币资金、交易性金融资产等属于流动性资产科目的金融资产而言，更是如此。当企业面对外部宏观因素与行业的负面冲击时，能够通过抛售或在市场中交易其所配置的金融资产，从而获得流动性，缓解财务困境（Smith & Stulz，1985；Stulz，1996；Opler et al，1999）。企业融资能力的差异，可能会影响其杠杆率变动与流动性金融资产配置的关系。接下来，笔者将从外部和内部两个方面来考察企业的融资能力。

就企业外部而言，其所处地区金融发展程度，尤其是非正规金融的发展程度会影响企业获得融资的难易大小。参考一些学者（He et al，2017）的研究，笔者以全社会固定资产资金来源中的自筹资金和其他资金占比来度量地区非正规金融的程度，并与企业杠杆率进行交乘，纳入回归方程，回归结果如表5-7所示。在表5-7的列（1）中，地区非正规金融与杠杆率交乘项回归系数为1.335 6，且在1%的统计水平上显著，而在列（2）至列（4）中，交乘项系数并不显著。地区非正规金融的发展预示着该地区有着更强的非正规融资需求，即在此地区，企业信贷诉求更容易受信贷歧视的影响，更加难以从正规金融体系中获得借款，这就造成在非正规金融发展越旺盛的地区，企业倾向于配置更多的流动性金融资产以应对“不时之需”。

就企业内部而言，笔者根据企业的现金持有、经营性净现金流、股利等财务指标构建 *KZ* 指数来度量企业所面临的融资约束（Kaplan & Zingales，1997）。*KZ* 指数越大，意味着公司面临的融资约束程度越高。回归结果如表5-8中的列（5）至列（8）所示，在列（5）中，*KZ* 指数与企业杠杆率交乘项回归系数为0.060，且在1%的统计水平上显著，而在列（5）至列（8）

中，交乘项系数并不显著。这表明，受融资约束越强的企业，会配置更多的流动性金融资产，即使其杠杆率提高，也依然会谨慎地减持流动性金融资产。克里曼和威廉姆斯（Kliman & Williams，2015）提出，美国微观企业的金融化趋势并没有导致其实体投资率的下降。对于融资能力较差的企业而言，储备更多现金的目的是应对未来时期的融资约束问题（Chang et al，2014），而企业现金流波动的增大则会进一步增强此类企业配置现金的动机（Han & Qiu，2007）。

表 5-7 企业杠杆率变动对其配置流动性金融资产和非流动性金融资产的回归：融资能力视角

变量	(1)	(2)	(3)	(4)	(5)	(6)	(7)	(8)
	Fin_cflow	*Fin_cflow*	*Fin_unflow*	*Fin_unflow*	*Fin_cflow*	*Fin_cflow*	*Fin_unflow*	*Fin_unflow*
	Lev<−b/2a	Lev>−b/2a	Lev<−b/2a	Lev>−b/2a	Lev<−b/2a	Lev>−b/2a	Lev<−b/2a	Lev>−b/2a
Lev	−1.500 9***	−0.139 8	0.031 6	−0.029 6	−0.121 8***	0.121 2	0.010 0	−0.088 2***
	(0.105 3)	(0.186 6)	(0.091 0)	(0.062 7)	(0.018 4)	(0.076 8)	(0.015 5)	(0.020 3)
Informal · Lev	1.335 6***	0.247 0	0.010 9	−0.051 4				
	(0.132 8)	(0.232 6)	(0.114 7)	(0.078 5)				
Informal	−0.510 7***	−0.153 6	−0.055 6	0.016 5				
	(0.057 8)	(0.171 3)	(0.035 9)	(0.051 0)				
KZ · Lev					0.060 0***	0.027 5	0.000 4	0.001 3
					(0.003 8)	(0.019 2)	(0.003 3)	(0.005 1)
KZ					−0.106 4***	−0.053 1***	0.007 6***	0.000 9
					(0.001 8)	(0.013 6)	(0.001 2)	(0.003 1)
常数项	0.889 5***	0.212 6	0.177 4***	0.441 9***	0.331 0***	−0.016 9	0.120 8***	0.367 9***
	(0.082 0)	(0.150 3)	(0.054 2)	(0.051 5)	(0.062 4)	(0.105 2)	(0.046 8)	(0.043 5)
观测值	14 391	4 272	8 754	9 909	13 078	2 577	8 421	7 234
R^2	0.328	0.034	0.063	0.047	0.557	0.217	0.096	0.066
样本企业数量	2 581	943	2 029	1 776	2 844	731	2 248	1 725
其他控制变量	控制	控制	控制	控制	控制	控制	控制	控制
个体固定效应	控制	控制	控制	控制	控制	控制	控制	控制
年份固定效应	控制	控制	控制	控制	控制	控制	控制	控制

注：本表列举了部分控制变量的回归系数，其他控制变量的回归系数详见附录 2 附表 19。

*** 代表在 1%的统计水平上显著，括号中为标准误。

三、经营能力视角下企业杠杆率变动与金融资产配置

若将企业配置金融资产的行为视为一种投资选择，则其势必会“挤出”甚至“替代”固定资产投资（Demir，2009b；张成思、张步昙，2016；胡奕明等，2017；刘贯春，2017），而实体经济投资收益率与金融投资收益率的差异正是造成这种“挤出”效应的根本原因。据笔者的测算，从2007—2017年我国A股上市非金融企业与地产企业的统计来看，企业狭义口径经营资产收益率均值为0.064，最大值则仅为2.13，而狭义金融资产的收益率虽然同样为0.064，但其最大值可达20.58。虽然金融资产收益率与经营资产收益率的均值一致，但前者的最大值却远小于后者。巨大的利润率差异使得大量资金从实体产业流入金融产业。如果说追求更高的收益是企业配置大量金融资产的原因，那么这是否是由于企业无法通过其主营业务获得收益，遂转而以配置金融资产或参与金融投资的形式来获利呢？

表5-8　企业杠杆率变动对其配置流动性金融资产和非流动性金融资产的回归：经营能力视角

变量	(1)	(2)	(3)	(4)
	Fin_cflow	*Fin_cflow*	*Fin_unflow*	*Fin_unflow*
	Lev<-*b*/2*a*	*Lev*>-*b*/2*a*	*Lev*<-*b*/2*a*	*Lev*>-*b*/2*a*
Lev	-3.702 5***	0.601 0***	0.390 0***	0.085 3
	(0.142 5)	(0.224 6)	(0.147 4)	(0.083 5)
TFP·*Lev*	0.205 9***	-0.033 5**	-0.022 0**	-0.008 6*
	(0.009 0)	(0.013 3)	(0.009 4)	(0.005 0)
TFP	-0.008 6	0.049 4***	-0.000 2	0.015 4***
	(0.005 3)	(0.011 2)	(0.003 7)	(0.004 0)
常数项	1.567 8***	-0.347 9**	0.067 5	0.348 1***
	(0.076 6)	(0.177 0)	(0.053 1)	(0.060 7)
观测值	16 927	4 738	10 368	11 297
R^2	0.346	0.041	0.075	0.053
样本企业数量	3 014	1 006	2 408	1 982
其他控制变量	控制	控制	控制	控制

续表

变量	(1)	(2)	(3)	(4)
	Fin_cflow	*Fin_cflow*	*Fin_unflow*	*Fin_unflow*
	$Lev<-b/2a$	$Lev>-b/2a$	$Lev<-b/2a$	$Lev>-b/2a$
个体固定效应	控制	控制	控制	控制
年份固定效应	控制	控制	控制	控制

注：本表列举了部分控制变量的回归系数，其他控制变量的回归系数详见附录2附表20。

*、**、*** 分别代表在10%、5%、1%的统计水平上显著，括号中为标准误。

笔者将采用全要素生产率来度量企业的经营能力。已有文献对企业生产效率的估计主要采用OLS法（Ordinany Least Squares method），OP法（Olley-Pakes method）和LP法（Levinsohn Petrin method）。其中，LP法是基于OP法，将中间投入作为代理变量以控制不可观测因素对生产率的冲击，从而对全要素生产率进行估算（Levinsohn & Petrin，2003；Coricelli et al，2012；张天华、张少华，2016）。笔者参考鲁晓东和连玉君（2012）的构建方式估算了企业全要素生产率（*TFP*），并将其与杠杆率的交乘项纳入回归方程，结果见表5-8中的列（1）和列（2）。在列（1）和列（2）中，交乘项回归系数虽然显著，但存在一正一负的情况，即全要素生产率较高的企业，其对流动性金融资产的配置，在低杠杆率时表现为更强的盈余效应，而在高杠杆率时，则表现为更少的偿债储备。在列（3）和列（4）中，交乘项系数均为负，并分别在5%和10%的统计水平上显著，这表明，全要素生产率的提高使企业更专注于主营业务并减少配置非流动性金融资产，即转变为更弱的金融化倾向。宋军与陆旸（2015）的研究也认为，高业绩公司主要表现为盈余效应，低业绩公司主要表现为替代效应，即“投资替代”。故经营能力较强的企业，其配置金融资产的“投资替代”动机较弱。

第五节　本章小结

基于2007—2017年我国A股上市公司的财务数据，本章分析了企业杠杆率变动与其金融资产配置的关系。研究发现，总体而言，杠杆率变动与企业金融资产配置具有非线性的U形关系，并且企业配置的流动性金融资产与非流动性金融资产表现出了不同的行为模式，即杠杆率变动与流动性金融资产配置表现为正 U 形关系，其配置更多是基于“蓄水池”动机；杠杆率变动与非流动性金融资产配置表现为倒 U 形关系，其配置则更多的是基于“投资替代”动机。笔者进一步发现，经济政策不确定性的增加将促使企业配置更多的非流动性金融资产，并在高杠杆下减缓杠杆率提高对非流动性金融资产配置的负向作用。然而，随着企业经营风险的增大，在高杠杆率情形下，杠杆率的进一步提高会促使企业减持非流动性金融资产，以规避金融资产本身存在的风险。就企业面临的融资环境而言，在非正规金融发展程度越旺盛的地区，当企业出于低杠杆率情形下时，将配置更多的流动性金融资产，而这种情况对非流动性金融资产的配置则无显著影响。此外，受融资约束强的企业，会配置更多的流动性金融资产。全要素生产率的提高，则会使企业更专注于主营业务而减少配置非流动性金融资产，即表现为更弱的金融化倾向。

基于以上结论，笔者提出如下政策建议：一是引导银行资金定向支持实体经济，并采用结构性货币政策，定向支持中小企业，支持实体经济投资活动。二是健全金融市场制度，提高金融资产的流动性，引导企业合理利用金融工具规避风险。三是严格监管银行信贷流向，谨防企业作为金融中介参与金融活动。四是加强对企业研发和创新活动的支持，以提高实体经济活力，使企业能够更加专注于主营业务的经营与投资。

第六章　企业杠杆率变动与经营资产配置

根据国际清算银行的统计，从宏观视角来看，我国宏观杠杆率的快速增长始于2008年，2015年非金融部门宏观杠杆率已高达239.5%，平均每年增长13.8个百分点，其中非金融部门的杠杆率增加尤为迅速[①]。高杠杆率成为影响中国经济持续良性发展的潜在威胁。2015年12月中央经济工作会议将“去杠杆”列为供给侧结构性改革的五大任务之一[②]。同年，《中共中央关于制定国民经济和社会发展第十三个五年规划的建议》又指出，发挥投资对增长的关键作用，优化投资结构，增加有效投资，带动更多社会资本参与投资[③]。那么，非金融企业杠杆率变动与投资活动之间具有怎样的关系呢？

微观企业杠杆率的高企，不仅会加剧财务风险，而且会对企业绩效产生负面影响；当然，合宜的杠杆率则能够使企业更好地利用社会资金，利用债务的避税效应，并向市场传递积极信号，从而抓住更多的投资机会。投资是企业存续和扩大发展的基础，也是企业获得并不断维持竞争优势的重要动因（Stein，2003；卞江、李鑫，2009）。对于微观企业而言，去杠杆操作若处理不当，则可能导致企业资金短缺、融资约束加重，进而减少其固定资产投资和研发活动。

已有研究大多分别讨论了企业杠杆率变动对固定资产投资和研发投资的影响，以及企业内外环境变化时这种影响的差异性（汪晓春，2002；王鲁平、毛伟平，2010；温军等，2011；王玉泽等，2019）。但实际上，有别于企业的金融投资活动，固定资产投资与研发投资均属于经营投资行为，是企业经营资产

① 详见 http：//stats.bis.org/statx/toc/CRE.html。

② 详见 http：//www.gov.cn/xinwen/2015-12/21/content_5026332.htm。

③ 详见 http：//www.xinhuanet.com//politics/2015-11/03/c_1117027676.htm。

配置的结果。研究企业杠杆率变动对投资活动的影响，需要同时分析其固定资产投资与研发投资规模及结构的变化。此外，固定资产投资与研发投资虽同属于经营投资的范畴，但也存在差异。一般而言，固定资产投资风险较小，投资回报确定性强，但是难以提升企业的技术水平。研发投资能够提升企业的技术水平，但毕竟其本身存在成果的不确定性市场认知风险，融资规模的不确定性也更强，即企业研发投资具有更高的融资成本和调整成本（Hall，2002）。那么，企业杠杆率变动对这两类投资活动的影响是否会产生不同影响？具有何种微观特征的企业会更倾向于增加能够提升企业技术水平的研发投资活动呢？

第一节　文献回顾与理论分析：经营资产配置与研发投资

一、企业杠杆率变动与经营资产配置

从已有文献来看，大量研究指出，在一定范围内，杠杆率的提高将扩大企业的投资规模。杠杆率的提高所带来的“放大效应”和“税盾效应”能够使企业更多地利用社会资金并留存更多的经营现金流，从而把握更多的投资机会。但是，如果杠杆率突破企业“可接受”的范围，过高的杠杆率所引发的偿债压力将抵消其融资约束缓解所带来的益处，并侵蚀企业的净收益（Baxter，1967）。

首先，高杠杆率将带来更大的财务风险与破产风险，进而使企业缩减投资规模。在较高的杠杆率下，债务的进一步增加将提高企业的破产风险并使管理层面临更多的财产监控。一旦企业无法按期偿付本息，企业的控制权将归债权人所有，这会使得经理人更加谨慎地进行投资决策（Jensen，1986；Stulz，1990）。同时，更多债务所形成的利息也将减少经理人的可支配现金流，从而迫使企业减少投资活动。

其次，信息不对称现象使信贷市场中存在广泛的逆向选择与道德风险问题，银行等金融机构将通过对企业财务状况、抵押能力等的评估来决定借贷资金的价格（Townsend，1979；Gale & Hellwig，1985），过高杠杆率所导致的“逆向信号”将提高企业获取外部资金的成本与难度，而实际融资成本的提高将使企业更加谨慎地选择投资项目。

最后，从微观层面而言，企业也会面临“债务-通缩”问题，较高的杠杆

率将降低企业应对内部与外部负向冲击的能力，即使是微小的经营变故或市场环境恶化也会使企业出现流动性问题，从而不得不抛售资产以偿还到期债务。然而，资产的出售又会减损企业的抵押能力，并造成其杠杆率的进一步提高，从而导致恶性循环。此时，企业将更多考虑如何减少债务而非增加利润与扩大投资规模（Koo，2009）。故笔者认为，不同企业杠杆率的差异，会使杠杆率变动对其固定资产和研发投资造成差异性影响。

二、企业杠杆率变动与研发投资占比

经营资产配置不仅反映了企业在投资规模上的变化，而且反映了其在结构上的选择，固定资产投资和研发投资同属于企业的经营投资活动，但二者在风险收益和融资需求上却有显著的不同。

首先，与固定资产投资相比，研发投资不仅能够提高企业的技术创新能力，而且对其转变经济发展方式和增强产业竞争力具有战略性意义，但也有着比固定资产投资更高的风险。企业的创新活动往往需要更长的投资周期，而研发投资的产出具有不确定性，研发投资的结果既有可能形成无形资产，成为企业未来成长的重要资源，也有可能因无法形成无形资产而造成开发支出并被计入当期损益。此外，创新的技术产出能否在市场上得到认可也存在不确定性（苏依依、周长辉，2008；温军等，2011）。

其次，鉴于研发投资的高收益，高风险特点，其对资金的需求也有别于固定资产投资。研发投资需要大量资产的长期、持续、稳定投入，若资金中断则会导致研发活动的中断甚至前功尽弃（解维敏、方红星，2011）。因此，单纯依靠企业自有资金难以开展研发活动，有学者的研究表明，企业对外部股权融资和债务融资的获取能够有效促进研发投资（Brown et al，2009；Ang et al，2014），但另有学者发现，企业研发投资与现金流敏感为负相关（Chen et al，2012）。

究其原因，一方面，企业投资不仅取决于充足的内部现金流，而且需要较好的成长机会（Fazzari et al，1988）。对研发投资的决策，企业会更关注成长机会和长远发展（Peters & Taylor，2017），因而对于具有较好发展前景的企业，无论企业内部资金是否充裕，都具有研发投资的动机。此时，杠杆率的提升能够使企业拥有更多的资产，从而开展研发活动。反之，若企业缺乏较好的发展前景，甚至资产负债表已经恶化，则其经营目的将会由利润最大化转为负债最小化（Koo，2009），这种行为模式转变的根源是企业对未来经营信心的丧失。此时，即使能够获得外部资金来提高杠杆率并开展投资活动，企业也会选择更加稳健的固定资产投资而非开展研发活动。另一方面，企业持有现金并保留融资能力是为了抓住未来可能出现的投资机会或应对外部事件，也就是使企业具有较好的财务柔性（Graham & Harvey，2001；Gamba et al，2008；曾爱民，2013）。此外，债务融资契约具有刚性特征，若企业通过借贷的方式提高杠杆率而获取更多的资金投入研发活动，一旦企业未能满足到期还本付息等契约条款的要求，拥有优先索取权的债权人将要求债务人破产清算（O' Brien，2003）。故对企业选择进行研发投资这一点来说，相比以较高的杠杆率水平控制更多的资产而言，或许保持较好的财务柔性是更理性的选择。

三、企业固定资产与研发投资的理论模型

设计一个三期模型，时间标记为 $t=0$，1，2。当 $t=0$ 时，企业具有内部资本（internal capital）W_0，并能够借贷到最多为 B_0 的外部资本（external capital）[①]。企业将总资本（W_0+B_0）分成两部分，其中 I_0 用于投资，则剩余部分 $C_0=W_0+B_0-I_0$ 为企业的现金持有。当 $t=1$ 时，企业可能处于两种状态，以（$1-p$）的概率将发生“坏状态”，即企业会遭受流动性冲击[②]，此时，必须额外补充 ρI_0 的资金，否则企业之前的投资也将难以追回，这一设定与霍尔姆斯特罗姆和梯若尔（Holmstrom & Tirole，1998）的做法类似。ρ 为随机变量，取值为 $(0, +\infty)$，其分布函数记为 $F(\cdot)$。此时，企业可用上期持有的现金以及外部借入的资金 B_1 来应对流动性不足。与之相对，则会有 p 的概率发生“好状态”，即企业不会遭受流动性冲击，则企业可将资金投入固定资产或进行研发投资。前者能够在同一技术水平上扩大企业产能，后者则能够提高企业的技术水平。此外，考虑到企业存在的道德风险问题，可假设企业的管理层能够通过额外的努力（e）来减少流动性冲击的可能性，即当管理层工作懈怠时，会增大企业发生流动冲击的可能，有 $p(e=shirk)=p_L$；而当管理层工作勤奋和敬业时将减少流动性冲击的可能，有 $p(e=behave)=p_H$，并且 $p_H-p_L=\Delta p>0$。当 $t=2$ 时，企业将实现利润回报和分配，模型结束。

聚焦于 $t=1$ 时可知，若发生流动性冲击，$\rho\leqslant C_0/I_0$，则企业的现金持有能

---

① 可将 $B/(B+W)$ 视为企业杠杆率。当 W 既定时，B 的变动即为企业的杠杆率变动。

② 为简化模型，假设当企业受到流动性冲击时，则不会将剩余资金投资于固定资产或研发活动。

够应对这种流动性冲击，但若$\rho > C_0/I_0$，则企业最多能够借入B_1的资金来应对流动性不足，此种方式能够覆盖概率区间为$C_0/I_0 < \rho \leqslant (C_0 + B_1)/I_0$的流动性冲击。企业必须用最终的利润回报偿付第1期债务，假设借贷市场为竞争性的，市场利率外生为R_1，则在概率ρ下，企业的回报可用下式描述：

$$(RI_0 - R_0B_0)\chi_{\left(\rho \leqslant \frac{C_0}{I_0}\right)} + (RI_0 - R_0B_0 - R_1B_1)\chi_{\left(\frac{C_0}{I_0} < \rho \leqslant \frac{C_0+B_1}{I_0}\right)} \tag{6-1}$$

式中，$\chi(\cdot)$为示性函数，若$(\cdot)$为真，则其取值为1，否则取值为0。此外，若$\rho > (C_0 + B_1)/I_0$则企业将被破产清算。

可对ρ取期望，并进一步描述管理者在具有流动性冲击时的效用函数：

$$\begin{aligned} U^L_{manager} &= (RI_0 - R_0B_0)F\left(\frac{C_0}{I_0}\right) + (RI_0 - R_0B_0 - R_1B_1)\left[F\left(\frac{C_0 + B_1}{I_0}\right) - F\left(\frac{C_0}{I_0}\right)\right] \\ &= (RI_0 - R_0B_0 - R_1B_1)F\left(\frac{C_0 + B_1}{I_0}\right) + R_1B_1F\left(\frac{C_0}{I_0}\right) \end{aligned} \tag{6-2}$$

若流动性冲击并未发生，令企业在终期具有$G(I_0, C_0)$的价值，则在这种最佳状态下，企业必须有足够的回报来偿还第0期的本息之和，即有$G(I_0, C_0) > R_0B_0$。

为了激励管理者的行为，则“好状态”的效用要大于“坏状态”的效用，即需要有：

$$\begin{aligned} &(1 - p_H)U^L_{manager} + p_H[G(I_0, C_0) - R_0B_0] - e \geqslant (1 - p_L)U^L_{manager} + p_L[G(I_0, C_0) - R_0B_0] \\ &\Rightarrow [G(I_0, C_0) - R_0B_0] - U^L_{manager} \geqslant \frac{e}{\Delta p} \end{aligned} \tag{6-3}$$

聚焦于企业价值$G(I_0, C_0)$的分析，可知在没有流动性的冲击时，经理人有两种选择：一是将资金投资于研发活动，这能够提升技术水平，进而提高企业的生产率$(R + \Delta R)I_0$（即企业单位投资回报率具有ΔR的提高），但研发活动具有一定的风险，设其成功的概率为π。可假设$\pi(x)$具有如下特征：①$\pi(x)$为严格递增的凹函数，即$\pi'(x) > 0 > \pi''(x)$；②若企业没有研发投入，则生产率的提高为0，即$\pi(0) = 0$；③$2 + [x\pi''(x)/\pi'(x)] < 0$，即表示企业开展研发活动并非是一件容易成功的事。二是企业还可以将资金投资于能够扩大其生产规模的固定资产，企业将获得的回报为$R(I_0 + \gamma C_0)$，其中γ用来衡量企业将资金转化为投资的能力，可设$\gamma > 0$。因此，研发投资可表示为$\pi(C_0)(R + \Delta R)I_0 + [1 - \pi(C_0)]RI_0 = RI_0 + \pi(C_0)\Delta RI_0$，固定资产投资可表示为$R(I_0 + \gamma C_0)$。

可知，当下式成立时，管理者将选择研发投资：

$$RI_0 + \pi(C_0)\Delta RI_0 > R(I_0 + \gamma C_0) \Leftrightarrow \pi(C_0)\frac{I_0}{C_0} > \frac{R\gamma}{\Delta R} \tag{6-4}$$

因此有：

$$G(I_0, C_0) = \max\{RI_0 + \pi(C_0)\Delta RI_0, R(I_0 + \gamma C_0)\} \tag{6-5}$$

如前文所述，当 $t = 1$ 时，企业有可能会遭受流动性冲击，若无法足额偿付（即 $\rho > (C_0 + B_1)/I_0$），则会面临破产清算，此时债权人无法获得收益。故在第 0 期时，债权人的收益可以表达为：

$$\text{发生流动性冲击的概率} = 1 - p_H\text{，则为 } R_0B_0\chi\left(\rho \leqslant \frac{C_0+B_1}{I_0}\right) \tag{6-6}$$

$$\text{流动性冲击并未发生的概率} = p_H\text{，则为 } R_0B_0 \tag{6-7}$$

则在第 0 期的期望收益为：$\left[(1 - p_H)F\left(\frac{C_0 + B_1}{I_0}\right) + p_H\right]R_0B_0$。

基于竞争性借贷市场的假设，借贷收益应平衡，即债权人无法获得超额收益，即有：

$$\left[(1 - p_H)F\left(\frac{C_0 + B_1}{I_0}\right) + p_H\right]R_0B_0 = B_0 \Rightarrow F\left(\frac{C_0 + B_1}{I_0}\right) = \frac{\frac{1}{R_0} - p_H}{1 - p_H} \tag{6-8}$$

与之相似，当 $(C_0/I_0) < \rho \leqslant (C_0 + B_1)/I_0$ 时，即企业能够通过借入外部资金 B_1 而应对流动性冲击时，第 1 期债权人的平衡条件为：

$$R_1B_1\left[F\left(\frac{C_0 + B_1}{I_0}\right) - F\left(\frac{C_0}{I_0}\right)\right] = B_1 \Rightarrow F\left(\frac{C_0 + B_1}{I_0}\right) - F\left(\frac{C_0}{I_0}\right) = \frac{1}{R_1} \tag{6-9}$$

依据式（6-8）和（6-9）可解出：

$$F\left(\frac{C_0}{I_0}\right) = \frac{\frac{1}{R_0} - p_H}{1 - p_H} - \frac{1}{R_1} \tag{6-10}$$

为确保分布函数 $F(\cdot)$ 存在性，则需要有：

$$\frac{1}{R_1} < \frac{\frac{1}{R_0} - p_H}{1 - p_H} < 1 \tag{6-11}$$

这已经由下式得到保证，即：

$$\frac{1}{p_H} < R_0 < \frac{R_1}{1 + p_H(R_1 - 1)} \tag{6-12}$$

因此，依据（6-10），可以将 C_0 和 B_1 表示为 I_0 的函数：

$$C_0 = c_0 \cdot I_0 ,\ c_0 = F^{-1}\left(\frac{\frac{1}{R_0} - p_H}{1 - p_H} - \frac{1}{R_1}\right) \tag{6-13}$$

$$B_1 = b_1 \cdot I_0 ,\ b_1 = F^{-1}\left(\frac{\frac{1}{R_0} - p_H}{1 - p_H}\right) - F^{-1}\left(\frac{\frac{1}{R_0} - p_H}{1 - p_H} - \frac{1}{R_1}\right) \tag{6-14}$$

此外，依据恒等式 $C_0 = W_0 + B_0 - I_0$，可将 C_0 和 I_0 作如下表达：

$$I_0 = \frac{W_0 + B_0}{1 + c_0} \tag{6-15}$$

$$C_0 = \frac{c_0(W_0 + B_0)}{1 + c_0} \tag{6-16}$$

将上式的表达式重新代入式（6-2），即有：

$$\begin{aligned} U^L_{manager} &= (RI_0 - R_0B_0)\frac{\frac{1}{R_0} - p_H}{1 - p_H} - B_1 \\ &= \left(R\frac{\frac{1}{R_0} - p_H}{1 - p_H} - b_1\right)\frac{W_0 + B_0}{1 + c_0} - R_0B_0\frac{\frac{1}{R_0} - p_H}{1 - p_H} \end{aligned} \tag{6-17}$$

通过对 $U^L_{manager}$ 的求导可发现，$U^L_{manager}$ 关于 B_0 是线性且单调递增的：

$$\begin{aligned} \frac{\mathrm{d}U^L_{manager}}{\mathrm{d}B_0} &= \left(R\frac{\frac{1}{R_0} - p_H}{1 - p_H} - b_1\right)\frac{1}{1 + c_0} - R_0\frac{\frac{1}{R_0} - p_H}{1 - p_H} \\ &= \left(\frac{R}{1 + c_0} - R_0\right)\frac{\frac{1}{R_0} - p_H}{1 - p_H} - \frac{b_1}{1 + c_0} \end{aligned} \tag{6-18}$$

依据式（6-12）可知，$C_0/I_0 = c_0$ 是一个独立于 C_0 和 I_0 的常数，因而式（6-4）中所描述的企业投资与研发活动的条件即等价于：

$$\pi(C_0) > \frac{C_0}{I_0}\frac{R\gamma}{\Delta R} \Rightarrow \pi\left(\frac{c_0(W_0 + B_0)}{1 + c_0}\right) > c_0\frac{R\gamma}{\Delta R} \tag{6-19}$$

$$B_0 > \frac{1 + c_0}{c_0}\pi^{-1}\left(c_0\frac{R\gamma}{\Delta R}\right) - W_0 \equiv \underline{B}_0 \tag{6-20}$$

由此可知，存在一个关于 B_0 的下界 $\underline{B}_0$，只有当 $B_0 > \underline{B}_0$ 时，企业才会选择投资研发活动。依据 B_0 与 $\underline{B}_0$ 的关系，即可将式（6-7）的 $G(I_0, C_0)$ 表达为下式：

$$G(I_0,\ C_0) = \begin{cases} RI_0\left[1 + \pi(C_0)\dfrac{\Delta R}{R}\right],\ \text{若}\ B_0 > \underline{B}_0(\text{研发投资}) \\ RI_0(1 + \gamma c_0),\ \text{若}\ B_0 \leqslant \underline{B}_0(\text{投资固定资产}) \end{cases} \tag{6-21}$$

式（6-21）表明，B_0 的取值会决定企业的投资战略。当 $B_0 > \underline{B}_0$ 时，在“好状态”下企业才会选择进行研发投资，而当 $B_0 < \underline{B}_0$ 时，企业则会选择固定资产投资。

可以发现，$G(I_0,\ C_0)$ 关于 I_0 是线性递增的（当 $B_0 \leqslant \underline{B}_0$ 时），但其增幅则不断降低（当 $B_0 > \underline{B}_0$ 时），也就是说，$G(I_0,\ C_0)$ 在固定资产投资阶段是线性增加的，但对研发投资而言则以递减速度增加，可表达为：

$$\frac{\mathrm{d}G(I_0,\ C_0)}{\mathrm{d}I_0} = \begin{cases} R + [\pi(c_0I_0) + c_0I_0\pi'(c_0I_0)]\Delta R,\ \text{若}\ B_0 > \underline{B}_0 \\ R(1 + \gamma c_0),\ \text{若}\ B_0 \leqslant \underline{B}_0 \end{cases} \tag{6-22}$$

$$\frac{\mathrm{d}^2G(I_0,\ C_0)}{\mathrm{d}(I_0)^2} = \begin{cases} \pi'(c_0I_0)\,c_0\left[2 + \dfrac{c_0I_0\pi''(c_0I_0)}{\pi'(c_0I_0)}\right]\Delta R,\ \text{若}\ B_0 > \underline{B}_0 \\ 0,\ \text{若}\ B_0 \leqslant \underline{B}_0 \end{cases} \tag{6-23}$$

综上所述，首先，对于 $G(I_0,\ C_0)$ 而言，当企业没有受到流动性冲击时，则不会产生债务违约，应有 $G(I_0,\ C_0) > R_0B_0$，其中 R_0B_0 为线性函数，$G(I_0,\ C_0)$ 为线性函数和凹函数的组合；当 $G(I_0,\ C_0) = R_0B_0$ 时，债务的进一步增加将使企业被破产清算，即债务是具有上界的。其次，依据式（6-3），应有 $[G(I_0,\ C_0) - R_0B_0] - U^L_{manager} \geqslant e/\Delta p$，其中 $U^L_{manager}$ 关于 B_0 线性递增，而 $G(I_0,\ C_0)$ 关于 B_0 先线性递增再凹，二者差值则关于 B_0 不断减小，但需要大于等于 $e/\Delta p$。这两者均意味着 B_0 是受限制的，由于道德风险和流动性约束的存在，企业需要维持在一个较低的杠杆区间内，过高的杠杆率将增加流动性风险、破产风险以及经理人道德风险。基于以上分析，提出如下待验证的假说。

假说 6-1：在低杠杆率下，企业杠杆率的提高会促使其增加固定资产和研发投资；在高杠杆率下，企业杠杆率的提高不会促使其增加投资规模。

对于财务柔性而言，依据上文的理论分析与理论模型，可从两个维度来描述企业的财务柔性。

首先，可以用流动性冲击发生的概率来描述企业的财务柔性，即更高的 p_H 意味着企业能够避免流动性冲击并将资金投入企业经营活动。

其次，当企业遭受流动性冲击时，更低的 R_1 意味着企业具有较低的融资成本（即当企业有借贷需求时，能够以较低的融资成本比较便利地获得资金），这样即可认为企业具有较好的财务柔性。依据式（6-21）可知企业选择研发投资的条件为 $B_0 > \underline{B}_0$，依据式（6-20）可得：

$$\frac{\mathrm{d}B_0}{\mathrm{d}p_H} < 0 < \frac{\mathrm{d}\underline{B}_0}{\mathrm{d}R_1} \tag{6-24}$$

也就是说，更高 p_H 和更低的 R_1 能够降低企业的研发投资门槛 $\underline{B}_0$，从而使企业更容易进行研发投资。

最后，对于企业发展前景而言，更好的发展前景意味着企业的全要素生产率能得到更大的提高，即可将 $\Delta R/R$ 作为发展前景的描述，同样依据式（6-20）可得：

$$\frac{\mathrm{d}\underline{B}_0}{\mathrm{d}\left(\frac{R}{\Delta R}\right)} > 0 \Rightarrow \frac{\mathrm{d}\underline{B}_0}{\mathrm{d}\left(\frac{\Delta R}{R}\right)} < 0 \tag{6-25}$$

也就是说，更大的 $\Delta R/R$ 会使企业更倾向于投资研发，而更高的 $\Delta R/R$ 则会降低企业投资研发活动的门槛值 $\underline{B}_0$。基于以上分析，提出待验证的假说如下。

假说 6-2：财务柔性更好的企业，杠杆率的提高会使其扩大研发投资占比。

假说 6-3：发展前景更佳的企业，杠杆率的提高会使其扩大研发投资占比。

第二节　企业杠杆率变动与经营资产配置研究的实证设计

一、样本选择与数据来源

本章选取 2007—2017 年沪深两市 A 股上市公司财务报表的年度数据，并剔除金融行业与房地产行业的上市公司以及 ST 和 PT 类企业，最终获得 20 216 个有效样本观测值。企业财务报表数据来源于国泰安 CSMAR 数据库，地区经济发展指标则来自国家统计局，并对连续性变量进行了上下 1% 极端值缩尾处理。

二、变量定义

对企业投资规模的度量，已有研究多采用资产负债表法或支出法。例如，陆正飞等（2006）、童盼（2015）等选取企业资产负债表中的当期固定资产、在建工程和长期投资等资产的变动额除以总资产来度量企业当年投资规模。另有一些学者则采用以固定资产、在建工程、工程物资之和的当期原值变化量除以企业上期固定资产净值的度量方式（Fazzari et al，1988；辛清泉、林斌，2006；姚明安、孔莹，2008）。此外，还有学者将无形资产纳入考虑（Guedes & Opler，1996；顾乃康等，2011），以度量企业的研发投入。

但正如本书第二章第三节所述，首先，以往基于资产负债表科目的度量方法并未很好地区分企业投资中固定资产与研发投资的占比。其次，我国的无形资产包括土地使用权、采矿权等使用权（邵红霞、方军雄，2006），单纯靠无形资产的年度变动，并不能很好地度量企业研发的投资支出。最后，本书重点关注了企业杠杆率变动对投资行为的影响，由于杠杆率的定义即为负债与资产之比，因此若采用资产负债表的度量方式，则可能产生一定的内生性问题。

基于以上考虑，本书采取支出法来度量企业的投资规模以及研发投资的占比。笔者参考了一些学者的做法，将企业当期购建固定资产、无形资产和其他长期资产支出作为企业固定资产投资的度量（Dougal et al，2015；倪婷婷、王跃堂，2016；饶品贵等，2017），并参考其他一些学者（Balkin et al，2000；Zhang et al，2003；陈爽英等，2010）的研究，以计入当期损益的开发支出和确认为无形资产的开发支出之和作为企业研发投资的度量，再将企业固定资产投资和研发投资之和除以当期营业总收入，作为度量企业总投资规模的变量，命名为 *Inv*；将企业研发投资占总投资规模的比例作为度量企业研发投资占比的指标，命名为 *RD_Inv*。

对企业杠杆率的度量，与前文一致，将采取企业总负债/总资产的方式，以反映企业债务水平与资产水平的匹配情况。此外，参考已有对企业投资行为研究的文献（童盼、陆正飞，2005；姚明安、孔莹，2008；饶品贵等，2017），该模型还控制了企业规模（*Size*）、盈利能力（*ROA*）、企业价值（*TobinQ*）、总资产周转率（*Trurnover*）、有形资产占比（*Tangible*）、主营业务收入增长率（*Sales_g*）、管理费用率（*MANGratio*）、担负的税率（*TAXratio*）、国有股占比（*SOE_r*）、市盈率（*PEratio*）、地区经济发展（GDP）等可能影响企业投资行为的变量。指标定义详见表 6-1。

从统计结果来看，企业投资总规模（*Inv*）的差异性较大，其均值为 0.148 4，标准差为 0.945 3。企业研发投资占比（*RD_Inv*）的均值为 0.043 0，标准差为 0.129 7，中位数为 0，这表明有超过一半的样本并未在当期研发上有所开支。

表 6-1 企业杠杆率变动与经营资产配置研究的主要变量定义、描述性统计

变量	变量描述	变量定义	样本量	标准差	中位数	均值
Inv	企业投资总规模	（购建固定资产、无形资产和其他长期资产支出+计入当期损益的开发支出+确认为无形资产的开发支出）/当期营业总收入	20 216	0.945 3	0.077 9	0.148 4
RD_Inv	企业研发投资占比	（计入当期损益的开发支出+确认为无形资产的开发支出）/（购建固定资产+无形资产+其他长期资产所支付的现金+计入当期损益的开发支出+确认为无形资产的开发支出）	20 196	0.129 7	0.000 0	0.043 0
Lev	企业杠杆率	总负债/总资产	20 216	0.204 6	0.431 7	0.432 8
Size	企业规模	总资产自然对数	20 216	1.233 3	21.822 8	21.991 1
ROA	盈利能力	净利润/总资产余额	20 216	0.052 0	0.036 5	0.040 0
TobinQ	企业价值	市值/总资产	20 216	1.946 2	1.715 6	2.266 9
Trurnover	总资产周转率	营业收入/资产总额期末余额	20 216	0.450 9	0.548 0	0.658 0
Tangible	有形资产占比	（固定资产+存货）/总资产	20 216	0.177 8	0.374 7	0.383 5
Sales_g	主营业务收入增长率	本年主营业务收入/上年主营业务收入-1	20 216	0.415 5	0.123 3	0.194 1
MANGratio	管理费用率	管理费用/营业收入	20 216	0.076 7	0.080 5	0.097 9
TAXratio	担负的税率	上缴税额/销售额	20 216	0.052 5	0.057 7	0.071 4

续表

变量	变量描述	变量定义	样本量	标准差	中位数	均值
SOE_r	国有股占比	国有股/股本总数	20 216	0. 159 5	0. 000 0	0. 070 5
PEratio	市盈率	收盘价当期值/（净利润上年年报值/实收资本本期期末值）	20 216	166. 512 5	39. 091 3	81. 512 9
GDP	地区经济发展	企业所在地区省级实际GDP对数值	20 216	0. 767 2	9. 848 1	9. 808 2

对企业财务柔性的度量，笔者将同时采用两种方式，首先，参考欧普勒等（Opler et al，1999）和顾乃康等（2011）的做法，采用拟合法重新度量了样本企业的财务柔性，即将企业实际持有的现金与现金持有量决定模型①的拟合值进行比较，将残差作为企业财务柔性的考察指标，并记为（*Flex*）。其次，参考马基卡和穆拉（Marchica & Mura，2010）的方式，采用单指标的行业差值法度量样本企业的财务柔性，并记为（*Flex*2），若企业现金比率高于同期行业均值则记为1，否则为0。

对企业发展前景的描述，本书同样采取两种方式，即对企业个体采用逆向指标，以“僵尸企业”来识别缺乏发展前景的企业；对企业所处行业，若属于高新技术产业，则识别为发展前景较好的企业。“僵尸企业”是指丧失盈利能力，只能依靠政府支持或外部融资才能维持存活的企业（申广军，2016）。已有研究指出，“僵尸企业”占用大量生产要素，但这并没有激励其对生产技术和经营模式进行创新，还会加剧产能过剩问题（黄少卿、陈彦，2017）；并且因其占用大量社会生产资源，还会阻碍其他高效率企业的成长和发展，从而造成严重的资源错配问题（Kwon et al，2015）。笔者采用CHK法②来识别样本中的“僵尸企业”（Caballero et al，2008），生成虚拟变量，并记为（*Zombie*），若企业被识别为“僵尸企业”则记为1，否则记为0。就行业划分而言，参考

① $CashHold_{it} = \beta_0 + \beta_1 CashFlow_{it} + \beta_2 TobinQ_{it} + \beta_3 DiviPay_{it} + \beta_4 Size_{it} + \beta_5 Lev_{it} + \beta_6 IndCash_{it} + u_i + \delta_t + \varepsilon_{it}$。其中，$CashHold_{it}$ 为企业的现金及其等价物与总资产之比，$CashFlow_{it}$ 为企业经营现金流与总资产之比，$TobinQ_{it}$ 为企业市值/总资产，$DiviPay_{it}$ 为企业当期发放的现金股利额与总资产之比，$Size_{it}$ 为企业规模，Lev_{it} 为企业杠杆率，$IndCash_{it}$ 为企业所在行业现金及其等价物的年度均值。此外，u_i 为个体固定效应，δ_t 为时间固定效应，ε_{it} 为随机误差。

② 该方法由经济学家卡巴雷罗（Caballero）、霍西（Hoshi）和凯夏普（Kashyap）共同提出，故称CHK法。

王玉泽等（2019）的研究，依据国家统计局的标准①，将样本企业划分高新技术企业与非高新技术企业，并生成虚拟变量，记为（*Tech*），若企业属于高新技术行业则记为 1，否则为 0。

三、模型设定

在检验企业杠杆率变动对企业投资行为的影响时，先对方程（6-26）进行回归，其中 Inv_{it} 为 i 企业 t 期包括固定资产和研发在内的总投资规模，Lev_{it} 为 i 企业 t 期总负债与总资产之比（即杠杆率），X_{it} 为企业控制变量集。考虑到企业个体之间的差异以及不同年份宏观因素的差异，模型同时控制了年度固定效应与个体固定效应，其中，u_i 为个体固定效应，δ_t 为时间固定效应，ε_{it} 为随机误差。在分析企业杠杆率高低对投资行为的差异性影响时，将依据杠杆率大小对样本企业进行划分，分别对杠杆率处于 0～0.25、0.25～0.5、0.5～0.75 以及 0.75 以上的企业进行分组回归。

$$Inv_{it} = \beta_0 + \beta_1 Lev_{it} + \gamma X_{it} + u_i + \delta_t + \varepsilon_{it} \tag{6-26}$$

在探讨企业杠杆率变动对其投资结构的影响时，对方程（6-27）进行回归，RD_Inv_{it} 为 i 企业 t 期研发投资占总投资规模的比重，Lev_{it} 为 i 企业 t 期总负债与总资产之比（即杠杆率），X_{it} 为企业控制变量集。同样，考虑到企业个体之间的差异以及不同年份宏观因素的差异，模型同时控制了年度固定效应与个体固定效应。此外，在方程（6-28）的基础上，分别将描述企业财务柔性的指标（*Flex*、*Flex2*）和发展前景的指标（*Zombie*、*Tech*）作为交乘项 $Z_{i,t}$ 纳入方程，以分析当企业财务柔性和发展前景存在差异时，杠杆率变动对其研发投资占比的影响。

$$RD\_Inv_{it} = \beta_0 + \beta_1 Lev_{it} + \gamma X_{it} + u_i + \delta_t + \varepsilon_{it} \tag{6-27}$$

$$RD\_Inv_{it} = \beta_0 + \beta_1 Lev_{it} + \beta_2 Lev_{it} \cdot Z_{i,t} + \beta_3 \cdot Z_{i,t} + \gamma X_{it} + u_i + \delta_t + \varepsilon_{it} \tag{6-28}$$

第三节　企业杠杆率变动与经营资产配置研究的实证结果分析

一、基准回归

企业杠杆率与投资行为的基准回归结果如表 6-2 所示。在此表的列（1）

① 详见 http://www.stats.gov.cn/tjsj/tjbz/201805/t20180509_1598315.html。

中，以 *Inv* 描述企业固定资产投资与研发投资的总和，对全样本依据方程（6-26）进行回归，杠杆率的回归系数为 0. 582 3，且在 1%的统计水平上显著，即对全样本而言，杠杆率的提升会增加企业的投资规模。进一步来看，在列（2）至列（5）中，依据杠杆率高低对样本企业进行了分组回归，在列（2）中，样本企业杠杆率处于 0~0. 25，此时 *Lev* 回归系数为 0. 392 7，且在 1%的统计水平上显著。在列（3）中，样本企业杠杆率处于 0. 25~0. 5，*Lev* 回归系数降至 0. 118 1，并在 1%的统计水平上显著。在列（4）和列（5）中，*Lev* 回归系数分别为 0. 003 8 和−0. 153 7，但并不显著。这表明，在低杠杆率下，企业杠杆率的提高会促使其增加投资规模，而随着企业杠杆率的提高，这种正向作用将减弱直至消失，这验证了假说 6-1。

表 6-2　高低杠杆差异下杠杆率变动对企业固定资产投资行为与研发行为的影响

变量	(1)	(2)	(3)	(4)	(5)
	Inv	*Inv*	*Inv*	*Inv*	*Inv*
	全样本	0<*Lev*<0. 25	0. 25<*Lev*<0. 5	0. 5<*Lev*<0. 75	*Lev*>0. 75
Lev	0. 582 3***	0. 392 7***	0. 118 1***	0. 003 8	−0. 153 7
	(0. 080 5)	(0. 080 8)	(0. 044 4)	(0. 053 7)	(0. 160 1)
Size	0. 069 5***	−0. 001 5	0. 052 1***	0. 042 6***	0. 102 2***
	(0. 021 6)	(0. 012 0)	(0. 008 8)	(0. 008 8)	(0. 018 2)
ROA	0. 867 6***	−0. 116 8	0. 094 8	0. 202 8**	−0. 028 3
	(0. 219 3)	(0. 103 7)	(0. 079 4)	(0. 092 4)	(0. 145 5)
TobinQ	−0. 014 1**	0. 004 4*	−0. 002 3	−0. 006 0	0. 005 2
	(0. 006 8)	(0. 002 5)	(0. 002 5)	(0. 004 1)	(0. 007 6)
Trurnover	−0. 009 7	−0. 164 8***	−0. 102 6***	−0. 078 9***	−0. 037 0
	(0. 040 5)	(0. 028 8)	(0. 016 5)	(0. 014 4)	(0. 025 9)
Tangible	−0. 633 7***	−0. 192 7***	−0. 452 6***	−0. 415 3***	−0. 469 4***
	(0. 077 7)	(0. 041 3)	(0. 030 0)	(0. 030 6)	(0. 062 3)
Sales_g	−0. 018 2	−0. 012 6	−0. 018 2**	0. 009 6	−0. 017 1
	(0. 019 0)	(0. 008 9)	(0. 007 1)	(0. 007 0)	(0. 012 3)
MANGratio	2. 473 6***	0. 523 6***	0. 592 0***	1. 219 2***	0. 760 5***
	(0. 209 7)	(0. 083 3)	(0. 078 8)	(0. 103 9)	(0. 167 2)

续表

变量	(1)	(2)	(3)	(4)	(5)
	Inv	*Inv*	*Inv*	*Inv*	*Inv*
	全样本	0<*Lev*<0.25	0.25<*Lev*<0.5	0.5<*Lev*<0.75	*Lev*>0.75
TAXratio	1.175 6***	0.052 3	0.121 5	0.729 3***	-0.078 4
	(0.281 0)	(0.110 9)	(0.102 6)	(0.122 0)	(0.231 9)
SOE_r	0.025 1	-0.076 3**	0.053 1**	0.025 8	-0.062 3
	(0.062 1)	(0.036 5)	(0.022 2)	(0.022 1)	(0.040 8)
PEratio	0.000 2***	-0.000 0	0.000 1***	0.000 0	0.000 0
	(0.000 0)	(0.000 0)	(0.000 0)	(0.000 0)	(0.000 0)
GDP	0.085 4	-0.131 7***	0.067 8***	0.255 9***	-0.083 0
	(0.067 2)	(0.050 0)	(0.023 6)	(0.026 1)	(0.067 5)
常数项	-2.391 2***	1.457 0***	-1.410 3***	-2.984 6***	-0.961 1
	(0.769 1)	(0.533 3)	(0.279 5)	(0.309 4)	(0.767 4)
观测值	20 216	4 470	7 926	6 534	1 286
R^2	0.021	0.080	0.102	0.133	0.154
样本企业数量	2 924	1 304	2 016	1 462	401
个体固定效应	控制	控制	控制	控制	控制
年份固定效应	控制	控制	控制	控制	控制

注：**、***分别代表在5%、1%的统计水平上显著，括号中为标准误。

二、异质性分析

我国地域辽阔，区域经济发展与市场化程度差异较大，不同区域内企业杠杆率变动与企业投资行为之间的关系可能存在不同。有鉴于此，笔者参考了瓜里格列亚和杨（Guariglia & Yang，2016）的方式，将我国经济区域划分为东中西三个地区①，并采用分组回归的方式考察地区差异对基准结果的影响。如表6-3所示，列（1）、列（2）和列（3）分别报告了东中西部地区企业的回归系数，结果显示，东部地区杠杆率系数为0.883 2，且在1%的统计水平上显

① 在本书中，东部地区包括山东、广东、江苏、河北、浙江、海南、福建、辽宁、北京、上海、天津等；中部地区包括吉林、安徽、山西、江西、河南、湖北、湖南、黑龙江、重庆等；西部地区包括云南、内蒙古、四川、宁夏、广西、新疆、甘肃、西藏、贵州、陕西、青海等。

著，中部地区和西部地区的杠杆率回归系数分别为 0.069 5 和 0.063 8，且仅中部地区在 5%的统计水平上显著。即企业杠杆率的提高对投资规模的正向作用在东部地区更为显著，中部地区次之。究其原因，东部地区较早进入改革开放，经济发展水平远高于中西部地区，经济基础设施水平、对外开放和市场化程度都较中西部地区更高，具有更多的投资机会和更好的投资环境（郝颖等，2014）。此外，在政治、经济、交通及人文等方面，东部地区具有较有利的外部条件，这也使得东部地区的上市公司具有规模效应与知识溢出效应，并在融资成本、风险分散及创新效率等方面具有更多优势（贺灿飞，2007；李建军、韩珣，2017）。

表 6-3　杠杆率变动对企业固定资产投资行为与研发行为的异质性分析：地域与所有制属性

变量	(1)	(2)	(3)	(4)	(5)
	Inv	*Inv*	*Inv*	*Inv*	*Inv*
	东部	中部	西部	国有企业	非国有企业
Lev	0.883 2***	0.069 5**	0.063 8	0.162 6***	0.965 7***
	(0.120 0)	(0.031 9)	(0.052 3)	(0.028 3)	(0.148 8)
常数项	-3.594 7***	1.011 8	-2.323 9***	-1.387 9***	-2.881 7**
	(1.394 4)	(0.850 5)	(0.504 6)	(0.297 0)	(1.427 9)
观测值	13 969	3 692	2 555	8 955	11 028
R^2	0.025	0.114	0.170	0.101	0.025
样本企业数量	2 121	511	355	1 071	1 974
其他控制变量	控制	控制	控制	控制	控制
个体固定效应	控制	控制	控制	控制	控制
年份固定效应	控制	控制	控制	控制	控制

注：本表列举了部分控制变量的回归系数，其他控制变量的回归系数详见附录 2 附表 21。
** 、*** 分别代表在 5%、1%的统计水平上显著，括号中为标准误。

就不同企业所有制而言，本书探究了国有企业与非国有企业的差异性。表 6-3中的列（4）和列（5）表明，对国有企业有而言，杠杆率的回归系数为0.162 6，而非国有企业的杠杆率回归系数为 0.965 7，且均在 1%的统计水平上显著。通过计算可知，1%杠杆率的提高，对非国有企业扩大投资规模的作用，是国有企业的 5.94 倍。也就是说，相比国有企业，非国有企业的杠杆率变动对其投资规模的正向作用更为显著。在经营层面，我国国有企业所处行业缺乏足够的竞争性，在一些重要领域中占据着绝对优势，处于一定的垄断地位。反观非国有企业的行业竞争压力则较大，为了在激烈的市场竞争中立足，非国有企业需要不断优化资源配置，改进工艺技术，提高生产效率（顾夏铭等，2018）。在金融层面，国有企业存在严重的“预算软约束”问题（方军雄，2007），且受到政府扶持和政策保护，即使经营不善或面临偿债压力，仍能够获得政府的补贴和银行贷款（闫海洲、陈百助，2018），因而缺乏投资和改进生产效率的动力。

三、稳健性检验

在稳健性检验中，首先，笔者参考已有文献，在 *Inv* 的基础上，进一步扩展了企业投资的度量范围，又纳入企业取得子公司及其他营业单位支付的现金净额（魏明海、柳建华，2007；蔡卫星等，2011），并将其命名为 *Inv_1*。其次，参考方军雄（2012）的做法，选取企业资产负债表中的固定资产、在建工程和无形资产变化值与总资产之比来度量投资规模，命名为 *Inv_2*。重新以 *Inv_1* 和 *Inv_2* 作为因变量，对方程（6-26）进行回归，结果如表 6-4 所示。在列（1）和列（2）中，样本企业杠杆率处于 0～0.25，杠杆率的回归系数分别为 0.551 2 和 0.103 7，且均在 1%的统计水平上显著。在列（3）和列（4）中，样本企业杠杆率处于 0.25～0.5，杠杆率的回归系数分别降至 0.195 0 和 0.046 8，分别在 5%和 1%的统计水平上显著。而当企业杠杆率大于 0.5 时，在列（5）、列（7）和列（8）中，杠杆率的回归系数不显著，这与上文的结论一致，即在低杠杆率下，企业杠杆率的提高会促使其增加投资规模，然而这一正向作用在高杠杆率下则会消失。

表 6-4　杠杆率变动对企业固定资产投资行为与研发行为影响的稳健性检验

变量	(1)	(2)	(3)	(4)	(5)	(6)	(7)	(8)
	Inv_1	*Inv_2*	*Inv_1*	*Inv_2*	*Inv_1*	*Inv_2*	*Inv_1*	*Inv_2*
	0<*lev*<0.25		0.25<*lev*<0.5		0.5<*lev*<0.75		*lev*>0.75	
Lev	0.551 2***	0.103 7***	0.195 0**	0.046 8***	0.023 0	0.045 8**	−0.081 3	−0.028 3
	(0.101 8)	(0.025 6)	(0.079 4)	(0.014 3)	(0.070 3)	(0.018 6)	(0.195 7)	(0.063 7)
常数项	−0.994 2	0.303 5*	−2.339 6***	0.283 2***	−4.895 1***	0.381 4***	−1.705 1*	−0.641 0**
	(0.672 0)	(0.169 2)	(0.500 0)	(0.090 0)	(0.405 2)	(0.107 4)	(0.937 8)	(0.305 2)

续表

变量	(1)	(2)	(3)	(4)	(5)	(6)	(7)	(8)
	Inv_1	*Inv_2*	*Inv_1*	*Inv_2*	*Inv_1*	*Inv_2*	*Inv_1*	*Inv_2*
	0<*lev*<0.25		0.25<*lev*<0.5		0.5<*lev*<0.75		*lev*>0.75	
观测值	4 470	4 470	7 926	7 926	6 534	6 534	1 286	1 286
R^2	0.084	0.179	0.064	0.166	0.147	0.187	0.129	0.158
样本企业数量	1 304	1 304	2 016	2 016	1 462	1 462	401	401
其他控制变量	控制	控制	控制	控制	控制	控制	控制	控制
个体固定效应	控制	控制	控制	控制	控制	控制	控制	控制
年份固定效应	控制	控制	控制	控制	控制	控制	控制	控制

注：本表列举了部分控制变量的回归系数，其他控制变量的回归系数详见附录 2 附表 22。

*、**、*** 分别代表在 10%、5%、1%的统计水平上显著，括号中为标准误。

第四节　进一步分析：研发投资、财务柔性与发展前景

一、杠杆率变动、债务期限与企业研发行为

企业的投资行为除了总量上的规模变化，还包括研发投资支出与固定资产投资支出结构上的差异。企业研发行为实际上也是一种投资行为，新增长理论认为企业的研发投入是驱动科技进步、推动创新的最直接来源（Romer，1990）。依据上文结论，在低杠杆率的情况下，企业杠杆率的提高能够增加企业的投资规模，那么这对企业研发投资占比的影响究竟有多少？杠杆率的提高会使企业更多地投资于固定资产还是研发活动？不同维度下的杠杆率变动又会对企业的固定资产投资和研发投资产生怎样的影响？这将是本节所讨论的重点内容。

本书采用企业研发投资占总投资规模比重（RD_Inv_{it}）的方式来描述企业的投资结构，并对方程（6-27）进行回归，考察企业杠杆率变动对其固定资产投资与研发投资的影响，结果如表 6-5 所示。列（1）中企业杠杆率的系数为 0.009 3，并不显著。为进一步分析不同维度下杠杆率变动对企业研发占比的影响，笔者依据企业债务来源和期限分别以短期杠杆率、长期杠杆率、银行杠杆率和商业信用杠杆率作为自变量，对方程（6-27）进行回归，结果见

表 6-5 中的列（2）至列（5）。在列（2）和列（3）中，杠杆率回归系数分别为 0.026 7 和-0.032 8，且均在 1%的统计水平上显著，即短期杠杆率的增加能够促进企业研发投资占比的扩大，而长期杠杆率的增加则主要提高了企业的固定资产投资占比。

我国企业在长期债务的选择上受到了明显的制度性约束，1 年以上的固定资产贷款必须是获得国家批文的投资项目融资，且政府会对贷款投向提出严格要求（齐寅峰，2005），因此企业长期杠杆率的提高带来的更多是固定资产而非研发投资的增加。债务期限的缩短虽然会带来一定的偿债风险，并对企业财务稳健性与持续性造成负面影响（李建军、张丹俊，2016），但短期杠杆率的增加却能够为企业提供一定的外部资金从而减缓其融资约束（Fazzari et al，1988；Hoshi et al，1991），并使企业获得更多的流动资金以继续投资研发活动。此外，更多的短期杠杆率能够降低代理成本，并减少因股东与债权人冲突而引起的投资扭曲（Barclay & Smith，1995；Guedes & Opler，1996；Aivazian et al，2005b）。

债务来源方面，表 6-5 中的列（4）、列（5）显示，银行杠杆率与商业信用杠杆率的回归系数分别为 0.011 9 与 0.033 4，且均在 5%的统计水平上显著，即商业信用杠杆率的提高更能够促进企业研发投资占比的增大。相比银行信贷，利用商业信用借贷资金成本更低，使用方式更灵活。商业信用杠杆率的提升意味着企业在经营过程中形成的负债增多，此类负债通常与特定的交易行为相关，企业也不必为此类债务支付利息，并且还能在信用期内循环使用，这能够有效改善企业的融资约束进而促进其研发投资行为。

表 6-5　企业杠杆率变动对研发行为与投资行为选择的回归结果

变量	(1)	(2)	(3)	(4)	(5)
	RD_Inv	*RD_Inv*	*RD_Inv*	*RD_Inv*	*RD_Inv*
Lev	0.009 3				
	(0.007 9)				
Lev_short		0.026 7***			
		(0.007 9)			
Lev_long			-0.032 8***		
			(0.012 1)		
Lev_bank				0.011 9	
				(0.009 7)	

续表

变量	(1)	(2)	(3)	(4)	(5)
	RD_Inv	*RD_Inv*	*RD_Inv*	*RD_Inv*	*RD_Inv*
Lev_comm					0.033 4***
					(0.012 8)
常数项	-0.094 4	-0.093 3	-0.117 2	-0.106 0	-0.103 5
	(0.075 8)	(0.075 4)	(0.075 7)	(0.077 0)	(0.075 3)
观测值	20 196	20 196	20 074	17 898	20 196
R^2	0.052	0.052	0.053	0.052	0.052
样本企业数量	2 924	2 924	2 896	2 610	2 924
其他控制变量	控制	控制	控制	控制	控制
个体固定效应	控制	控制	控制	控制	控制
年份固定效应	控制	控制	控制	控制	控制

注：本表列举了部分控制变量的回归系数，其他控制变量的回归系数详见附录 2 附表 23。

*** 代表在 1%的统计水平上显著，括号中为标准误。

二、财务柔性与发展前景的调节效应分析

为进一步识别企业杠杆率提高对投资行为的影响，笔者接下来将分别从企业的财务柔性视角和发展前景视角分析其调节效应。如前文所述，财务柔性是指企业动用所持有的现金以及所保留的融资能力，抓住未来可能出现的投资机会或应对未来不确定事件冲击的能力。保持较好财务柔性的企业能够更好地抓住外部投资机会，进而改善企业的经营绩效（Bulan & Subramanian，2009）。从我国的经验来看，财务柔性的提升能够显著提高企业投资水平，对存在融资约束情况的企业而言尤其如此（陈红兵、连玉君，2013）。

本书分别采用拟合法和行业差值法的方式度量样本企业的财务柔性，并将其与杠杆率交乘，对方程（6-28）进行回归，结果如表 6-6 与表 6-7 所示。在表 6-6 的列（1）中，财务柔性与杠杆率的交乘项系数为 0.006 2，且在 5%的统计水平上显著，即对于财务柔性更好的企业来说，杠杆率的提高对其研发投资占比的正向作用更强，这验证了假说 6-2。就杠杆期限结构和来源结构而言，如列（2）和列（5）显示，财务柔性与企业短期杠杆率、商业信用杠杆率的交乘项回归系数分别为 0.008 4 和 0.026 8，且均在 1%的统计水平上显

著，这表明财务柔性更好的企业，短期杠杆率与商业信用杠杆率的提高对其扩大研发投资占比的作用更大，而长期杠杆率的作用则不明显。在列（3）和列（4）中，企业银行杠杆率与财务柔性指标的交乘项系数仅在5%的统计水平上显著，而长期杠杆率的回归系数则不显著。

表 6-6 财务柔性、杠杆率变动与研发行为：以拟合法方式度量的财务柔性

变量	(1)	(2)	(3)	(4)	(5)
	RD_Inv	*RD_Inv*	*RD_Inv*	*RD_Inv*	*RD_Inv*
Lev · Flex	0.006 2**				
	(0.002 5)				
Lev_short · Flex		0.008 4***			
		(0.002 8)			
Lev_long · Flex			0.000 7		
			(0.005 9)		
Lev_bank · Flex				0.007 1*	
				(0.004 2)	
Lev_comm · Flex					0.026 8***
					(0.005 0)
常数项	-0.093 5	-0.087 4	-0.130 3*	-0.100 9	-0.085 0
	(0.076 1)	(0.075 7)	(0.075 8)	(0.077 2)	(0.075 6)
观测值	20 143	20 143	20 028	17 882	20 143
R^2	0.052	0.053	0.053	0.053	0.054
样本企业数量	2 921	2 921	2 894	2 610	2 921
其他控制变量	控制	控制	控制	控制	控制
个体固定效应	控制	控制	控制	控制	控制
年份固定效应	控制	控制	控制	控制	控制

注：本表列举了部分控制变量的回归系数，其他控制变量的回归系数详见附录2附表24。

*、**、***分别代表在10%、5%、1%的统计水平上显著，括号中为标准误。

财务柔性更好的企业，具有更好的现金储备、更低的杠杆率以及更适宜的支付政策（Graham & Harvey，2001；Soenen，2003），因而其杠杆率的提高更多是基于投资的需求而非营运的需求。短期杠杆率与商业信用杠杆率提高的背后是企业获得了更多的流动性债务与商业信用，其具有更灵活的使用方式，并不限于投资特定项目，这就使企业得以扩大研发支出规模，增加研发投资占比。在表6-7的列（1）至列（5）中，笔者采取了行业差值法重新度量了企业财务柔性（*Flex*2），并同样对方程（6-28）进行了回归，实证结果与前文一致。

表6-7　财务柔性、杠杆率变动与研发行为：以行业差值法度量的财务柔性

变量	(1)	(2)	(3)	(4)	(5)
	RD_Inv	*RD_Inv*	*RD_Inv*	*RD_Inv*	*RD_Inv*
Lev·*Flex*2	0.008 7***				
	(0.002 8)				
Lev_short·*Flex*2		0.012 7***			
		(0.003 2)			
Lev_long·*Flex*2			0.003 8		
			(0.006 2)		
Lev_bank·*Flex*2				0.007 8*	
				(0.004 7)	
Lev_comm·*Flex*2					0.028 0***
					(0.005 5)
常数项	-0.093 2	-0.093 6	-0.113 0	-0.101 1	-0.106 8
	(0.075 9)	(0.075 4)	(0.075 8)	(0.077 0)	(0.075 4)
观测值	20 180	20 180	20 058	17 882	20 180
R^2	0.053	0.053	0.053	0.052	0.054
样本企业数量	2 924	2 924	2 896	2 610	2 924
其他控制变量	控制	控制	控制	控制	控制
个体固定效应	控制	控制	控制	控制	控制
年份固定效应	控制	控制	控制	控制	控制

注：本表列举了部分控制变量的回归系数，其他控制变量的回归系数详见附录2附表25。

*、***分别代表在10%、1%的统计水平上显著，括号中为标准误。

对企业发展前景的阐述，如前文所述，笔者同样采取了两种方式。对企业个体，采用逆向指标以“僵尸企业”来识别缺乏发展前景的企业；对企业所处行业，若其属于高新技术产业则识别为发展前景较好的企业。就“僵尸企业”而言，则以CHK法来识别样本中的“僵尸企业”，并生成虚拟变量

(*Zombie*)，再与杠杆率交乘，对方程（6-28）进行回归，结果如表 6-8 所示。在此表的列（1）中，“僵尸企业”与杠杆率的交乘项回归系数为-0.030 6，且在 1%的统计水平上显著，即对于“僵尸企业”而言，杠杆率的提高使其更多地向固定资产投资而非进行研发。从企业杠杆率结构来看，在列（3）和列（4)中，“僵尸企业”与长期杠杆率和银行杠杆率的交乘项回归系数分别为-0.090 8和-0.064 2，且均在 1%的统计水平上显著。即对于“僵尸企业”而言，短期债务对企业研发投资占比的正向作用消失，而长期杠杆率和银行杠杆率的提高则促使企业更多地向固定资产项目进行投资，这将进一步加深“僵尸企业”的产能过剩与资源错配问题。

就行业划分而言，笔者将样本企业划分为高新技术企业与非高新技术企业，并生成虚拟变量（*Tech*），再与杠杆率交乘，纳入回归方程，结果如表 6-9所示。在此表的列（1）中，高新技术企业与杠杆率的交乘项回归系数为 0.035 9，且在 1%的统计水平上显著。从企业杠杆率结构来看，在列（2）和列（5）中，高新技术企业与短期杠杆率和商业信用杠杆率的交乘项回归系数分别为 0.054 0 和 0.100 1，且均在 1%的统计水平上显著。这表明，对于发展前景较好的高新技术企业而言，杠杆率的提高（尤其是短期杠杆率与商业信用杠杆率的提高）能够促使企业更多地投资研发活动，这验证了假说 6-3。高新技术企业具有更多的投资机会和更广阔的投资前景，可以通过杠杆融资获得更多的社会资金，从而能够加大研发的投资占比，持续开展研发活动，促进技术水平的提高。

表 6-8 企业杠杆率变动对研发行为与投资行为选择的影响的异质性分析：“僵尸企业”

变量	(1)	(2)	(3)	(4)	(5)
	RD_Inv	*RD_Inv*	*RD_Inv*	*RD_Inv*	*RD_Inv*
Lev · Zombie	-0.030 6***				
	(0.007 6)				
Lev_short · Zombie		-0.004 2			
		(0.008 4)			
Lev_long · Zombie			-0.090 8***		
			(0.013 9)		
Lev_bank · Zombie				-0.064 2***	
				(0.010 8)	

续表

变量	(1)	(2)	(3)	(4)	(5)
	RD_Inv	*RD_Inv*	*RD_Inv*	*RD_Inv*	*RD_Inv*
Lev_comm·*Zombie*					0.050 1***
					(0.011 7)
常数项	-0.110 1	-0.102 2	-0.135 2*	-0.114 0	-0.105 4
	(0.076 1)	(0.075 7)	(0.075 9)	(0.077 0)	(0.075 6)
观测值	20 196	20 196	20 074	17 898	20 196
R^2	0.053	0.052	0.055	0.054	0.053
样本企业数量	2 924	2 924	2 896	2 610	2 924
其他控制变量	控制	控制	控制	控制	控制
个体固定效应	控制	控制	控制	控制	控制
年份固定效应	控制	控制	控制	控制	控制

注：本表列举了部分控制变量的回归系数，其他控制变量的回归系数详见附录 2 附表 26。

*、*** 分别代表在 10%、1%的统计水平上显著，括号中为标准误。

表 6-9　企业杠杆率变动对研发行为与投资行为选择的影响的异质性分析：高新技术企业

变量	(1)	(2)	(3)	(4)	(5)
	RD_Inv	*RD_Inv*	*RD_Inv*	*RD_Inv*	*RD_Inv*
Lev·*Tech*	0.035 9**				
	(0.016 9)				
Lev_short·*Tech*		0.054 0***			
		(0.018 2)			
Lev_long·*Tech*			-0.031 9		
			(0.032 9)		
Lev_bank·*Tech*				-0.052 0**	
				(0.024 9)	
Lev_comm·*Tech*					0.100 1***
					(0.027 2)
常数项	-0.086 6	-0.083 5	-0.119 4	-0.107 5	-0.090 9
	(0.075 9)	(0.075 4)	(0.075 8)	(0.076 9)	(0.075 4)

续表

变量	(1)	(2)	(3)	(4)	(5)
	RD_Inv	*RD_Inv*	*RD_Inv*	*RD_Inv*	*RD_Inv*
观测值	20 196	20 196	20 074	17 898	20 196
R^2	0. 052	0. 053	0. 053	0. 052	0. 053
样本企业数量	2 924	2 924	2 896	2 610	2 924
其他控制变量	控制	控制	控制	控制	控制
个体固定效应	控制	控制	控制	控制	控制
年份固定效应	控制	控制	控制	控制	控制

注：本表列举了部分控制变量的回归系数，其他控制变量的回归系数详见附录 2 附表 27。

** 、*** 分别代表在 5%、1%的统计水平上显著，括号中为标准误。

第五节　本章小结

有别于以往文献对杠杆率和企业投资行为的分析，本书从资产配置的视角出发，采用支出法同时描述了企业研发投资与固定资产投资的规模和结构变化，并引入企业财务柔性和发展前景的考量，分析了杠杆率变动对企业投资选择的影响。

基于 2007—2017 年我国沪深两市 A 股上市公司的财务数据，本章分析了企业杠杆率变动与其经营资产配置的关系。研究发现，低杠杆率下，企业杠杆率的提高会促使其扩大固定资产和研发投资的规模，这一作用对东部地区企业和非国有企业更为显著。此外，对于财务柔性更强、发展前景更好的企业来说，杠杆率的提高能够增加其研发投入占比，即开展更多用于提升企业技术水平的研发活动，而非在固定资产方面扩大投资规模。进一步研究发现，短期杠杆率与商业信用杠杆率的提高有助于财务柔性较好的企业进一步扩大研发投资占比，而对于发展前景不佳的“僵尸企业”而言，长期杠杆率和银行杠杆率的提高反而促使其进一步扩大固定资产投资，从而加剧产能过剩问题。

本章的政策建议在于，去杠杆应当分企业、分地区对待，切勿采取“一刀切”的形式降杠杆。对于过度融资、杠杆率偏高、产能过剩或前景不好的企业，政府部门要引导并督促其压缩负债规模，或通过合理手段降低风险。同时，要引导资金更多投入创新型经济，并给优质及前景较好的企业以更大的杠杆率调整空间和自由度，使其能够更好地利用社会资金，激励其开展研发活动，使金融更好地为实体经济服务。

第七章　研究结论与政策建议

自2008年我国推出“4万亿”经济刺激计划后，金融部门和非金融企业部门的杠杆率均呈现上升状态，经济过度金融化、产业空心化和系统性金融风险集聚等问题不断凸显。“三去一降一补”政策提出以后，杠杆率有所下降。然而，盲目降杠杆带来的资源错配、实体投资下滑以及中小企业融资难等问题也逐渐凸显，从而弱化了“去杠杆”的政策效果。笔者认为，在经济下行过程中，为微观企业提供必要的流动性以使经济回暖是有必要的，重点是要考察企业将获取的杠杆用在了何处，即考察企业是如何配置其资产的，是更多配置于金融资产还是经营资产。

微观杠杆率本质上反映的是企业利用外部资源的一种能力，适宜的杠杆率不仅有利于企业实现快速发展，而且有利于社会资源的有效配置。与之相对，若大量信贷资金等资源被低效企业长期占用，则不仅会积累债务风险，而且也难以实现产业升级和经济的高质量发展。实际上，企业的固定资产投资、研发投资与金融投资本身并无高低之分、优劣之别，对投资行为的选择是企业根据自身特点而作出的最优决策。然而，当微观层面的投资选择加总到宏观层面时，“结构”问题也就显现出来了，并体现在不同类型的企业当中。经济的高质量发展要求我们加快推进新旧动能转换，巩固“三去一降一补”的成果，培育新兴产业，改造提升传统产业。从需求层面看，就是要引导、支持更多的企业增加研发投入；从供给层面看，当前的一个突出问题仍然是信贷资源配置的结构性矛盾，一部分低效企业将其很容易就得到的信贷资源浪费在过度扩张上，而另一部分企业则始终“嗷嗷待哺”。这就需要金融部门扮演好服从服务于实体经济的角色，将金融资源重新配置到高效益生产部门，以提高质量，增加效率，真正优化金融资源的配置效率。

第一节 研究结论

第一，研究发现，金融周期与非金融企业杠杆率之间存在正向关系，这一影响在考虑时滞的情况下仍然存在。金融周期将通过银行的信贷渠道与资产负债表渠道两种机制作用于企业杠杆率。前者表现为，金融周期的上行会带来信贷规模的扩张、银行资产负债表的改善、信贷审批的放松以及借贷利率的下降，从而使原本受融资约束的企业也能够获得贷款，提高杠杆率；后者表现为，金融周期上行所带来的资产价格提升能够改善企业的资产负债表，提高其抵押能力，使企业更容易通过银行审核并获得贷款，从而提高杠杆率。此外，“债务-通缩”机制的存在也会降低企业债务的实际负担，从而促使企业提高杠杆率。实证结果显示，金融周期对企业杠杆率的正向影响在规模较小、融资能力差以及非国有企业的分组中更为显著，这验证了金融周期通过银行信贷渠道对企业杠杆率的影响。此外，配置较多金融资产和进行房地产投资的企业，金融周期对其杠杆率的影响更为显著，这验证了金融周期通过资产负债表渠道对企业杠杆率的影响。进一步研究发现，金融周期对企业不同维度杠杆率的影响存在一定差异，金融周期更多影响的是企业的长期杠杆率、银行杠杆率以及商业信用杠杆率，而非短期杠杆率。此外，实证研究结果还表明，金融周期波动的加剧对企业杠杆率存在负向影响，并主要体现在企业的短期杠杆率与商业信用杠杆率等方面。

第二，考虑到我国非金融企业杠杆率的分化问题，本书从银行信贷歧视视角分析了国有企业和非国有企业的杠杆分化现象。研究发现，银行信贷歧视将加剧国有企业和非国有企业的杠杆分化程度，并且这种效应存在企业和地区层面的异质性。银行基于风险与收益的权衡，更倾向于为存在政府显性或隐性担保、抵押品价值较高和有政企关系的国有企业放贷，而民营企业则长期处于流动性约束之中，从而造成国有企业和非国有企业杠杆率的分化。实证研究结果表明，银行信贷歧视与国有企业和非国有企业杠杆分化之间的正向关系在存在政企关联、政府补贴的企业中，以及在经济资源市场化配置程度较低、政府执行效率较低和融资成本较高的地区中更为显著。此外，货币政策作为政府部门的重要调控手段，会通过信贷规模和融资成本作用于企业的投融资行为。实证研究结果表明，货币政策紧缩程度的提高会进一步加剧国有企业和非国有企业之间的杠杆分化现象，而货币政策适度性、银行家信心指数和央行沟通有效性的提高，则在一定程度上能够缓解紧缩性货币政策与国有企业和非国有企业杠杆分化之间的正向关系。

第三，本书通过构建一个包含企业流动性金融资产配置与非流动性金融资产配置的三期模型，根据理论分析得出企业金融资产配置与杠杆率存在非线性关系。实证研究结果表明，杠杆率变动与流动性金融资产配置表现为正 U 形关系。随着杠杆率的提高，企业的流动性金融资产配置表现为先减小后增大，即对流动性金融资产的配置，企业更多是基于“蓄水池”的动机，通过配置流动性较强的金融资产以应对外部的不确定性与流动性冲击。与之相反，企业杠杆率与非流动性金融资产的配置则表现为倒 U 形关系，随着杠杆率的提高，企业非流动性金融资产的配置表现为先增大后减小，这更多是基于其“投资替代”的动机。此外，企业所面临的内外部风险、融资环境以及全要素生产率的差异均会影响企业的金融资产配置。当企业外部风险增加时，会促使企业在低杠杆率时增大流动性金融资产配置以应对不确定性风险；而企业内部风险的增加，则会使企业减少非流动性金融资产的配置从而规避金融资产本身所带来的额外风险。外部融资环境与自身融资能力的恶化，又会使企业更多出于“蓄水池”的动机而增加流动性金融资产的配置。此外，全要素生产率的提高则会使企业更专注于主营业务而减少非流动性金融资产的配置，即表现为更弱的金融化倾向。

第四，有别于以往文献对企业杠杆率与投资行为的分析，本书从资产配置视角出发，采用支出法同时描述了企业研发投资与固定资产投资的规模和结构变化，并引入企业财务柔性和发展前景的考量，分析了杠杆率变动对企业投资选择的影响。通过构建一个包含企业固定资产投资与研发投资的三期模型，根据理论分析得出企业杠杆率变动与其经营资产配置和研发投资之间的关系。实证研究结果表明，低杠杆率下，杠杆率的提高会促使企业增加固定资产和研发投资的规模，这一作用对东部地区企业和非国有企业更为显著。此外，对于财务柔性更强、发展前景更好的企业，杠杆率的提高能够增加此类企业的研发投入占比，即开展更多能够提升企业技术水平的研发活动。进一步研究发现，短期杠杆率与商业信用杠杆率的提高有助于财务柔性较好的企业进一步扩大研发投资占比，而对于发展前景不佳的“僵尸企业”来说，长期杠杆率和银行杠杆率的提高反而会促使其进一步扩大固定资产投资，从而加剧产能过剩问题。

第二节　政策建议

结合理论分析与实证分析所得出的研究结论，笔者提出以下政策建议。

第一，在结构性去杠杆的过程中不仅要关注企业的负债端，而且要关注企业的资产端，尤其是要关注那些配置较多房地产及金融资产的企业。金融周期上行所带来的资产价格上涨虽然能够提高企业的抵押能力，但是金融周期的波动亦会给银行和金融体系带来风险。在金融周期的上行阶段，要强化银行等金融机构的授信约束，避免过度授信，防止企业杠杆率超出合理水平，同时还需要加强贷前审查以及对企业资金用途的考察。在金融周期的下行阶段，银行应对缩减优质民营企业的信贷持谨慎态度，并应提高信贷资源分配的市场化程度，以免增加受融资约束企业的债务压力。对于企业而言，在日常经营中，应更多突出主营业务，克服盲目扩张和粗放经营，尤其是要谨慎配置房地产与金融资产。

第二，商业银行应基于市场化原则，根据实际需求为企业提供信贷服务，并消除信贷歧视行为，从而抑制因金融资本在不同经济主体之间错配而引发的国有企业和非国有企业杠杆分化现象。首先，对于存在政企关联、政府补贴的企业而言，应破除政府兜底的幻觉，硬化企业预算约束，并推进杠杆率风险的市场化分担。银行也应基于市场化考量，客观、合理地为企业授信。其次，要进一步推进政府治理能力现代化建设，提高行政效率，简化流程手续，在充分发挥市场起决定性作用的基础上，更好地发挥政府服务、支撑的作用，从而提高经济资源配置效率，不断完善实体投资环境。最后，还应提高货币政策与经济增长和金融结构之间的协调性，增强货币政策适度性，从而使银行能够根据实际融资需求为企业提供贷款，并减缓“短贷长投”行为。此外，还要加强央行沟通的有效性，发挥其在加强公众信任和稳定市场预期方面的作用，从而降低政策不确定性对经济平稳增长的不利影响。

第三，应区别看待企业不同动机与不同类型的金融资产配置，对微观企业杠杆率的关注应更加聚焦于企业增加杠杆后投资行为的差异。使金融回归本源，服从服务于实体经济，是党中央和习近平总书记提出的金融治理原则。实体经济过分虚拟化，不利于经济可持续发展与资金的有效配置；如果对金融资产一味排斥，也不利于企业合理运作资金，回应内外环境的变化。应积极引导企业合理利用金融工具，配置流动性金融资产，以应对外部不确定性和流动性风险，同时健全金融市场制度，减少对金融资产的交易限制，提高金融资产的流动性，使金融资产价格能够充分反映市场信息。此外，应鼓励金融机构设计开发多种金融产品以满足企业的差异性需求，尤其是与经营活动相关、能够对冲市场风险或平抑远期资产价格和汇率波动的金融产品，以满足企业利用金融资产规避风险的需求。与此同时，要强化企业的财务报表披露机制，谨防企业过度金融投资，引导企业聚焦主营业务。此外，还要加强银行监管，要求银行在放贷时对企业的实体经济投资项目进行持续监督，以保证资金的合理使用，并不断完善金融服务环境与实体投资环境，从而抑制产业空心化，防范系统性金融风险，促进经济长期、平稳发展。

第四，引导资金定向支持实体经济，给企业以适度的杠杆空间，使金融更好地服务经济。去杠杆应遵循有序开展的原则，充分考虑不同类型行业和企业的杠杆特征。首先，对过度融资、杠杆率偏高、产能过剩或发展前景欠佳的企业，政府部门要引导并督促其压缩负债规模，通过合理手段降低风险，并应逐步淘汰化解落后产能，清理“僵尸企业”，实现优胜劣汰和产业重组，从而减少无效的资源占用，有效提高资源配置效率。其次，要区别看待企业不同维度杠杆率的变动。由经营活动而产生的商业信用杠杆率的增加是企业强大的上下游资源整合能力的表现，这有助于企业利用外部资金更好地开展经营活动。在“去杠杆”的政策操作中，应渐进式地、谨慎地削减企业短期杠杆，以免放大企业的流动性风险，对其经营活动造成负面影响。同时，还应积极拓宽股权融资渠道，并加快健全和完善多层次股权市场建设，以优化企业资产负债表结构。最后，对杠杆率适度、具有财务柔性、发展前景较好的企业，应给予一定的信贷支持和适度的杠杆空间。应引导企业开展精益化经营，优化产业链布局，加强对企业研发和创新活动的支持，以提高其技术水平，使之更加专注于主营业务的经营与投资，更好地体现金融为实体经济服务的使命。

附录 1

附录 1-1

为确保式（5-5）中的 α 处于［0，1］，则需要有：

$$\frac{D - X_L}{I_0} \leqslant r_M \Leftrightarrow I_0 \geqslant \frac{D - X_L}{r_M} \tag{1}$$

其中：

$$\tilde{r}_1 = 0,\ \alpha = \frac{D - X_L}{\beta I_{iL}} \leqslant 1 \Leftrightarrow I_{iL} \geqslant \frac{D - X_L}{\beta} \Leftrightarrow I_0 \leqslant W - \frac{D - X_L}{\beta} \tag{2}$$

综上所述，需要确保如下条件：

$$\frac{D - X_L}{r_M} \leqslant I_0 \leqslant W - \frac{D - X_L}{\beta} \tag{3}$$

$$I_0 \geqslant \frac{D - X_L}{r_M}:\ R_{iL} \leqslant \frac{\pi}{4} \frac{(r_M)^2}{1 - \frac{1 - \pi}{2\beta} r_M}$$

$$I_{iL} \geqslant \frac{D - X_L}{\beta}:\ D - X_L \leqslant \frac{W}{\frac{1}{\beta} + \sqrt{\frac{(1 - \pi)\left(\frac{R_{iL}}{2\beta_{NM}} - \frac{1}{4}\right)}{R_{iL} - \frac{(r_A)^2}{4}}}} \tag{4}$$

附录 1-2

对于下式：

$$SV(\tilde{x}_1 = X_L) = X_2 - D + \frac{1}{r_M}\int_{\frac{D-X_L}{I_B}}^{r_M}\left[R_{iL}I_{iL} + \frac{r_M}{2}(X_L - D + \tilde{r}_1 I_0)\right] \mathrm{d}\tilde{r}_1 + \frac{1}{r_M}\int_0^{\frac{D-X_L}{I_0}}(1-\alpha)R_{iL}I_{iL}\mathrm{d}\tilde{r}_1 \tag{1}$$

可计算积分：

$$\frac{1}{r_M}\int_{\frac{D-x_L}{I_0}}^{r_M}\left[R_{iL}I_{iL} + \frac{r_M}{2}(X_L - D + \tilde{r}_1 I_0)\right]\mathrm{d}\tilde{r}_1 = \left(1 - \frac{D-X_L}{r_M I_0}\right)R_{iL}I_{iL} + \frac{(r_M)^2}{4}I_0\left(1 - \frac{D-X_L}{r_M I_0}\right)^2 \tag{2}$$

$$\begin{aligned}\frac{1}{r_M}\int_0^{\frac{D-X_L}{I_0}}(1-\alpha)R_{iL}I_{iL}\mathrm{d}\tilde{r}_1 &= \frac{R_{iL}I_{iL}}{r_M}\int_0^{\frac{D-X_L}{I_0}}\left(1 - \frac{D-X_L}{\beta I_{iL}} + \frac{\tilde{r}_1 I_0}{\beta I_{iL}}\right)\mathrm{d}\tilde{r}_1 \\ &= R_{iL}I_{iL}\left(1 - \frac{D-X_L}{\beta I_{iL}}\right)\frac{D-X_L}{r_M I_0} + \frac{R_{iL}}{r_M}\frac{(D-X_L)^2}{2\beta I_0}\end{aligned} \tag{3}$$

即可得到：

$$SV(\tilde{x}_1 = X_L) = X_2 - D + R_{iL}(W - I_0) - \frac{(D-X_L)^2}{\beta r_M I_0}R_{iL} + \frac{(r_M)^2}{4I_0}\left(I_0 - \frac{D-X_L}{r_M}\right)^2 + \frac{R_{iL}}{r_M}\frac{(D-X_L)^2}{2\beta I_0} \tag{4}$$

附录 2

附表 1　金融周期对企业不同维度杠杆率的影响

变量	(1)	(2)	(3)	(4)	(5)
	Lev2	*Lev_short*	*Lev_long*	*Lev_bank*	*Lev_comm*
FC	0.001 1**	0.000 1	0.000 2***	0.000 1***	0.000 1***
	(0.000 5)	(0.000 1)	(0.000 0)	(0.000 0)	(0.000 0)
Size	0.460 7***	0.033 9***	0.043 5***	0.030 7***	0.015 3***
	(0.006 3)	(0.000 9)	(0.000 6)	(0.000 5)	(0.000 6)
ROA	−5.833 8***	−0.712 4***	−0.249 9***	−0.153 1***	−0.181 3***
	(0.096 5)	(0.013 4)	(0.008 6)	(0.007 7)	(0.008 9)
Sales_g	0.060 1***	0.011 6***	−0.000 2	0.001 4***	0.008 7***
	(0.004 2)	(0.000 6)	(0.000 4)	(0.000 3)	(0.000 4)
SOE_r	−0.452 3***	−0.067 3***	−0.019 9***	−0.005 7***	−0.021 2***
	(0.021 6)	(0.003 0)	(0.001 9)	(0.001 7)	(0.001 9)
Tangible	0.758 6***	0.066 1***	−0.024 0***	−0.017 7***	0.141 4***
	(0.045 1)	(0.006 3)	(0.004 0)	(0.003 6)	(0.004 3)
NDTS	−1.097 3***	−0.418 6***	0.216 4***	0.122 4***	−0.494 3***
	(0.121 2)	(0.016 9)	(0.010 8)	(0.009 5)	(0.011 3)
INDI	0.048 8	−0.009 7	−0.005 6	−0.002 5	0.008 3
	(0.071 3)	(0.009 9)	(0.006 4)	(0.005 6)	(0.006 5)
Manager	−0.202 3***	−0.089 3***	0.012 7***	−0.000 9	−0.047 1***
	(0.044 9)	(0.006 3)	(0.004 0)	(0.003 7)	(0.004 1)
CAPI	−0.014 9***	−0.002 5***	0.006 0***	0.005 1***	−0.003 4***
	(0.004 6)	(0.000 6)	(0.000 4)	(0.000 4)	(0.000 4)

续表

变量	(1)	(2)	(3)	(4)	(5)
	Lev2	*Lev_short*	*Lev_long*	*Lev_bank*	*Lev_comm*
常数项	-9.106 8***	-0.330 2***	-0.922 8***	-0.653 6***	-0.235 3***
	(0.155 0)	(0.021 6)	(0.013 9)	(0.012 3)	(0.014 4)
观测值	77 938	77 938	77 632	72 316	73 666
R^2	0.121	0.080	0.147	0.083	0.068
样本企业数量	2 974	2 974	2 956	2 742	2 840
个体固定效应	控制	控制	控制	控制	控制
季度固定效应	控制	控制	控制	控制	控制
年份固定效应	控制	控制	控制	控制	控制

注：**、*** 分别代表在5%、1%的统计水平上显著，括号中为标准误。

附表 2　金融周期对异质性企业杠杆率变动的影响：信贷渠道

变量	(1)	(2)	(3)	(4)	(5)	(6)
	Lev	*Lev*	*Lev*	*Lev*	*Lev*	*Lev*
	规模更大	规模更小	高销售额	低销售额	国有企业	非国有企业
FC	0. 000 1 *	0. 000 3 ***	0. 000 2 **	0. 000 3 ***	0. 000 2 *	0. 000 4 ***
	(0. 000 1)	(0. 000 1)	(0. 000 1)	(0. 000 1)	(0. 000 1)	(0. 000 1)
Size	0. 081 5 ***	0. 091 3 ***	0. 074 1 ***	0. 080 7 ***	0. 074 0 ***	0. 079 1 ***
	(0. 001 4)	(0. 001 8)	(0. 001 3)	(0. 001 6)	(0. 001 3)	(0. 001 3)
ROA	−0. 844 0 ***	−0. 850 7 ***	−0. 929 0 ***	−0. 914 0 ***	−1. 039 9 ***	−0. 836 2 ***
	(0. 018 0)	(0. 019 2)	(0. 017 8)	(0. 020 1)	(0. 019 4)	(0. 019 0)
Sales_g	0. 011 7 ***	0. 011 6 ***	0. 009 8 ***	0. 009 5 ***	0. 014 9 ***	0. 008 8 ***
	(0. 000 7)	(0. 000 9)	(0. 000 8)	(0. 000 9)	(0. 000 9)	(0. 000 8)
SOE_r	−0. 068 5 ***	−0. 101 4 ***	−0. 062 6 ***	−0. 103 2 ***	−0. 076 1 ***	−0. 232 4 ***
	(0. 003 5)	(0. 005 2)	(0. 003 5)	(0. 005 3)	(0. 003 2)	(0. 021 1)
Tangible	0. 065 0 ***	−0. 011 3	0. 097 8 ***	0. 030 1 ***	0. 046 7 ***	0. 053 7 ***
	(0. 009 8)	(0. 009 8)	(0. 009 9)	(0. 009 1)	(0. 012 0)	(0. 008 0)
NDTS	−0. 141 9 ***	−0. 125 8 ***	−0. 367 3 ***	−0. 090 0 ***	−0. 128 0 ***	−0. 171 7 ***
	(0. 024 8)	(0. 024 2)	(0. 029 3)	(0. 022 3)	(0. 023 8)	(0. 024 8)
INDI	−0. 023 4 *	0. 056 8 ***	−0. 043 9 ***	0. 020 8	−0. 069 7 ***	0. 036 4 **
	(0. 012 4)	(0. 015 5)	(0. 012 4)	(0. 015 6)	(0. 013 6)	(0. 015 0)
Manager	−0. 044 2 ***	−0. 056 0 ***	−0. 051 0 ***	−0. 052 7 ***	−0. 578 6 ***	−0. 044 2 ***
	(0. 010 9)	(0. 008 5)	(0. 010 1)	(0. 008 7)	(0. 074 9)	(0. 006 6)
CAPI	0. 005 6 ***	0. 004 5 ***	0. 004 3 ***	0. 004 5 ***	−0. 000 2	0. 006 9 ***
	(0. 000 9)	(0. 001 0)	(0. 000 9)	(0. 001 0)	(0. 001 0)	(0. 000 9)
常数项	−1. 392 4 ***	−1. 546 1 ***	−1. 216 1 ***	−1. 367 6 ***	−1. 096 1 ***	−1. 381 4 ***
	(0. 034 7)	(0. 041 8)	(0. 032 5)	(0. 036 9)	(0. 032 8)	(0. 030 8)
观测值	40 723	35 791	40 243	37 695	34 585	42 393
R^2	0. 153	0. 153	0. 154	0. 147	0. 185	0. 169
样本企业数量	1 890	2 165	2 048	2 346	1 098	1 997
个体固定效应	控制	控制	控制	控制	控制	控制
季度固定效应	控制	控制	控制	控制	控制	控制
年份固定效应	控制	控制	控制	控制	控制	控制

注：*、**、*** 分别代表在 10%、5%、1%的统计水平上显著，括号中为标准误。

附表 3A　金融周期对异质性企业不同维度杠杆率的影响：基于企业规模的分组

变量	(1)	(2)	(3)	(4)	(5)	(6)	(7)	(8)
	Lev_short		*Lev_long*		*Lev_bank*		*Lev_comm*	
	规模更大	规模更小	规模更大	规模更小	规模更大	规模更小	规模更大	规模更小
FC	-0.000 0	0.000 1	0.000 1**	0.000 2***	0.000 1**	0.000 1***	0.000 1	0.000 2***
	(0.000 1)	(0.000 1)	(0.000 1)	(0.000 1)	(0.000 0)	(0.000 0)	(0.000 1)	(0.000 1)
Size	0.028 0***	0.056 9***	0.051 4***	0.034 7***	0.032 1***	0.027 8***	0.011 0***	0.027 8***
	(0.001 4)	(0.001 7)	(0.001 0)	(0.001 0)	(0.000 9)	(0.000 9)	(0.001 0)	(0.001 1)
ROA	-0.555 0***	-0.686 1***	-0.286 6***	-0.168 8***	-0.183 9***	-0.092 2***	-0.085 8***	-0.206 7***
	(0.018 3)	(0.018 7)	(0.013 1)	(0.010 9)	(0.011 4)	(0.009 8)	(0.012 5)	(0.011 9)
Sales_g	0.010 7***	0.014 0***	0.000 9*	-0.002 5***	0.002 3***	-0.001 2***	0.008 4***	0.009 0***
	(0.000 7)	(0.000 9)	(0.000 5)	(0.000 5)	(0.000 5)	(0.000 4)	(0.000 5)	(0.000 6)
SOE_r	-0.050 6***	-0.078 5***	-0.019 0***	-0.024 9***	-0.010 9***	-0.000 3	-0.019 1***	-0.035 0***
	(0.003 5)	(0.005 1)	(0.002 5)	(0.002 9)	(0.002 1)	(0.002 6)	(0.002 4)	(0.003 1)
Tangible	0.103 7***	0.036 2***	-0.042 6***	-0.048 2***	-0.019 0***	-0.041 2***	0.134 8***	0.156 3***
	(0.009 9)	(0.009 5)	(0.007 1)	(0.005 5)	(0.006 3)	(0.005 1)	(0.007 0)	(0.006 3)
NDTS	-0.351 6***	-0.292 5***	0.214 2***	0.157 3***	0.097 9***	0.101 5***	-0.447 5***	-0.420 7***
	(0.025 2)	(0.023 6)	(0.018 1)	(0.013 7)	(0.015 5)	(0.012 3)	(0.017 5)	(0.015 4)
INDI	0.009 2	0.028 6*	-0.027 6***	0.024 5***	-0.021 3***	0.039 9***	0.015 9*	0.013 0
	(0.012 6)	(0.015 1)	(0.009 1)	(0.008 8)	(0.007 8)	(0.007 9)	(0.008 6)	(0.009 6)
Manager	-0.049 4***	-0.075 9***	0.005 3	0.020 5***	0.001 2	0.005 4	-0.048 4***	-0.038 8***
	(0.011 0)	(0.008 3)	(0.007 9)	(0.004 8)	(0.007 1)	(0.004 5)	(0.007 6)	(0.005 3)
CAPI	0.002 3***	-0.000 5	0.003 5***	0.004 5***	0.003 5***	0.002 7***	-0.002 3***	-0.000 0
	(0.000 9)	(0.001 0)	(0.000 6)	(0.000 6)	(0.000 5)	(0.000 5)	(0.000 6)	(0.000 6)
常数项	-0.303 2***	-0.836 4***	-1.043 2***	-0.708 0***	-0.654 3***	-0.561 3***	-0.141 0***	-0.568 0***
	(0.035 3)	(0.040 8)	(0.025 4)	(0.023 9)	(0.021 9)	(0.021 7)	(0.024 2)	(0.026 6)
观测值	40 723	35 791	40 687	35 526	38 660	32 309	39 036	33 283
R^2	0.052	0.102	0.124	0.087	0.066	0.054	0.049	0.081
样本企业数量	1 890	2 165	1 887	2 150	1 814	1 945	1 846	2 035
个体固定效应	控制	控制	控制	控制	控制	控制	控制	控制
季度固定效应	控制	控制	控制	控制	控制	控制	控制	控制
年份固定效应	控制	控制	控制	控制	控制	控制	控制	控制

注：*、**、*** 分别代表在 10%、5%、1%的统计水平上显著，括号中为标准误。

附表 3B　金融周期对异质性企业不同维度杠杆率的影响：基于销售额差异的分组

变量	(1)	(2)	(3)	(4)	(5)	(6)	(7)	(8)
	Lev_short		*Lev_long*		*Lev_bank*		*Lev_comm*	
	高销售额	低销售额	高销售额	低销售额	高销售额	低销售额	高销售额	低销售额
FC	0.000 0	0.000 1	0.000 1**	0.000 3***	0.000 1**	0.000 2***	0.000 1	0.000 2***
	(0.000 1)	(0.000 1)	(0.000 1)	(0.000 1)	(0.000 0)	(0.000 0)	(0.000 1)	(0.000 1)
Size	0.025 2***	0.032 9***	0.046 9***	0.047 3***	0.032 6***	0.035 0***	0.008 1***	0.012 0***
	(0.001 3)	(0.001 5)	(0.000 9)	(0.000 9)	(0.000 8)	(0.000 9)	(0.000 9)	(0.000 9)
ROA	−0.670 2***	−0.706 2***	−0.257 5***	−0.214 0***	−0.158 5***	−0.133 4***	−0.165 4***	−0.199 8***
	(0.018 2)	(0.019 5)	(0.012 5)	(0.012 0)	(0.010 8)	(0.011 0)	(0.012 8)	(0.011 9)
Sales_g	0.009 5***	0.010 1***	0.000 3	−0.000 8	0.001 9***	0.000 5	0.008 9***	0.005 7***
	(0.000 8)	(0.000 9)	(0.000 5)	(0.000 6)	(0.000 5)	(0.000 5)	(0.000 5)	(0.000 5)
SOE_r	−0.050 2***	−0.076 6***	−0.013 8***	−0.028 9***	−0.008 2***	−0.005 7**	−0.019 2***	−0.026 0***
	(0.003 6)	(0.005 1)	(0.002 5)	(0.003 1)	(0.002 1)	(0.002 8)	(0.002 5)	(0.003 0)
Tangible	0.147 5***	0.020 1**	−0.052 2***	0.005 3	−0.026 2***	−0.006 1	0.190 0***	0.115 4***
	(0.010 0)	(0.008 8)	(0.006 9)	(0.005 5)	(0.006 1)	(0.005 0)	(0.007 3)	(0.005 5)
NDTS	−0.609 4***	−0.276 1***	0.244 4***	0.170 8***	0.111 9***	0.086 4***	−0.652 5***	−0.378 2***
	(0.029 9)	(0.021 6)	(0.020 6)	(0.013 3)	(0.017 4)	(0.012 0)	(0.021 3)	(0.013 4)
INDI	−0.000 8	−0.011 7	−0.039 3***	0.027 1***	−0.033 0***	0.031 9***	0.018 2**	0.000 3
	(0.012 7)	(0.015 1)	(0.008 7)	(0.009 3)	(0.007 4)	(0.008 4)	(0.008 8)	(0.009 1)
Manager	−0.051 8***	−0.071 4***	0.000 4	0.019 5***	0.005 7	−0.000 5	−0.045 3***	−0.031 9***
	(0.010 3)	(0.008 4)	(0.007 1)	(0.005 2)	(0.006 4)	(0.004 8)	(0.007 3)	(0.005 1)
CAPI	0.000 2	−0.001 4	0.004 4***	0.005 3***	0.003 5***	0.004 1***	−0.004 2***	−0.001 4**
	(0.000 9)	(0.001 0)	(0.000 6)	(0.000 6)	(0.000 5)	(0.000 5)	(0.000 6)	(0.000 6)
常数项	−0.224 8***	−0.315 9***	−0.947 2***	−1.024 4***	−0.658 5***	−0.751 4***	−0.087 5***	−0.196 8***
	(0.033 1)	(0.035 7)	(0.022 8)	(0.022 1)	(0.019 6)	(0.020 2)	(0.023 4)	(0.022 2)
观测值	40 243	37 695	40 199	37 433	37 990	34 326	38 674	34 992
R^2	0.068	0.075	0.135	0.127	0.075	0.077	0.066	0.055
样本企业数量	2 048	2 346	2 044	2 329	1 947	2 131	1 997	2 219
个体固定效应	控制	控制	控制	控制	控制	控制	控制	控制
季度固定效应	控制	控制	控制	控制	控制	控制	控制	控制
年份固定效应	控制	控制	控制	控制	控制	控制	控制	控制

注：** 、*** 分别代表在 5%、1%的统计水平上显著，括号中为标准误。

附表 4　金融周期对异质性企业杠杆率变动的影响：资产负债表渠道

变量	(1)	(2)	(3)	(4)	(5)	(6)
	Lev	*Lev*	*Lev*	*Lev*	*Lev*	*Lev*
	高有形资产	低有形资产	高投资性房地产	低投资性房地产	高金融资产	低金融资产
FC	0.000 3***	0.000 2**	0.000 3***	−0.000 0	0.000 4***	0.000 1
	(0.000 1)	(0.000 1)	(0.000 1)	(0.000 2)	(0.000 1)	(0.000 1)
Size	0.081 8***	0.082 2***	0.077 2***	0.083 6***	0.074 0***	0.078 6***
	(0.001 3)	(0.001 3)	(0.001 5)	(0.002 1)	(0.001 4)	(0.001 2)
ROA	−0.839 9***	−0.889 5***	−0.924 6***	−0.996 9***	−0.682 2***	−0.988 3***
	(0.018 3)	(0.018 8)	(0.021 3)	(0.037 6)	(0.019 0)	(0.018 6)
Sales_g	0.010 1***	0.011 1***	0.007 8***	0.008 6***	0.011 4***	0.009 0***
	(0.000 8)	(0.000 8)	(0.000 9)	(0.001 2)	(0.000 8)	(0.000 8)
SOE_r	−0.078 2***	−0.082 7***	−0.070 0***	−0.075 1***	−0.057 0***	−0.095 3***
	(0.004 1)	(0.004 4)	(0.004 5)	(0.007 7)	(0.004 5)	(0.004 2)
Tangible	0.269 4***	0.086 3***	0.068 4***	−0.011 4	−0.069 7***	0.156 9***
	(0.040 4)	(0.008 4)	(0.010 9)	(0.018 1)	(0.010 3)	(0.008 8)
NDTS	−0.152 9***	−0.115 4***	−0.235 9***	−0.323 2***	−0.369 6***	−0.199 3***
	(0.023 6)	(0.025 4)	(0.027 6)	(0.039 0)	(0.028 0)	(0.022 2)
INDI	−0.043 8***	0.046 8***	−0.047 8***	0.148 7***	0.014 6	0.013 8
	(0.014 1)	(0.013 8)	(0.015 2)	(0.029 1)	(0.015 0)	(0.013 6)
Manager	−0.094 9***	−0.043 5***	−0.096 1***	−0.075 6***	−0.062 1***	−0.040 3***
	(0.009 4)	(0.008 6)	(0.013 8)	(0.019 8)	(0.009 0)	(0.009 5)
CAPI	0.003 9***	0.007 2***	0.003 8***	−0.002 9*	0.006 0***	0.002 1**
	(0.000 9)	(0.001 0)	(0.000 9)	(0.001 5)	(0.000 9)	(0.000 9)
常数项	−1.577 9***	−1.465 8***	−1.254 3***	−1.256 1***	−1.171 3***	−1.332 9***
	(0.052 6)	(0.031 3)	(0.037 0)	(0.052 7)	(0.033 4)	(0.030 6)
观测值	37 096	39 430	30 356	10 184	36 774	39 731
R^2	0.168	0.173	0.150	0.238	0.155	0.169
样本企业数量	2 407	2 286	1 607	657	2 585	2 432
个体固定效应	控制	控制	控制	控制	控制	控制
季度固定效应	控制	控制	控制	控制	控制	控制
年份固定效应	控制	控制	控制	控制	控制	控制

注：*、**、*** 分别代表在 10%、5%、1%的统计水平上显著，括号中为标准误。

附表 5A　金融周期对异质性企业不同维度杠杆率的影响：基于投资性房地产持有的分组

变量	(1)	(2)	(3)	(4)	(5)	(6)	(7)	(8)
	Lev_short		*Lev_long*		*Lev_bank*		*Lev_comm*	
	高投资性房地产	低投资性房地产	高投资性房地产	低投资性房地产	高投资性房地产	低投资性房地产	高投资性房地产	低投资性房地产
FC	0.000 1	-0.000 1	0.000 2***	0.000 1	0.000 2***	0.000 1	0.000 2***	0.000 1
	(0.000 1)	(0.000 2)	(0.000 1)	(0.000 1)	(0.000 1)	(0.000 1)	(0.000 1)	(0.000 1)
Size	0.034 2***	0.032 5***	0.041 9***	0.049 5***	0.027 6***	0.035 0***	0.014 6***	0.016 7***
	(0.001 5)	(0.002 2)	(0.001 0)	(0.001 6)	(0.000 9)	(0.001 4)	(0.001 0)	(0.001 6)
ROA	-0.655 0***	-0.660 3***	-0.275 3***	-0.327 6***	-0.163 7***	-0.173 2***	-0.175 0***	-0.116 6***
	(0.021 2)	(0.039 1)	(0.014 5)	(0.027 8)	(0.013 0)	(0.025 5)	(0.014 5)	(0.029 6)
Sales_g	0.008 0***	0.009 3***	-0.000 3	-0.001 0	0.000 2	0.001 5*	0.005 4***	0.005 6***
	(0.000 9)	(0.001 3)	(0.000 6)	(0.000 9)	(0.000 5)	(0.000 8)	(0.000 6)	(0.000 9)
SOE_r	-0.048 3***	-0.055 5***	-0.024 7***	-0.021 0***	-0.009 2***	-0.006 7	-0.010 7***	-0.020 4***
	(0.004 5)	(0.008 0)	(0.003 0)	(0.005 6)	(0.002 7)	(0.005 0)	(0.003 0)	(0.005 9)
Tangible	0.079 5***	0.037 3**	-0.014 3*	-0.054 3***	0.011 4*	-0.081 3***	0.141 8***	0.174 3***
	(0.010 8)	(0.018 9)	(0.007 4)	(0.013 5)	(0.006 8)	(0.012 6)	(0.007 6)	(0.014 5)
NDTS	-0.505 6***	-0.400 8***	0.285 2***	0.053 5*	0.167 6***	0.002 7	-0.615 4***	-0.483 8***
	(0.027 5)	(0.040 6)	(0.018 7)	(0.028 8)	(0.016 6)	(0.026 0)	(0.018 8)	(0.031 1)
INDI	-0.039 1***	0.053 2*	-0.014 3	0.104 8***	-0.026 3***	0.127 2***	-0.019 2*	-0.029 1
	(0.015 2)	(0.030 3)	(0.010 4)	(0.021 5)	(0.009 2)	(0.019 8)	(0.010 2)	(0.022 7)
Manager	-0.100 1***	-0.141 8***	0.002 5	0.070 1***	-0.020 6**	0.064 7***	-0.056 2***	-0.086 1***
	(0.013 7)	(0.020 6)	(0.009 4)	(0.014 7)	(0.008 7)	(0.013 7)	(0.009 4)	(0.015 6)
CAPI	-0.000 1	-0.007 7***	0.003 6***	0.004 8***	0.005 3***	0.000 8	-0.000 5	-0.004 8***
	(0.000 9)	(0.001 6)	(0.000 6)	(0.001 1)	(0.000 6)	(0.001 1)	(0.000 6)	(0.001 2)
常数项	-0.351 9***	-0.198 9***	-0.869 9***	-1.021 9***	-0.616 8***	-0.657 4***	-0.244 7***	-0.243 1***
	(0.036 9)	(0.054 9)	(0.025 1)	(0.039 2)	(0.022 4)	(0.035 6)	(0.025 1)	(0.041 3)
观测值	30 356	10 184	30 272	10 103	28 160	9 589	28 593	9 464
R^2	0.083	0.088	0.116	0.173	0.061	0.103	0.073	0.081
样本企业数量	1 607	657	1 601	650	1 481	612	1 520	622
个体固定效应	控制	控制	控制	控制	控制	控制	控制	控制
季度固定效应	控制	控制	控制	控制	控制	控制	控制	控制
年份固定效应	控制	控制	控制	控制	控制	控制	控制	控制

注：*、**、*** 分别代表在 10%、5%、1%的统计水平上显著，括号中为标准误。

附表 5B　金融周期对异质性企业不同维度杠杆率的影响：基于金融资产持有的分组

变量	(1)	(2)	(3)	(4)	(5)	(6)	(7)	(8)
	Lev_short		*Lev_long*		*Lev_bank*		*Lev_comm*	
	高金融资产	低金融资产	高金融资产	低金融资产	高金融资产	低金融资产	高金融资产	低金融资产
FC	0.000 2**	−0.000 1	0.000 2***	0.000 2***	0.000 1**	0.000 2***	0.000 2***	0.000 1
	(0.000 1)	(0.000 1)	(0.000 1)	(0.000 1)	(0.000 0)	(0.000 1)	(0.000 1)	(0.000 1)
Size	0.036 9***	0.030 1***	0.037 2***	0.046 3***	0.023 4***	0.034 7***	0.010 5***	0.018 8***
	(0.001 3)	(0.001 3)	(0.000 8)	(0.000 9)	(0.000 7)	(0.000 8)	(0.000 9)	(0.000 8)
ROA	−0.498 5***	−0.747 9***	−0.186 8***	−0.239 2***	−0.095 1***	−0.143 4***	−0.156 1***	−0.165 8***
	(0.018 5)	(0.018 9)	(0.011 2)	(0.013 1)	(0.009 8)	(0.011 7)	(0.012 8)	(0.012 3)
Sales_g	0.011 6***	0.009 5***	−0.000 3	−0.000 7	0.001 0**	0.000 8*	0.008 8***	0.007 8***
	(0.000 8)	(0.000 8)	(0.000 5)	(0.000 5)	(0.000 4)	(0.000 5)	(0.000 6)	(0.000 5)
SOE_r	−0.034 5***	−0.088 8***	−0.024 3***	−0.011 4***	−0.010 7***	0.002 8	−0.014 4***	−0.025 4***
	(0.004 4)	(0.004 3)	(0.002 6)	(0.002 9)	(0.002 2)	(0.002 6)	(0.002 9)	(0.002 7)
Tangible	−0.027 8***	0.172 1***	−0.044 9***	−0.018 0***	−0.046 1***	−0.002 9	0.096 1***	0.200 4***
	(0.010 0)	(0.008 9)	(0.006 1)	(0.006 2)	(0.005 4)	(0.005 6)	(0.007 0)	(0.006 0)
NDTS	−0.555 2***	−0.409 0***	0.177 6***	0.188 3***	0.085 1***	0.097 7***	−0.585 1***	−0.472 1***
	(0.027 3)	(0.022 6)	(0.016 6)	(0.015 7)	(0.014 1)	(0.013 8)	(0.019 0)	(0.014 9)
INDI	0.006 7	0.044 8***	0.008 6	−0.033 7***	0.004 0	−0.025 9***	−0.011 1	0.032 1***
	(0.014 6)	(0.013 8)	(0.008 9)	(0.009 6)	(0.007 7)	(0.008 4)	(0.010 0)	(0.008 9)
Manager	−0.068 4***	−0.064 1***	0.007 0	0.024 1***	−0.003 7	0.008 9	−0.057 5***	−0.023 5***
	(0.008 8)	(0.009 7)	(0.005 3)	(0.006 7)	(0.004 7)	(0.006 2)	(0.006 0)	(0.006 3)
CAPI	0.000 9	−0.003 5***	0.004 8***	0.005 3***	0.004 1***	0.004 9***	0.000 3	−0.006 4***
	(0.000 9)	(0.000 9)	(0.000 6)	(0.000 6)	(0.000 5)	(0.000 6)	(0.000 6)	(0.000 6)
常数项	−0.397 3***	−0.311 7***	−0.769 7***	−0.964 1***	−0.467 9***	−0.738 5***	−0.138 0***	−0.328 9***
	(0.032 6)	(0.031 1)	(0.019 8)	(0.021 6)	(0.017 2)	(0.019 2)	(0.022 7)	(0.020 3)
观测值	36 774	39 731	36 577	39 625	33 652	37 318	34 541	37 781
R^2	0.075	0.086	0.144	0.119	0.063	0.081	0.058	0.084
样本企业数量	2 585	2 432	2 573	2 423	2 410	2 281	2 489	2 341
个体固定效应	控制	控制	控制	控制	控制	控制	控制	控制
季度固定效应	控制	控制	控制	控制	控制	控制	控制	控制
年份固定效应	控制	控制	控制	控制	控制	控制	控制	控制

注：*、**、*** 分别代表在 10%、5%、1%的统计水平上显著，括号中为标准误。

附表 6　金融周期与企业杠杆率变动的稳健性检验

变量	(1)	(2)	(3)	(4)	(5)	(6)
	Lev	*Lev*	*Lev*	*Lev*	*Lev*	*Lev*
L. FC	0.000 2***					
	(0.000 1)					
L2. FC		0.000 1***				
		(0.000 0)				
L3. FC			0.000 1			
			(0.000 1)			
L4. FC				-0.000 1		
				(0.000 1)		
FC2					0.000 1**	
					(0.000 1)	
FC_PCA						0.001 2**
						(0.000 5)
Size	0.078 6***	0.078 6***	0.078 6***	0.078 6***	0.078 6***	0.078 6***
	(0.000 9)	(0.000 9)	(0.000 9)	(0.000 9)	(0.000 9)	(0.000 9)
ROA	-0.959 4***	-0.958 5***	-0.958 9***	-0.958 3***	-0.958 7***	-0.958 8***
	(0.013 7)	(0.013 7)	(0.013 7)	(0.013 7)	(0.013 7)	(0.013 7)
Sales_g	0.011 6***	0.011 6***	0.011 6***	0.011 7***	0.011 6***	0.011 6***
	(0.000 6)	(0.000 6)	(0.000 6)	(0.000 6)	(0.000 6)	(0.000 6)
SOE_r	-0.084 9***	-0.084 8***	-0.084 8***	-0.084 9***	-0.084 9***	-0.084 9***
	(0.003 1)	(0.003 1)	(0.003 1)	(0.003 1)	(0.003 1)	(0.003 1)
Tangible	0.045 8***	0.045 9***	0.046 0***	0.045 9***	0.045 8***	0.045 8***
	(0.006 4)	(0.006 4)	(0.006 4)	(0.006 4)	(0.006 4)	(0.006 4)
NDTS	-0.188 4***	-0.187 5***	-0.187 8***	-0.188 1***	-0.188 3***	-0.188 5***
	(0.017 2)	(0.017 2)	(0.017 2)	(0.017 2)	(0.017 2)	(0.017 2)
INDI	-0.014 2	-0.014 6	-0.014 8	-0.014 3	-0.014 3	-0.014 3
	(0.010 1)	(0.010 1)	(0.010 1)	(0.010 1)	(0.010 1)	(0.010 1)
Manager	-0.077 5***	-0.077 5***	-0.077 5***	-0.077 6***	-0.077 6***	-0.077 6***
	(0.006 4)	(0.006 4)	(0.006 4)	(0.006 4)	(0.006 4)	(0.006 4)

续表

变量	(1)	(2)	(3)	(4)	(5)	(6)
	Lev	*Lev*	*Lev*	*Lev*	*Lev*	*Lev*
CAPI	0.003 7***	0.003 6***	0.003 6***	0.003 7***	0.003 7***	0.003 7***
	(0.000 7)	(0.000 7)	(0.000 7)	(0.000 7)	(0.000 7)	(0.000 7)
常数项	-1.281 5***	-1.278 3***	-1.274 7***	-1.268 3***	-1.280 2***	-1.273 9***
	(0.021 8)	(0.021 7)	(0.021 8)	(0.021 8)	(0.021 9)	(0.021 6)
观测值	77 935	77 928	77 927	77 938	77 938	77 938
R^2	0.171	0.171	0.171	0.171	0.171	0.171
样本企业数量	2 974	2 974	2 974	2 974	2 974	2 974
个体固定效应	控制	控制	控制	控制	控制	控制
季度固定效应	控制	控制	控制	控制	控制	控制
年份固定效应	控制	控制	控制	控制	控制	控制

注：**、*** 分别代表在5%、1%的统计水平上显著，括号中为标准误。

附表7　金融周期波动对企业杠杆率的影响

变量	(1)	(2)	(3)	(4)	(5)
	Lev	*Lev_short*	*Lev_long*	*Lev_bank*	*Lev_comm*
*FC_Risk*8	-0.003 8***	-0.003 6***	-0.000 3	-0.000 1	-0.000 7*
	(0.000 5)	(0.000 5)	(0.000 3)	(0.000 3)	(0.000 4)
Size	0.078 7***	0.034 0***	0.043 4***	0.030 6***	0.015 3***
	(0.000 9)	(0.000 9)	(0.000 6)	(0.000 5)	(0.000 6)
ROA	-0.957 8***	-0.711 7***	-0.249 2***	-0.152 4***	-0.180 5***
	(0.013 7)	(0.013 4)	(0.008 6)	(0.007 7)	(0.008 9)
Sales_g	0.011 6***	0.011 6***	-0.000 2	0.001 5***	0.008 7***
	(0.000 6)	(0.000 6)	(0.000 4)	(0.000 3)	(0.000 4)
SOE_r	-0.084 8***	-0.067 2***	-0.019 9***	-0.005 7***	-0.021 2***
	(0.003 1)	(0.003 0)	(0.001 9)	(0.001 7)	(0.001 9)
Tangible	0.046 2***	0.066 4***	-0.023 8***	-0.017 5***	0.141 6***
	(0.006 4)	(0.006 3)	(0.004 0)	(0.003 6)	(0.004 3)
NDTS	-0.188 9***	-0.419 3***	0.216 7***	0.122 7***	-0.494 2***
	(0.017 2)	(0.016 9)	(0.010 8)	(0.009 5)	(0.011 3)
INDI	-0.014 3	-0.009 7	-0.005 6	-0.002 4	0.008 3
	(0.010 1)	(0.009 9)	(0.006 4)	(0.005 6)	(0.006 5)
Manager	-0.077 2***	-0.089 0***	0.012 7***	-0.001 0	-0.047 1***
	(0.006 4)	(0.006 2)	(0.004 0)	(0.003 7)	(0.004 1)
CAPI	0.003 7***	-0.002 5***	0.006 0***	0.005 1***	-0.003 4***
	(0.000 7)	(0.000 6)	(0.000 4)	(0.000 4)	(0.000 4)
常数项	-1.232 6***	-0.289 5***	-0.908 3***	-0.644 3***	-0.220 1***
	(0.022 3)	(0.021 9)	(0.014 1)	(0.012 6)	(0.014 6)
观测值	77 938	77 938	77 632	72 316	73 666
R^2	0.171	0.081	0.147	0.082	0.068
样本企业数量	2 974	2 974	2 956	2 742	2 840
个体固定效应	控制	控制	控制	控制	控制
季度固定效应	控制	控制	控制	控制	控制
年份固定效应	控制	控制	控制	控制	控制

注：*、*** 分别代表在10%、1%的统计水平上显著，括号中为标准误。

附表 8　银行信贷歧视与非金融企业杠杆分化

变量	(1)	(2)	(3)	(4)
	Lev	*Lev*	*Lev*	*Lev*
PC·BL	0.137 9***			
	(0.053)			
PC	0.010 4**			
	(0.005)			
PC2·BL		0.194 1***		
		(0.061)		
PC2		-0.023 7**		
		(0.010)		
GS·BL			0.225 7***	
			(0.065)	
GS			-0.022 5***	
			(0.006)	
GS2·BL				0.181 9***
				(0.038)
GS2				-0.004 5*
				(0.003)
BL	0.021 1	0.017 6	-0.114 5***	-0.036 8*
	(0.022)	(0.016)	(0.043)	(0.021)
Cash	-0.054 9**	-0.088 3***	-0.079 1***	-0.097 7***
	(0.023)	(0.020)	(0.028)	(0.025)
Tangible	0.281 3***	0.251 4***	0.253 7***	0.252 7***
	(0.022)	(0.021)	(0.021)	(0.022)
Size	0.050 9***	0.049 2***	0.049 0***	0.048 9***
	(0.007)	(0.006)	(0.006)	(0.006)
ROA	-0.001 1	-0.007 4	-0.068 1***	-0.034 3***
	(0.010)	(0.008)	(0.021)	(0.010)
Sales_g	-0.000 0***	-0.000 0**	-0.000 0	-0.000 0***
	(0.000)	(0.000)	(0.000)	(0.000)

续表

变量	(1)	(2)	(3)	(4)
	Lev	*Lev*	*Lev*	*Lev*
SOE	0.010 2	0.008 3	0.007 9	0.007 0
	(0.010)	(0.009)	(0.009)	(0.009)
NDTS	0.008 5**	0.007 6**	0.005 8***	0.006 6***
	(0.003)	(0.003)	(0.002)	(0.002)
INDI	−0.000 5	−0.013 5	−0.012 4	−0.015 5
	(0.036)	(0.035)	(0.034)	(0.035)
Manager	−0.113 7***	−0.115 8***	−0.111 4***	−0.115 7***
	(0.025)	(0.024)	(0.024)	(0.024)
CAPI	−0.015 6***	−0.014 4***	−0.014 4***	−0.014 5***
	(0.004)	(0.003)	(0.003)	(0.003)
常数项	−0.604 7***	−0.518 6***	−0.499 5***	−0.510 1***
	(0.158)	(0.137)	(0.133)	(0.137)
观测值	17 546	20 189	20 377	19 991
R^2	0.132	0.110	0.128	0.116
样本企业数量	2 969	2 985	2 993	2 985
年份固定效应	控制	控制	控制	控制
个体固定效应	控制	控制	控制	控制

注：*、**、*** 分别代表在 10%、5%、1%的统计水平上显著，括号中为标准误。

附表 9 银行信贷歧视与国有企业和非国有企业杠杆分化的地区异质性

变量	(1)	(2)	(3)	(4)	(5)	(6)
	Lev	*Lev*	*Lev*	*Lev*	*Lev*	*Lev*
	市场分配经济资源比重高	市场分配经济资源比重低	政府效率高	政府效率低	金融服务和融资成本高	金融服务和融资成本低
SOE · BL	-0.050 2	0.167 9**	-0.015 4	0.257 1**	0.183 0**	-0.027 9
	(0.058)	(0.067)	(0.053)	(0.106)	(0.089)	(0.100)
BL	0.100 6***	0.032 3	0.098 9**	-0.103 3	0.037 8	0.093 5
	(0.035)	(0.035)	(0.048)	(0.076)	(0.080)	(0.086)
Cash	0.030 5	0.029 2	0.064 4	-0.178 4**	0.079 5	0.028 6
	(0.032)	(0.055)	(0.043)	(0.089)	(0.091)	(0.069)
Tangible	0.044 5	0.121 6	0.247 9***	0.137 4**	0.275 3***	0.227 5***
	(0.048)	(0.074)	(0.033)	(0.056)	(0.042)	(0.040)
Size	0.079 0***	0.036 1	0.061 7***	0.032 3*	0.046 8***	0.045 5***
	(0.018)	(0.027)	(0.009)	(0.017)	(0.010)	(0.014)
ROA	-0.131 1**	-0.086 1	-0.246 8***	-0.356 6***	-0.245 3**	-0.279 8*
	(0.054)	(0.092)	(0.088)	(0.054)	(0.095)	(0.167)
Sales_g	0.000 0	-0.000 1	0.000 0	-0.000 0***	0.000 0	-0.000 0***
	(0.000)	(0.000)	(0.000)	(0.000)	(0.000)	(0.000)
SOE	-0.007 6	-0.010 3	0.001 7	0.019 0	-0.001 6	0.004 6
	(0.007)	(0.012)	(0.012)	(0.023)	(0.015)	(0.017)
NDTS	0.010 2	0.180 0	0.002 8***	0.023 9	-0.001 5	0.002 8***
	(0.013)	(0.156)	(0.001)	(0.048)	(0.009)	(0.001)
INDI	-0.049 9	-0.024 0	-0.031 5	-0.058 4	-0.002 7	-0.067 6
	(0.077)	(0.145)	(0.055)	(0.149)	(0.083)	(0.077)
Manager	0.206 7**	-0.355 9*	-0.087 6**	-0.057 3	-0.088 5*	-0.132 9**
	(0.082)	(0.216)	(0.036)	(0.199)	(0.050)	(0.058)
CAPI	0.006 6	-0.015 3	-0.012 1**	-0.007 9	-0.017 8***	-0.019 0**
	(0.010)	(0.011)	(0.005)	(0.011)	(0.007)	(0.008)
常数项	-1.287 1***	-0.120 7	-0.814 1***	-0.143 5	-0.434 2**	-0.354 0
	(0.426)	(0.607)	(0.190)	(0.344)	(0.213)	(0.280)
观测值	1 709	752	5 628	1 695	4 177	3 010

续表

变量	(1)	(2)	(3)	(4)	(5)	(6)
	Lev	*Lev*	*Lev*	*Lev*	*Lev*	*Lev*
	市场分配经济资源比重高	市场分配经济资源比重低	政府效率高	政府效率低	金融服务和融资成本高	金融服务和融资成本低
R^2	0. 197	0. 186	0. 173	0. 128	0. 161	0. 121
样本企业数量	936	443	2 453	958	2 126	1 609
年份固定效应	控制	控制	控制	控制	控制	控制
个体固定效应	控制	控制	控制	控制	控制	控制

注：*、**、*** 分别代表在 10%、5%、1%的统计水平上显著，括号中为标准误。

附表 10　货币政策、银行信贷歧视与国有企业和非国有企业杠杆分化

变量	(1)	(2)	(3)
	Lev	Lev	Lev
		紧缩货币政策期间	宽松货币政策期间
SOE · BL	0.519 0**	0.190 4**	0.047 8
	(0.248)	(0.075)	(0.031)
SOE · BL · MFI	−0.010 9**		
	(0.005)		
SOE · MFI	0.000 1		
	(0.000)		
BL · MF	0.015 7***		
	(0.003)		
BL	−0.671 3***	0.038 9	0.015 4
	(0.135)	(0.054)	(0.017)
MFI	0.002 4**		
	(0.001)		
Cash	−0.088 6***	0.087 2*	−0.111 3***
	(0.022)	(0.050)	(0.019)
Tangible	0.279 5***	0.164 4***	0.259 7***
	(0.025)	(0.043)	(0.022)
Size	0.054 7***	0.055 7***	0.048 7***
	(0.008)	(0.016)	(0.006)
ROA	−0.006 4	−0.115 3*	−0.009 7
	(0.014)	(0.061)	(0.009)
Sales_g	0.000 0***	−0.000 0***	0.000 0***
	(0.000)	(0.000)	(0.000)
SOE	0.010 7	−0.000 5	0.008 2
	(0.015)	(0.009)	(0.009)
NDTS	0.001 1	0.000 1	0.021 6***
	(0.032)	(0.001)	(0.004)
INDI	−0.005 4	−0.023 7	−0.019 5
	(0.035)	(0.075)	(0.036)

续表

变量	(1)	(2)	(3)
	Lev	*Lev*	*Lev*
		紧缩货币政策期间	宽松货币政策期间
Manager	−0. 079 6***	−0. 024 9	−0. 108 2***
	(0. 026)	(0. 052)	(0. 026)
CAPI	−0. 019 5***	−0. 006 9	−0. 016 1***
	(0. 004)	(0. 006)	(0. 004)
常数项	−0. 738 5***	−0. 728 6**	−0. 490 7***
	(0. 216)	(0. 337)	(0. 136)
观测值	14 542	3 643	16 734
R^2	0. 139	0. 156	0. 108
样本企业数量	2 977	2 210	2 991
年份固定效应	控制	控制	控制
个体固定效应	控制	控制	控制

注：*、**、*** 分别代表在 10%、5%、1%的统计水平上显著，括号中为标准误。

附表 11　货币政策适度性、银行信贷歧视与国有企业和非国有企业杠杆分化

变量	(1)	(2)	(3)
	Lev	*Lev*	*Lev*
MCM · SOE · BL · MFI	0.005 6***		
	(0.001)		
MCM · SOE · BL	-0.337 8***		
	(0.059)		
MCM · SOE · MFI	0.000 3***		
	(0.000)		
MCM · BL · MF	-0.006 6***		
	(0.001)		
MCM · SOE	-0.019 3***		
	(0.004)		
MCM · BL	0.393 4***		
	(0.064)		
MCM · MFI	0.000 1		
	(0.000)		
BCI · SOE · BL · MFI		0.002 7***	
		(0.001)	
BCI · SOE · BL		-0.086 0**	
		(0.040)	
BCI · SOE · MFI		0.000 3***	
		(0.000)	
BCI · BL · MF		-0.005 7***	
		(0.001)	
BCI · SOE		-0.014 1***	
		(0.002)	
BCI · BL		0.231 8***	
		(0.029)	
BCI · MFI		-0.000 2***	
		(0.000)	
CBC · SOE · BL · MFI			-0.060 5**
			(0.028)

续表

变量	(1)	(2)	(3)
	Lev	*Lev*	*Lev*
CBC · SOE · BL			2.477 9**
			(1.219)
CBC · SOE · MFI			-0.007 9***
			(0.002)
CBC · BL · MF			0.102 5***
			(0.024)
CBC · SOE			0.350 4***
			(0.075)
CBC · BL			-4.384 2***
			(1.048)
CBC · MFI			0.005 9***
			(0.001)
MCM	-0.007 2		
	(0.006)		
BCI		0.006 9***	
		(0.002)	
CBC			-0.260 4***
			(0.062)
SOE · BL · MFI	-0.423 4***	-0.081 5*	0.206 9**
	(0.075)	(0.042)	(0.086)
SOE · BL	25.600 6***	1.658 7	-8.855 7**
	(4.305)	(1.898)	(3.767)
SOE · MFI	-0.025 7***	-0.015 4***	0.022 5***
	(0.006)	(0.003)	(0.005)
BL · MF	0.512 6***	0.246 8***	-0.301 0***
	(0.083)	(0.031)	(0.074)
BL	-30.295 4***	-9.872 4***	13.034 1***
	(4.888)	(1.363)	(3.233)
MFI	-0.008 8	0.006 8***	-0.017 3***
	(0.008)	(0.002)	(0.004)

续表

变量	(1)	(2)	(3)
	Lev	Lev	Lev
Cash	-0.054 8**	-0.079 5***	-0.073 2**
	(0.025)	(0.025)	(0.029)
Tangible	0.270 3***	0.268 1***	0.220 6***
	(0.024)	(0.024)	(0.027)
Size	0.046 5***	0.046 5***	0.014 2
	(0.008)	(0.008)	(0.011)
ROA	-0.089 9***	-0.074 1***	-0.058 9***
	(0.032)	(0.016)	(0.016)
Sales_g	0.000 0***	0.000 0***	0.000 0***
	(0.000)	(0.000)	(0.000)
SOE	1.499 4***	0.756 7***	-0.978 3***
	(0.340)	(0.122)	(0.222)
NDTS	0.001 7	-0.025 5	-0.024 0
	(0.030)	(0.034)	(0.037)
INDI	0.003 5	0.000 2	0.028 6
	(0.034)	(0.034)	(0.035)
Manager	-0.064 6**	-0.062 3**	-0.072 3**
	(0.025)	(0.026)	(0.032)
CAPI	-0.018 8***	-0.018 4***	-0.015 3***
	(0.004)	(0.004)	(0.004)
常数项	0.100 8	-0.647 6***	0.983 3***
	(0.379)	(0.150)	(0.379)
观测值	14 542	14 542	9 117
R^2	0.182	0.179	0.225
样本企业数量	2 977	2 977	2 505
年份固定效应	控制	控制	控制
个体固定效应	控制	控制	控制

注：*、**、*** 分别代表在10%、5%、1%的统计水平上显著，括号中为标准误。

附表 12　银行信贷歧视与国有企业和非国有企业杠杆分化的稳健性检验：替换指标

变量	(1)	(2)	(3)	(4)
	Lev	*Lev*	*Lev*	*Lev*
SOE2 · BL	0.086 7**	0.082 5**		
	(0.036)	(0.035)		
BL	-0.006 6	-0.015 6		
	(0.021)	(0.020)		
SOE2 · BIE			0.036 2***	0.028 5**
			(0.012)	(0.012)
BIE			0.028 1***	0.027 0***
			(0.006)	(0.006)
Cash	-0.092 4***	-0.100 1***	-0.084 7***	-0.092 2***
	(0.020)	(0.020)	(0.019)	(0.020)
Tangible	0.267 1***	0.254 9***	0.258 6***	0.245 8***
	(0.022)	(0.022)	(0.021)	(0.021)
Size	0.035 7***	0.047 3***	0.033 0***	0.045 1***
	(0.005)	(0.006)	(0.005)	(0.006)
ROA	-0.020 2*	-0.024 7**	-0.016 7***	-0.016 9***
	(0.011)	(0.010)	(0.003)	(0.003)
Sales_g	-0.000 0	-0.000 0*	-0.000 0	-0.000 0
	(0.000)	(0.000)	(0.000)	(0.000)
SOE2	0.027 6	0.022 2	0.022 9	0.016 3
	(0.018)	(0.019)	(0.016)	(0.017)
NDTS	0.006 5**	0.006 7**	0.010 6***	0.010 8***
	(0.003)	(0.003)	(0.004)	(0.004)
INDI	-0.024 0	-0.005 9	-0.043 2	-0.019 8
	(0.035)	(0.035)	(0.035)	(0.034)
Manager	-0.103 5***	-0.112 3***	-0.104 6***	-0.113 9***
	(0.025)	(0.025)	(0.025)	(0.025)
CAPI	-0.015 6***	-0.014 6***	-0.012 9***	-0.011 9***
	(0.003)	(0.003)	(0.003)	(0.003)

续表

变量	(1)	(2)	(3)	(4)
	Lev	*Lev*	*Lev*	*Lev*
常数项	-0.241 9**	-0.486 7***	-0.199 8**	-0.450 8***
	(0.100)	(0.137)	(0.099)	(0.137)
观测值	20 430	20 430	21 566	21 566
R^2	0.097	0.104	0.088	0.097
样本企业数量	2 993	2 993	2 996	2 996
个体固定效应	控制	控制	控制	控制
年份固定效应	未控制	控制	未控制	控制

注：*、**、*** 分别代表在 10%、5%、1%的统计水平上显著，括号中为标准误。

附表 13　银行信贷歧视与国有企业和非国有企业杠杆分化的稳健性检验：2008 年以后样本回归

变量	(1)	(2)	(3)
	Lev	*Lev*	*Lev*
		紧缩货币政策期间	宽松货币政策期间
SOE・*BL*	0.057 3*	0.190 4**	0.047 8
	(0.031)	(0.075)	(0.031)
BL	0.011 7	0.038 9	0.015 4
	(0.017)	(0.054)	(0.017)
Cash	-0.096 2***	0.087 2*	-0.111 3***
	(0.020)	(0.050)	(0.019)
Tangible	0.255 8***	0.164 4***	0.259 7***
	(0.021)	(0.043)	(0.022)
Size	0.048 4***	0.055 7***	0.048 7***
	(0.006)	(0.016)	(0.006)
ROA	-0.011 0	-0.115 3*	-0.009 7
	(0.009)	(0.061)	(0.009)
Sales_g	-0.000 0**	-0.000 0***	0.000 0***
	(0.000)	(0.000)	(0.000)
SOE	0.007 2	-0.000 5	0.008 2
	(0.009)	(0.009)	(0.009)
NDTS	0.007 1**	0.000 1	0.021 6***
	(0.003)	(0.001)	(0.004)
INDI	-0.014 8	-0.023 7	-0.019 5
	(0.035)	(0.075)	(0.036)
Manager	-0.115 7***	-0.024 9	-0.108 2***
	(0.025)	(0.052)	(0.026)
CAPI	-0.014 9***	-0.006 9	-0.016 1***
	(0.003)	(0.006)	(0.004)
常数项	-0.499 2***	-0.728 6**	-0.490 7***
	(0.137)	(0.337)	(0.136)

续表

变量	(1)	(2)	(3)
	Lev	*Lev*	*Lev*
		紧缩货币政策期间	宽松货币政策期间
观测值	20 377	3 643	16 734
R^2	0. 106	0. 156	0. 108
样本企业数量	2 993	2 210	2 991
个体固定效应	控制	控制	控制
年份固定效应	控制	控制	控制

注：*、**、*** 分别代表在 10%、5%、1%的统计水平上显著，括号中为标准误。

附表 14　进一步讨论："脱实向虚"还是"服务实体"

变量	(1)	(2)	(3)	(4)	(5)	(6)
	FinLev	*FinLev*	*FinLev*	*OprLev*	*OprLev*	*OprLev*
	全样本	宽松货币政策	紧缩货币政策	全样本	宽松货币政策	紧缩货币政策
SOE · BL	1.621 7***	1.567 5***	1.874 9*	−0.065 1	−0.070 2	−0.205 5
	(0.348)	(0.355)	(1.061)	(0.061)	(0.062)	(0.193)
BL	−0.518 1*	−0.633 7**	0.832 1	−0.195 5***	−0.187 0***	−0.072 5
	(0.304)	(0.294)	(0.752)	(0.042)	(0.037)	(0.147)
cash	−2.134 3***	−2.219 9***	−0.728 5	0.110 5*	0.152 2**	0.028 4
	(0.238)	(0.254)	(0.642)	(0.066)	(0.070)	(0.217)
Tangible	4.034 6***	4.039 6***	3.737 2***	−0.251 1***	−0.258 5***	−0.185 1**
	(0.279)	(0.278)	(0.744)	(0.040)	(0.041)	(0.086)
Size	0.358 2***	0.361 1***	0.231 5	−0.023 8*	−0.024 1*	0.020 0
	(0.063)	(0.061)	(0.247)	(0.013)	(0.013)	(0.030)
ROA	−0.483 9***	−0.537 6***	−2.053 2**	−0.099 7***	−0.089 0***	−0.154 3
	(0.149)	(0.145)	(0.968)	(0.019)	(0.019)	(0.101)
Sales_g	−0.000 0***	−0.000 0	−0.000 0	−0.000 0*	0.000 0***	−0.000 0***
	(0.000)	(0.000)	(0.000)	(0.000)	(0.000)	(0.000)
SOE	0.105 8	0.155 0	−0.205 1	0.012 0	0.009 1	0.007 5
	(0.102)	(0.112)	(0.176)	(0.014)	(0.015)	(0.023)
NDTS	−0.029 8	0.028 2	−0.072 9***	0.022 5***	0.054 2***	0.014 4***
	(0.021)	(0.111)	(0.006)	(0.006)	(0.008)	(0.003)
INDI	0.106 6	0.258 6	0.100 7	0.063 5	0.038 4	−0.025 5
	(0.380)	(0.423)	(1.019)	(0.053)	(0.054)	(0.137)
Manager	−0.227 1	−0.212 6	0.184 8	−0.104 7***	−0.110 0***	−0.099 3
	(0.216)	(0.223)	(0.781)	(0.034)	(0.038)	(0.088)
CAPI	0.026 2	0.027 6	0.086 3	−0.027 9***	−0.026 5***	−0.044 3***
	(0.037)	(0.036)	(0.097)	(0.007)	(0.007)	(0.017)
常数项	−8.023 5***	1.286 7***	−8.163 6***	1.285 4***	−6.083 2	0.614 1
	(1.329)	(0.279)	(1.298)	(0.279)	(4.943)	(0.586)

续表

变量	(1)	(2)	(3)	(4)	(5)	(6)
	FinLev	*FinLev*	*FinLev*	*OprLev*	*OprLev*	*OprLev*
	全样本	宽松货币政策	紧缩货币政策	全样本	宽松货币政策	紧缩货币政策
观测值	20 377	16 734	3 643	20 377	16 734	3 643
R^2	0. 134	0. 137	0. 161	0. 085	0. 089	0. 110
样本企业数量	2 993	2 993	2 991	2 991	2 210	2 210
个体固定效应	控制	控制	控制	控制	控制	控制
年份固定效应	控制	控制	控制	控制	控制	控制

注：*、**、*** 分别代表在 10%、5%、1%的统计水平上显著，括号中为标准误。

附表 15　企业杠杆率变动对其配置流动性金融资产和非流动性金融资产的影响

变量	(1)	(2)	(3)	(4)	(5)	(6)
	Fin_cflow	*Fin_unflow*	*Fin_cflow*	*Fin_cflow*	*Fin_unflow*	*Fin_unflow*
			Lev<-b/2a	*Lev*>-b/2a	*Lev*<-b/2a	*Lev*>-b/2a
Lev	-1. 117 4***	0. 130 1***	-0. 434 2***	0. 041 2**	0. 045 2***	-0. 055 9***
	(0. 022 2)	(0. 012 2)	(0. 011 1)	(0. 018 6)	(0. 009 1)	(0. 006 8)
Lev_sq	0. 925 2***	-0. 162 0***				
	(0. 023 9)	(0. 013 1)				
ROA	0. 329 5***	-0. 055 6***	0. 311 1***	0. 184 9***	-0. 014 5	-0. 059 1***
	(0. 020 5)	(0. 011 3)	(0. 026 7)	(0. 028 0)	(0. 017 6)	(0. 014 1)
Size	-0. 001 5	-0. 010 9***	-0. 000 5	0. 000 7	-0. 004 5**	-0. 015 5***
	(0. 002 0)	(0. 001 1)	(0. 002 8)	(0. 002 8)	(0. 001 9)	(0. 001 4)
TobinQ	0. 000 5	0. 000 2	0. 001 3*	0. 001 7	0. 000 2	-0. 000 3
	(0. 000 6)	(0. 000 3)	(0. 000 8)	(0. 001 3)	(0. 000 5)	(0. 000 6)
Trurnover	-0. 044 1***	-0. 018 9***	-0. 075 6***	0. 001 3	-0. 022 2***	-0. 020 1***
	(0. 003 7)	(0. 002 0)	(0. 005 4)	(0. 004 3)	(0. 004 0)	(0. 002 3)
PEratio	-0. 000 0***	0. 000 0**	-0. 000 0***	-0. 000 0**	0. 000 0***	-0. 000 0
	(0. 000 0)	(0. 000 0)	(0. 000 0)	(0. 000 0)	(0. 000 0)	(0. 000 0)
常数项	0. 534 9***	0. 282 6***	0. 435 5***	0. 088 2	0. 144 3***	0. 446 6***
	(0. 042 7)	(0. 023 4)	(0. 058 2)	(0. 063 0)	(0. 040 5)	(0. 030 0)
观测值	21 697	21 697	16 952	4 745	10 383	11 314
R^2	0. 305	0. 055	0. 312	0. 032	0. 074	0. 051
样本企业数量	3 203	3 203	3 015	1 006	2 411	1 982
个体固定效应	控制	控制	控制	控制	控制	控制
年份固定效应	控制	控制	控制	控制	控制	控制

注：*、**、*** 分别代表在 10%、5%、1%的统计水平上显著，括号中为标准误。

附表 16　企业杠杆率与金融资产配置的稳健性检验：更换金融资产的度量方式

变量	(1)	(2)	(3)	(4)	(5)
	Fin1_r	*Fin2_r*	*Fin_cflow_r*	*Fin_unflow_r*	*Fin_flow*
Lev	-0.990 4***	-1.088 6***	-1.118 6***	0.128 1***	-0.010 9***
	(0.023 1)	(0.023 0)	(0.022 2)	(0.012 0)	(0.002 8)
Lev_sq	0.764 6***	0.868 8***	0.926 3***	-0.161 7***	0.009 4***
	(0.024 8)	(0.024 8)	(0.023 9)	(0.012 9)	(0.003 0)
ROA	0.272 4***	0.291 3***	0.329 6***	-0.057 2***	0.006 2**
	(0.021 3)	(0.021 3)	(0.020 5)	(0.011 1)	(0.002 5)
Size	-0.012 3***	-0.005 7***	-0.001 6	-0.010 7***	-0.000 3
	(0.002 1)	(0.002 1)	(0.002 0)	(0.001 1)	(0.000 2)
TobinQ	0.000 8	0.000 5	0.000 5	0.000 2	0.000 1*
	(0.000 7)	(0.000 7)	(0.000 6)	(0.000 3)	(0.000 1)
Trurnover	-0.062 7***	-0.054 6***	-0.044 1***	-0.018 6***	-0.001 4***
	(0.003 9)	(0.003 9)	(0.003 7)	(0.002 0)	(0.000 5)
PEratio	-0.000 0***	-0.000 0***	-0.000 0***	0.000 0**	0.000 0*
	(0.000 0)	(0.000 0)	(0.000 0)	(0.000 0)	(0.000 0)
常数项	0.816 5***	0.657 4***	0.537 1***	0.279 4***	0.011 8**
	(0.044 3)	(0.044 2)	(0.042 7)	(0.023 0)	(0.005 3)
观测值	21 697	21 697	21 697	21 697	21 697
R^2	0.258	0.266	0.305	0.054	0.006
样本企业数量	3 203	3 203	3 203	3 203	3 203
个体固定效应	控制	控制	控制	控制	控制
年份固定效应	控制	控制	控制	控制	控制

注：*、**、*** 分别代表在 10%、5%、1%的统计水平上显著，括号中为标准误。

附表 17　企业杠杆率与金融资产配置的稳健性检验：采用系统广义矩估计与工具变量法

变量	(1)	(2)	(3)	(4)	(5)	(6)
	Fin_cflow	*Fin_unflow*	*Fin_cflow*	*Fin_unflow*	*Fin_cflow*	*Fin_unflow*
	广义矩估计	广义矩估计	工具变量法	工具变量法	固定效应	固定效应
Lev	-2.610***	0.772**	-2.466 8***	0.614 0***		
	(0.764)	(0.360)	(0.130 2)	(0.093 4)		
Lev_sq	2.371***	-0.955**	2.075 2***	-0.405 8***		
	(0.900)	(0.444)	(0.128 1)	(0.091 9)		
ROA	0.675	0.267	-0.099 7**	0.352 9***		
	(1.355)	(0.343)	(0.050 1)	(0.036 0)		
Size	0.078 6	0.027 4	0.018 1***	-0.010 5***		
	(0.051 0)	(0.016 8)	(0.002 3)	(0.001 7)		
TobinQ	0.008 62	0.002 75	-0.005 6***	0.003 2***		
	(0.018 3)	(0.003 37)	(0.001 1)	(0.000 8)		
Trurnover	0.041 3	-0.264***	0.057 3***	-0.050 5***		
	(0.153)	(0.075 0)	(0.004 2)	(0.003 0)		
PEratio	-0.001 27	0.000 111	-0.000 0	0.000 0**		
	(0.000 892)	(8.76e-05)	(0.000 0)	(0.000 0)		
L. Lev					-0.697 7***	0.096 0***
					(0.023 2)	(0.013 3)
L. Lev_sq					0.659 8***	-0.127 2***
					(0.025 1)	(0.014 4)
L. ROA					0.258 9***	-0.059 7***
					(0.021 9)	(0.012 5)
L. Size					-0.016 4***	-0.005 9***
					(0.002 2)	(0.001 2)
L. TobinQ					-0.000 4	0.000 8**
					(0.000 6)	(0.000 4)
L. Trurnover					-0.010 6***	-0.011 5***
					(0.003 9)	(0.002 2)

续表

变量	(1)	(2)	(3)	(4)	(5)	(6)
	Fin_cflow	*Fin_unflow*	*Fin_cflow*	*Fin_unflow*	*Fin_cflow*	*Fin_unflow*
	广义矩估计	广义矩估计	工具变量法	工具变量法	固定效应	固定效应
L. PEratio					-0.000 0***	0.000 0**
					(0.000 0)	(0.000 0)
常数项	-0.857	-0.462	0.334 1***	0.136 0***	0.691 1***	0.174 9***
	(1.180)	(0.387)	(0.040 5)	(0.029 0)	(0.046 3)	(0.026 5)
观测值	21 697	21 697	21 697	21 697	18 404	18 404
R^2			0.020	-0.165	0.155	0.049
样本企业数量	3 203	3 203			2 768	2 768
AR_2	0.696	0.265				
Hansen 检验	0.925	0.318				
Anderson LM 统计量	—	—	0.000 0	0.000 0	—	—
Cragg-Donald Wald F 统计量	—	—	281.224	281.224	—	—
个体固定效应	—	—	控制	控制	控制	控制
年份固定效应	控制	控制	控制	控制	控制	控制

注：**、*** 分别代表在 5%、1%的统计水平上显著，括号中为标准误。

附表 18　企业杠杆率变动对其配置流动性金融资产和非流动性金融资产的回归：风险视角

变量	(1)	(2)	(3)	(4)	(5)	(6)	(7)	(8)
	Fin_cflow	*Fin_cflow*	*Fin_unflow*	*Fin_unflow*	*Fin_cflow*	*Fin_cflow*	*Fin_unflow*	*Fin_unflow*
	Lev<-b/2a	*Lev*>-b/2a	*Lev*<-b/2a	*Lev*>-b/2a	*Lev*<-b/2a	*Lev*>-b/2a	*Lev*<-b/2a	*Lev*>-b/2a
Lev	-0.670 4***	0.077 1**	0.090 8***	-0.055 7***	-0.374 9***	0.037 6*	0.047 5***	-0.050 2***
	(0.016 5)	(0.031 6)	(0.015 2)	(0.010 6)	(0.011 1)	(0.019 4)	(0.010 1)	(0.006 9)
EPU · Lev	0.001 1***	-0.000 2	-0.000 2***	-0.000 0				
	(0.000 1)	(0.000 1)	(0.000 1)	(0.000 0)				
EPU	-0.000 8***	0.000 1	0.000 2***	0.000 2***				
	(0.000 0)	(0.000 1)	(0.000 0)	(0.000 0)				
FirmRisk · Lev					-0.004 1	-0.001 1	0.002 1	-0.005 3***
					(0.003 4)	(0.005 2)	(0.003 5)	(0.001 9)
FirmRisk					0.001 4	0.001 7	-0.000 6	0.002 3**
					(0.001 2)	(0.003 8)	(0.000 8)	(0.001 1)
ROA	0.302 8***	0.187 1***	-0.013 2	-0.059 1***	0.276 2***	0.164 5***	-0.029 5	-0.042 0***
	(0.026 4)	(0.028 0)	(0.017 6)	(0.014 1)	(0.026 3)	(0.029 4)	(0.019 0)	(0.014 3)
Size	-0.000 6	0.000 6	-0.004 5**	-0.015 5***	0.002 5	-0.000 2	-0.006 9***	-0.016 3***
	(0.002 7)	(0.002 8)	(0.001 9)	(0.001 4)	(0.002 8)	(0.002 9)	(0.002 1)	(0.001 4)
TobinQ	0.001 0	0.001 7	0.000 2	-0.000 3	0.000 5	0.000 0	0.000 4	0.000 3
	(0.000 8)	(0.001 3)	(0.000 5)	(0.000 6)	(0.000 8)	(0.001 6)	(0.000 5)	(0.000 6)
Trurnover	-0.071 7***	0.001 3	-0.022 7***	-0.020 1***	-0.0611***	0.002 8	-0.021 1***	-0.021 2***
	(0.005 3)	(0.004 3)	(0.004 0)	(0.002 3)	(0.005 5)	(0.004 5)	(0.004 5)	(0.002 4)
PEratio	-0.000 0***	-0.000 0**	0.000 0***	-0.000 0	-0.000 0***	-0.000 0	0.000 0***	-0.000 0
	(0.000 0)	(0.000 0)	(0.000 0)	(0.000 0)	(0.000 0)	(0.000 0)	(0.000 0)	(0.000 0)
常数项	0.563 1***	0.067 5	0.116 7***	0.432 4***	0.324 5***	0.119 6*	0.200 2***	0.455 1***
	(0.056 4)	(0.064 0)	(0.039 8)	(0.029 8)	(0.058 3)	(0.065 7)	(0.044 5)	(0.030 7)
观测值	16 952	4 745	10 383	11 314	14 521	4 295	8 657	10 159
R^2	0.330	0.032	0.075	0.051	0.241	0.030	0.071	0.061
样本企业数量	3 015	1 006	2 411	1 982	2 639	954	2 020	1 883
个体固定效应	控制	控制	控制	控制	控制	控制	控制	控制
年份固定效应	控制	控制	控制	控制	控制	控制	控制	控制

注：*、**、*** 分别代表在 10%、5%、1%的统计水平上显著，括号中为标准误。

附表 19　企业杠杆率变动对其配置流动性金融资产和非流动性金融资产的回归：融资能力视角

变量	(1)	(2)	(3)	(4)	(5)	(6)	(7)	(8)
	Fin_cflow	Fin_cflow	Fin_unflow	Fin_unflow	Fin_cflow	Fin_cflow	Fin_unflow	Fin_unflow
	Lev<-b/2a	Lev>-b/2a	Lev<-b/2a	Lev>-b/2a	Lev<-b/2a	Lev>-b/2a	Lev<-b/2a	Lev>-b/2a
Lev	-1.500 9***	-0.139 8	0.031 6	-0.029 6	-0.121 8***	0.121 2	0.010 0	-0.088 2***
	(0.105 3)	(0.186 6)	(0.091 0)	(0.062 7)	(0.018 4)	(0.076 8)	(0.015 5)	(0.020 3)
Informal · Lev	1.335 6***	0.247 0	0.010 9	-0.051 4				
	(0.132 8)	(0.232 6)	(0.114 7)	(0.078 5)				
Informal	-0.510 7***	-0.153 6	-0.055 6	0.016 5				
	(0.057 8)	(0.171 3)	(0.035 9)	(0.051 0)				
KZ · Lev					0.060 0***	0.027 5	0.000 4	0.001 3
					(0.003 8)	(0.019 2)	(0.003 3)	(0.005 1)
KZ					-0.106 4***	-0.053 1***	0.007 6***	0.000 9
					(0.001 8)	(0.013 6)	(0.001 2)	(0.003 1)
ROA	0.280 0***	0.193 4***	-0.006 3	-0.051 2***	-0.246 3***	0.183 3**	0.047 8*	-0.032 7
	(0.029 0)	(0.029 6)	(0.019 2)	(0.014 5)	(0.037 8)	(0.073 4)	(0.026 0)	(0.029 0)
Size	-0.001 6	0.000 1	-0.004 0*	-0.015 4***	0.003 9	0.008 4**	-0.003 3	-0.011 2***
	(0.003 2)	(0.003 0)	(0.002 1)	(0.001 5)	(0.003 0)	(0.004 1)	(0.002 2)	(0.002 0)
TobinQ	-0.000 9	0.001 3	0.000 7	-0.000 8	0.088 8***	0.038 6***	-0.007 8***	-0.002 4*
	(0.000 8)	(0.001 4)	(0.000 5)	(0.000 6)	(0.001 6)	(0.003 3)	(0.001 1)	(0.001 3)
Trurnover	-0.085 9***	0.001 9	-0.023 6***	-0.017 6***	-0.102 1***	-0.019 4***	-0.022 4***	-0.021 5***
	(0.005 9)	(0.004 7)	(0.004 5)	(0.002 4)	(0.005 7)	(0.005 9)	(0.004 6)	(0.003 1)
PEratio	-0.000 0***	-0.000 0**	0.000 0***	-0.000 0	-0.000 0***	0.000 0	0.000 0***	-0.000 0
	(0.000 0)	(0.000 0)	(0.000 0)	(0.000 0)	(0.000 0)	(0.000 0)	(0.000 0)	(0.000 0)
常数项	0.889 5***	0.212 6	0.177 4***	0.441 9***	0.331 0***	-0.016 9	0.120 8***	0.367 9***
	(0.082 0)	(0.150 3)	(0.054 2)	(0.051 5)	(0.062 4)	(0.105 2)	(0.046 8)	(0.043 5)
观测值	14 391	4 272	8 754	9 909	13 078	2 577	8 421	7 234
R^2	0.328	0.034	0.063	0.047	0.557	0.217	0.096	0.066
样本企业数量	2 581	943	2 029	1 776	2 844	731	2 248	1 725
个体固定效应	控制	控制	控制	控制	控制	控制	控制	控制
年份固定效应	控制	控制	控制	控制	控制	控制	控制	控制

注：*、**、*** 分别代表在 10%、5%、1%的统计水平上显著，括号中为标准误。

附表 20　企业杠杆率变动对其配置流动性金融资产和非流动性金融资产的回归：经营能力视角

变量	(1)	(2)	(3)	(4)
	Fin_cflow	*Fin_cflow*	*Fin_unflow*	*Fin_unflow*
	Lev<-b/2a	*Lev*>-b/2a	*Lev*<-b/2a	*Lev*>-b/2a
Lev	-3.702 5***	0.601 0***	0.390 0***	0.085 3
	(0.142 5)	(0.224 6)	(0.147 4)	(0.083 5)
TFP · *Lev*	0.205 9***	-0.033 5**	-0.022 0**	-0.008 6*
	(0.009 0)	(0.013 3)	(0.009 4)	(0.005 0)
TFP	-0.008 6	0.049 4***	-0.000 2	0.015 4***
	(0.005 3)	(0.011 2)	(0.003 7)	(0.004 0)
ROA	0.246 2***	0.164 5***	-0.005 6	-0.072 8***
	(0.026 8)	(0.028 5)	(0.018 2)	(0.014 4)
Size	-0.044 5***	-0.015 7***	-0.000 9	-0.022 0***
	(0.004 0)	(0.004 1)	(0.002 8)	(0.002 0)
TobinQ	0.000 4	0.001 8	0.000 2	-0.000 3
	(0.000 8)	(0.001 3)	(0.000 5)	(0.000 6)
Trurnover	-0.155 4***	-0.026 5***	-0.015 6***	-0.031 0***
	(0.007 4)	(0.006 6)	(0.005 7)	(0.003 4)
PEratio	-0.000 0***	-0.000 0*	0.000 0***	-0.000 0
	(0.000 0)	(0.000 0)	(0.000 0)	(0.000 0)
常数项	1.567 8***	-0.347 9**	0.067 5	0.348 1***
	(0.076 6)	(0.177 0)	(0.053 1)	(0.060 7)
观测值	16 927	4 738	10 368	11 297
R^2	0.346	0.041	0.075	0.053
样本企业数量	3 014	1 006	2 408	1 982
个体固定效应	控制	控制	控制	控制
年份固定效应	控制	控制	控制	控制

注：*、**、*** 分别代表在 10%、5%、1%的统计水平上显著，括号中为标准误。

附表 21　杠杆率变动对企业固定资产投资行为与研发行为的异质性分析：地域与所有制属性

变量	(1)	(2)	(3)	(4)	(5)
	Inv	*Inv*	*Inv*	*Inv*	*Inv*
	东部	中部	西部	国有企业	非国有企业
Lev	0.883 2***	0.069 5**	0.063 8	0.162 6***	0.965 7***
	(0.120 0)	(0.031 9)	(0.052 3)	(0.028 3)	(0.148 8)
Size	0.062 2*	0.008 2	0.139 6***	0.064 0***	0.079 2*
	(0.032 8)	(0.008 7)	(0.015 0)	(0.007 7)	(0.041 1)
ROA	1.241 8***	-0.006 4	0.404 7***	0.167 8**	1.686 6***
	(0.326 9)	(0.083 2)	(0.140 9)	(0.071 4)	(0.425 4)
TobinQ	-0.021 6**	-0.003 2	0.020 4***	0.004 8*	-0.023 2**
	(0.009 7)	(0.002 8)	(0.004 8)	(0.002 9)	(0.011 6)
Trurnover	0.054 5	-0.109 2***	-0.122 6***	-0.101 8***	0.058 1
	(0.059 7)	(0.016 4)	(0.026 6)	(0.012 5)	(0.083 0)
Tangible	-0.816 7***	-0.337 4***	-0.406 9***	-0.438 4***	-0.845 3***
	(0.117 7)	(0.029 1)	(0.049 8)	(0.025 1)	(0.152 1)
Sales_g	-0.018 0	-0.002 4	-0.021 2*	-0.017 8***	-0.010 0
	(0.028 4)	(0.007 1)	(0.012 2)	(0.006 5)	(0.034 5)
MANGratio	3.362 4***	0.445 2***	1.222 1***	0.702 9***	3.716 2***
	(0.310 7)	(0.088 0)	(0.125 7)	(0.079 3)	(0.371 9)
TAXratio	1.661 7***	0.634 5***	-0.204 1	0.119 0	1.862 8***
	(0.426 1)	(0.104 6)	(0.173 3)	(0.095 8)	(0.520 2)
SOE_r	-0.001 6	-0.023 6	0.077 6**	0.026 1*	0.411 0
	(0.096 7)	(0.022 1)	(0.036 5)	(0.015 5)	(0.574 9)
PEratio	0.000 2***	0.000 0	0.000 1***	0.000 1***	0.000 3***
	(0.000 1)	(0.000 0)	(0.000 0)	(0.000 0)	(0.000 1)
GDP	0.203 4*	-0.101 2	-0.052 1	0.027 9	0.086 1
	(0.123 4)	(0.096 2)	(0.048 8)	(0.028 3)	(0.120 7)
常数项	-3.594 7***	1.011 8	-2.323 9***	-1.387 9***	-2.881 7**
	(1.394 4)	(0.850 5)	(0.504 6)	(0.297 0)	(1.427 9)

续表

变量	(1)	(2)	(3)	(4)	(5)
	Inv	*Inv*	*Inv*	*Inv*	*Inv*
	东部	中部	西部	国有企业	非国有企业
观测值	13 969	3 692	2 555	8 955	11 028
R^2	0. 025	0. 114	0. 170	0. 101	0. 025
样本企业数量	2 121	511	355	1 071	1 974
个体固定效应	控制	控制	控制	控制	控制
年份固定效应	控制	控制	控制	控制	控制

注：*、**、*** 分别代表在 10%、5%、1%的统计水平上显著，括号中为标准误。

附表 22　杠杆率变动对企业固定资产投资行为与研发行为影响的稳健性检验

变量	(1)	(2)	(3)	(4)	(5)	(6)	(7)	(8)
	Inv_1	*Inv_2*	*Inv_1*	*Inv_2*	*Inv_1*	*Inv_2*	*Inv_1*	*Inv_2*
	0<*lev*<0.25		0.25<*lev*<0.5		0.5<*lev*<0.75		*lev*>0.75	
Lev	0.551 2***	0.103 7***	0.195 0**	0.046 8***	0.023 0	0.045 8**	−0.081 3	−0.028 3
	(0.101 8)	(0.025 6)	(0.079 4)	(0.014 3)	(0.070 3)	(0.018 6)	(0.195 7)	(0.063 7)
Size	0.040 7***	−0.010 0***	0.094 2***	−0.005 1*	0.055 7***	−0.007 7**	0.124 5***	0.023 3***
	(0.015 1)	(0.003 8)	(0.015 7)	(0.002 8)	(0.011 5)	(0.003 0)	(0.022 3)	(0.007 3)
ROA	−0.141 2	0.017 4	0.027 5	0.044 6*	0.222 0*	0.057 3*	−0.001 8	0.013 4
	(0.130 7)	(0.032 9)	(0.142 0)	(0.025 6)	(0.121 0)	(0.032 1)	(0.177 8)	(0.057 8)
TobinQ	0.003 1	−0.001 5*	−0.003 8	−0.000 5	−0.007 5	0.000 3	0.007 8	0.001 9
	(0.003 1)	(0.000 8)	(0.004 4)	(0.000 8)	(0.005 4)	(0.001 4)	(0.009 3)	(0.003 0)
Trurnover	−0.266 1***	0.018 6**	−0.118 2***	0.003 4	−0.075 3***	−0.011 3**	−0.088 4***	0.000 2
	(0.036 3)	(0.009 1)	(0.029 5)	(0.005 3)	(0.018 9)	(0.005 0)	(0.031 6)	(0.010 3)
Tangible	−0.286 4***	−0.304 7***	−0.557 7***	−0.301 0***	−0.487 5***	−0.328 1***	−0.419 3***	−0.259 4***
	(0.052 1)	(0.013 1)	(0.053 7)	(0.009 7)	(0.040 1)	(0.010 6)	(0.076 1)	(0.024 8)
Sales_g	0.052 0***	0.005 0*	0.018 2	0.002 6	0.035 0***	0.008 4***	−0.033 9**	0.009 4*
	(0.011 2)	(0.002 8)	(0.012 7)	(0.002 3)	(0.009 2)	(0.002 4)	(0.015 1)	(0.004 9)
MANGratio	0.702 3***	0.023 7	1.210 2***	0.012 0	1.862 5***	−0.097 4***	0.750 7***	0.018 2
	(0.105 0)	(0.026 4)	(0.140 9)	(0.025 4)	(0.136 0)	(0.036 0)	(0.204 4)	(0.066 5)
TAXratio	0.007 3	−0.052 8	0.146 2	0.053 2	1.526 3***	0.194 2***	0.080 1	0.081 2
	(0.139 8)	(0.035 2)	(0.183 5)	(0.033 0)	(0.159 8)	(0.042 3)	(0.283 4)	(0.092 2)
SOE_r	−0.064 2	−0.010 3	0.084 7**	0.015 2**	0.032 3	0.002 1	−0.040 3	0.001 8
	(0.045 9)	(0.011 6)	(0.039 7)	(0.007 1)	(0.028 9)	(0.007 7)	(0.049 8)	(0.016 2)
PEratio	0.000 0	0.000 0***	0.000 1**	0.000 0	0.000 0	0.000 0	0.000 0	−0.000 0
	(0.000 0)	(0.000 0)	(0.000 0)	(0.000 0)	(0.000 0)	(0.000 0)	(0.000 0)	(0.000 0)
GDP	0.044 2	0.000 3	0.069 9*	−0.006 3	0.425 9***	−0.007 4	−0.060 2	0.030 0
	(0.062 9)	(0.015 8)	(0.042 2)	(0.007 6)	(0.034 2)	(0.009 1)	(0.082 4)	(0.026 8)
常数项	−0.994 2	0.303 5*	−2.339 6***	0.283 2***	−4.895 1***	0.381 4***	−1.705 1*	−0.641 0**
	(0.672 0)	(0.169 2)	(0.500 0)	(0.090 0)	(0.405 2)	(0.107 4)	(0.937 8)	(0.305 2)
观测值	4 470	4 470	7 926	7 926	6 534	6 534	1 286	1 286
R^2	0.084	0.179	0.064	0.166	0.147	0.187	0.129	0.158

续表

变量	(1)	(2)	(3)	(4)	(5)	(6)	(7)	(8)
	*Inv*_1	*Inv*_2	*Inv*_1	*Inv*_2	*Inv*_1	*Inv*_2	*Inv*_1	*Inv*_2
	0<*lev*<0. 25		0. 25<*lev*<0. 5		0. 5<*lev*<0. 75		*lev*>0. 75	
样本企业数量	1 304	1 304	2 016	2 016	1 462	1 462	401	401
个体固定效应	控制	控制	控制	控制	控制	控制	控制	控制
年份固定效应	控制	控制	控制	控制	控制	控制	控制	控制

注：*、**、*** 分别代表在 10%、5%、1%的统计水平上显著，括号中为标准误。

附表 23　企业杠杆率变动对研发行为与投资行为选择的回归结果

变量	(1)	(2)	(3)	(4)	(5)
	RD_Inv	RD_Inv	RD_Inv	RD_Inv	RD_Inv
Lev	0.009 3				
	(0.007 9)				
Lev_short		0.026 7***			
		(0.007 9)			
Lev_long			-0.032 8***		
			(0.012 1)		
Lev_bank				0.011 9	
				(0.009 7)	
Lev_comm					0.033 4***
					(0.012 8)
Size	0.002 8	0.002 5	0.004 4**	0.004 4**	0.003 2
	(0.002 1)	(0.002 1)	(0.002 1)	(0.002 2)	(0.002 0)
ROA	-0.024 7	-0.014 2	-0.041 0**	-0.033 7	-0.027 6
	(0.021 7)	(0.021 4)	(0.020 9)	(0.022 2)	(0.020 8)
TobinQ	0.000 4	0.000 4	0.000 4	0.001 6**	0.000 4
	(0.000 7)	(0.000 7)	(0.000 7)	(0.000 7)	(0.000 7)
Trurnover	0.014 0***	0.012 3***	0.013 0***	0.014 6***	0.012 0***
	(0.004 0)	(0.004 0)	(0.004 0)	(0.004 1)	(0.004 1)
Tangible	0.014 9*	0.012 8*	0.015 9**	0.018 8**	0.014 6*
	(0.007 7)	(0.007 6)	(0.007 5)	(0.007 8)	(0.007 5)
Sales_g	0.001 0	0.000 8	0.001 5	0.001 3	0.000 9
	(0.001 9)	(0.001 9)	(0.001 9)	(0.001 9)	(0.001 9)
MANGratio	0.133 1***	0.133 5***	0.129 6***	0.134 8***	0.135 8***
	(0.020 8)	(0.020 8)	(0.020 9)	(0.021 9)	(0.020 8)
TAXratio	-0.064 8**	-0.063 3**	-0.066 0**	-0.069 3**	-0.065 8**
	(0.027 8)	(0.027 8)	(0.027 8)	(0.028 5)	(0.027 8)
SOE_r	-0.022 9***	-0.021 9***	-0.023 5***	-0.025 1***	-0.023 1***
	(0.006 1)	(0.006 1)	(0.006 1)	(0.006 1)	(0.006 1)

续表

变量	(1)	(2)	(3)	(4)	(5)
	RD_Inv	*RD_Inv*	*RD_Inv*	*RD_Inv*	*RD_Inv*
PEratio	0.000 0	0.000 0	0.000 0	0.000 0	0.000 0
	(0.000 0)	(0.000 0)	(0.000 0)	(0.000 0)	(0.000 0)
GDP	0.002 2	0.002 1	0.001 7	-0.000 6	0.002 1
	(0.006 6)	(0.006 6)	(0.006 6)	(0.006 7)	(0.006 6)
常数项	-0.094 4	-0.093 3	-0.117 2	-0.106 0	-0.103 5
	(0.075 8)	(0.075 4)	(0.075 7)	(0.077 0)	(0.075 3)
观测值	20 196	20 196	20 074	17 898	20 196
R^2	0.052	0.052	0.053	0.052	0.052
样本企业数量	2 924	2 924	2 896	2 610	2 924
个体固定效应	控制	控制	控制	控制	控制
年份固定效应	控制	控制	控制	控制	控制

注：*、**、*** 分别代表在 10%、5%、1%的统计水平上显著，括号中为标准误。

附表 24 财务柔性、杠杆率变动与研发行为：以拟合法方式度量的财务柔性

变量	(1)	(2)	(3)	(4)	(5)
	RD_Inv	*RD_Inv*	*RD_Inv*	*RD_Inv*	*RD_Inv*
Lev	0.005 0				
	(0.008 2)				
Lev · *Flex*	0.006 2**				
	(0.002 5)				
Lev_short		0.021 4***			
		(0.008 1)			
Lev_short · *Flex*		0.008 4***			
		(0.002 8)			
Lev_long			-0.031 7**		
			(0.012 4)		
Lev_long · *Flex*			0.000 7		
			(0.005 9)		
Lev_bank				0.009 7	
				(0.009 8)	
Lev_bank · *Flex*				0.007 1*	
				(0.004 2)	
Lev_comm					0.022 1*
					(0.013 1)
Lev_comm · *Flex*					0.026 8***
					(0.005 0)
Flex	-0.001 4***	-0.001 3***	-0.000 8**	-0.001 1***	-0.001 7***
	(0.000 4)	(0.000 4)	(0.000 3)	(0.000 3)	(0.000 4)
Size	0.002 6	0.002 1	0.004 8**	0.004 2*	0.002 0
	(0.002 2)	(0.002 1)	(0.002 1)	(0.002 2)	(0.002 1)
ROA	-0.019 4	-0.007 1	-0.039 3*	-0.032 8	-0.016 6
	(0.021 8)	(0.021 5)	(0.020 9)	(0.022 3)	(0.020 9)
TobinQ	0.000 3	0.000 3	0.000 4	0.001 5**	0.000 3
	(0.000 7)	(0.000 7)	(0.000 7)	(0.000 7)	(0.000 7)

续表

变量	(1)	(2)	(3)	(4)	(5)
	RD_Inv	*RD_Inv*	*RD_Inv*	*RD_Inv*	*RD_Inv*
Trurnover	0. 013 9***	0. 012 3***	0. 013 1***	0. 014 2***	0. 012 0***
	(0. 004 0)	(0. 004 0)	(0. 004 0)	(0. 004 1)	(0. 004 1)
Tangible	0. 014 9*	0. 013 5*	0. 014 1*	0. 017 7**	0. 016 1**
	(0. 007 8)	(0. 007 7)	(0. 007 6)	(0. 007 8)	(0. 007 6)
Sales_g	0. 000 8	0. 000 6	0. 001 3	0. 001 2	0. 000 7
	(0. 001 9)	(0. 001 9)	(0. 001 9)	(0. 001 9)	(0. 001 9)
MANGratio	0. 130 3***	0. 130 6***	0. 124 3***	0. 133 0***	0. 130 5***
	(0. 021 0)	(0. 020 9)	(0. 021 0)	(0. 022 0)	(0. 021 0)
TAXratio	-0. 059 4**	-0. 059 1**	-0. 061 9**	-0. 065 4**	-0. 060 0**
	(0. 027 9)	(0. 027 9)	(0. 027 9)	(0. 028 6)	(0. 027 9)
SOE_r	-0. 023 0***	-0. 022 0***	-0. 024 0***	-0. 025 2***	-0. 022 5***
	(0. 006 1)	(0. 006 1)	(0. 006 1)	(0. 006 1)	(0. 006 1)
PEratio	0. 000 0	0. 000 0	0. 000 0	0. 000 0	0. 000 0
	(0. 000 0)	(0. 000 0)	(0. 000 0)	(0. 000 0)	(0. 000 0)
GDP	0. 002 7	0. 002 7	0. 002 2	-0. 000 7	0. 003 0
	(0. 006 6)	(0. 006 6)	(0. 006 6)	(0. 006 7)	(0. 006 6)
常数项	-0. 093 5	-0. 087 4	-0. 130 3*	-0. 100 9	-0. 085 0
	(0. 076 1)	(0. 075 7)	(0. 075 8)	(0. 077 2)	(0. 075 6)
观测值	20 143	20 143	20 028	17 882	20 143
R^2	0. 052	0. 053	0. 053	0. 053	0. 054
样本企业数量	2 921	2 921	2 894	2 610	2 921
个体固定效应	控制	控制	控制	控制	控制
年份固定效应	控制	控制	控制	控制	控制

注：*、**、***分别代表在10%、5%、1%的统计水平上显著，括号中为标准误。

附表 25　财务柔性、杠杆率变动与研发行为：以行业差值法度量的财务柔性

变量	(1)	(2)	(3)	(4)	(5)
	RD_Inv	RD_Inv	RD_Inv	RD_Inv	RD_Inv
Lev	0.014 4*				
	(0.008 4)				
Lev · Flex2	0.008 7***				
	(0.002 8)				
Lev_short		0.036 9***			
		(0.008 6)			
Lev_short · Flex2		0.012 7***			
		(0.003 2)			
Lev_long			-0.031 7**		
			(0.012 4)		
Lev_long · Flex2			0.003 8		
			(0.006 2)		
Lev_bank				0.015 3	
				(0.010 3)	
Lev_bank · Flex2				0.007 8*	
				(0.004 7)	
Lev_comm					0.052 4***
					(0.013 5)
Lev_comm · Flex2					0.028 0***
					(0.005 5)
Flex2	-0.001 5***	-0.001 2***	-0.000 9***	-0.001 0***	-0.001 5***
	(0.000 4)	(0.000 3)	(0.000 3)	(0.000 3)	(0.000 3)
Size	0.002 5	0.002 3	0.004 2**	0.004 2*	0.003 1
	(0.002 1)	(0.002 1)	(0.002 1)	(0.002 2)	(0.002 0)
ROA	-0.026 0	-0.015 4	-0.039 6*	-0.034 0	-0.028 2
	(0.021 7)	(0.021 4)	(0.020 9)	(0.022 2)	(0.020 8)
TobinQ	0.000 3	0.000 3	0.000 4	0.001 5**	0.000 3
	(0.000 7)	(0.000 7)	(0.000 7)	(0.000 7)	(0.000 7)

续表

变量	(1)	(2)	(3)	(4)	(5)
	RD_Inv	*RD_Inv*	*RD_Inv*	*RD_Inv*	*RD_Inv*
Trurnover	0. 013 9***	0. 012 4***	0. 012 3***	0. 014 1***	0. 012 2***
	(0. 004 0)	(0. 004 0)	(0. 004 0)	(0. 004 1)	(0. 004 1)
Tangible	0. 015 3**	0. 014 4*	0. 013 7*	0. 017 7**	0. 015 8**
	(0. 007 7)	(0. 007 7)	(0. 007 6)	(0. 007 9)	(0. 007 6)
Sales_g	0. 000 9	0. 000 7	0. 001 3	0. 001 2	0. 000 9
	(0. 001 9)	(0. 001 9)	(0. 001 9)	(0. 001 9)	(0. 001 9)
MANGratio	0. 132 6***	0. 133 8***	0. 128 0***	0. 133 0***	0. 136 5***
	(0. 020 8)	(0. 020 8)	(0. 020 9)	(0. 022 0)	(0. 020 9)
TAXratio	-0. 060 2**	-0. 058 7**	-0. 063 0**	-0. 065 7**	-0. 060 7**
	(0. 027 9)	(0. 027 9)	(0. 027 9)	(0. 028 6)	(0. 027 9)
SOE_r	-0. 023 1***	-0. 022 0***	-0. 023 6***	-0. 025 3***	-0. 023 0***
	(0. 006 1)	(0. 006 1)	(0. 006 1)	(0. 006 1)	(0. 006 1)
PEratio	0. 000 0	0. 000 0	0. 000 0	0. 000 0	0. 000 0
	(0. 000 0)	(0. 000 0)	(0. 000 0)	(0. 000 0)	(0. 000 0)
GDP	0. 002 4	0. 002 2	0. 001 9	-0. 000 6	0. 002 3
	(0. 006 6)	(0. 006 6)	(0. 006 6)	(0. 006 7)	(0. 006 6)
常数项	-0. 093 2	-0. 093 6	-0. 113 0	-0. 101 1	-0. 106 8
	(0. 075 9)	(0. 075 4)	(0. 075 8)	(0. 077 0)	(0. 075 4)
观测值	20 180	20 180	20 058	17 882	20 180
R^2	0. 053	0. 053	0. 053	0. 052	0. 054
样本企业数量	2 924	2 924	2 896	2 610	2 924
个体固定效应	控制	控制	控制	控制	控制
年份固定效应	控制	控制	控制	控制	控制

注：*、**、*** 分别代表在 10%、5%、1%的统计水平上显著，括号中为标准误。

附表 26　企业杠杆率变动对研发行为与投资行为选择的影响的异质性分析："僵尸企业"

变量	(1)	(2)	(3)	(4)	(5)
	RD_Inv	*RD_Inv*	*RD_Inv*	*RD_Inv*	*RD_Inv*
Lev	0. 021 4**				
	(0. 008 5)				
Lev · *Zombie*	-0. 030 6***				
	(0. 007 6)				
Lev_short		0. 028 5***			
		(0. 008 5)			
Lev_short · *Zombie*		-0. 004 2			
		(0. 008 4)			
Lev_long			0. 008 9		
			(0. 013 6)		
Lev_long · *Zombie*			-0. 090 8***		
			(0. 013 9)		
Lev_bank				0. 035 6***	
				(0. 010 4)	
Lev_bank · *Zombie*				-0. 064 2***	
				(0. 010 8)	
Lev_comm					0. 014 5
					(0. 013 6)
Lev_comm · *Zombie*					0. 050 1***
					(0. 011 7)
Zombie	0. 009 5**	-0. 001 9	0. 003 4	0. 007 9**	-0. 010 9***
	(0. 004 0)	(0. 003 8)	(0. 002 7)	(0. 003 2)	(0. 003 1)
Size	0. 003 1	0. 002 9	0. 004 8**	0. 004 2*	0. 003 4*
	(0. 002 1)	(0. 002 1)	(0. 002 1)	(0. 002 2)	(0. 002 1)
ROA	-0. 023 1	-0. 015 2	-0. 041 7**	-0. 033 1	-0. 032 4
	(0. 021 7)	(0. 021 4)	(0. 020 9)	(0. 022 2)	(0. 020 8)
TobinQ	0. 000 3	0. 000 4	0. 000 4	0. 001 6**	0. 000 4
	(0. 000 7)	(0. 000 7)	(0. 000 7)	(0. 000 7)	(0. 000 7)

续表

变量	(1)	(2)	(3)	(4)	(5)
	RD_Inv	RD_Inv	RD_Inv	RD_Inv	RD_Inv
Trurnover	0.013 1***	0.012 3***	0.012 9***	0.014 8***	0.013 6***
	(0.004 0)	(0.004 0)	(0.004 0)	(0.004 1)	(0.004 1)
Tangible	0.015 1**	0.012 8*	0.018 7**	0.020 0**	0.015 0**
	(0.007 6)	(0.007 6)	(0.007 5)	(0.007 8)	(0.007 5)
Sales_g	0.000 4	0.000 6	0.001 0	0.000 8	0.001 1
	(0.001 9)	(0.001 9)	(0.001 9)	(0.001 9)	(0.001 9)
MANGratio	0.127 2***	0.132 4***	0.124 8***	0.128 6***	0.137 4***
	(0.020 9)	(0.020 8)	(0.020 9)	(0.022 0)	(0.020 8)
TAXratio	−0.066 0**	−0.063 6**	−0.067 1**	−0.070 0**	−0.063 7**
	(0.027 8)	(0.027 8)	(0.027 8)	(0.028 4)	(0.027 8)
SOE_r	−0.023 9***	−0.022 2***	−0.025 7***	−0.024 5***	−0.022 3***
	(0.006 1)	(0.006 1)	(0.006 1)	(0.006 1)	(0.006 1)
PEratio	0.000 0	0.000 0	0.000 0	0.000 0	0.000 0
	(0.000 0)	(0.000 0)	(0.000 0)	(0.000 0)	(0.000 0)
GDP	0.002 6	0.002 1	0.002 4	0.000 0	0.002 1
	(0.006 6)	(0.006 6)	(0.006 6)	(0.006 7)	(0.006 6)
常数项	−0.110 1	−0.102 2	−0.135 2*	−0.114 0	−0.105 4
	(0.076 1)	(0.075 7)	(0.075 9)	(0.077 0)	(0.075 6)
观测值	20 196	20 196	20 074	17 898	20 196
R^2	0.053	0.052	0.055	0.054	0.053
样本企业数量	2 924	2 924	2 896	2 610	2 924
个体固定效应	控制	控制	控制	控制	控制
年份固定效应	控制	控制	控制	控制	控制

注：*、**、*** 分别代表在 10%、5%、1%的统计水平上显著，括号中为标准误。

附表 27　企业杠杆率变动对研发行为与投资行为选择的影响的异质性分析：高新技术企业

变量	(1)	(2)	(3)	(4)	(5)
	RD_Inv	RD_Inv	RD_Inv	RD_Inv	RD_Inv
Lev	0.003 3				
	(0.008 4)				
Lev · Tech	0.035 9**				
	(0.016 9)				
Lev_short		0.018 3**			
		(0.008 4)			
Lev_short · Tech		0.054 0***			
		(0.018 2)			
Lev_long			-0.029 2**		
			(0.012 6)		
Lev_long · Tech			-0.031 9		
			(0.032 9)		
Lev_bank				0.018 2*	
				(0.010 1)	
Lev_bank · Tech				-0.052 0**	
				(0.024 9)	
Lev_comm					0.015 7
					(0.013 7)
Lev_comm · Tech					0.100 1***
					(0.027 2)
Tech	-0.013 4	-0.017 0**	0.004 8	0.006 7	-0.014 4**
	(0.009 0)	(0.008 3)	(0.005 8)	(0.006 7)	(0.006 8)
Size	0.002 5	0.002 2	0.004 4**	0.004 5**	0.003 0
	(0.002 1)	(0.002 1)	(0.002 1)	(0.002 2)	(0.002 0)
ROA	-0.025 3	-0.014 6	-0.041 5**	-0.033 6	-0.027 3
	(0.021 7)	(0.021 4)	(0.020 9)	(0.022 2)	(0.020 8)
TobinQ	0.000 3	0.000 3	0.000 4	0.001 6**	0.000 5
	(0.000 7)	(0.000 7)	(0.000 7)	(0.000 7)	(0.000 7)

续表

变量	(1)	(2)	(3)	(4)	(5)
	RD_Inv	*RD_Inv*	*RD_Inv*	*RD_Inv*	*RD_Inv*
Trurnover	0.013 4***	0.011 7***	0.013 2***	0.014 8***	0.011 1***
	(0.004 0)	(0.004 0)	(0.004 0)	(0.004 1)	(0.004 1)
Tangible	0.015 1**	0.012 8*	0.016 0**	0.018 7**	0.014 3*
	(0.007 7)	(0.007 6)	(0.007 6)	(0.007 8)	(0.007 6)
Sales_g	0.001 0	0.000 8	0.001 5	0.001 3	0.000 9
	(0.001 9)	(0.001 9)	(0.001 9)	(0.001 9)	(0.001 9)
MANGratio	0.132 6***	0.134 0***	0.130 0***	0.134 3***	0.136 7***
	(0.020 8)	(0.020 8)	(0.020 9)	(0.022 0)	(0.020 8)
TAXratio	-0.065 1**	-0.064 0**	-0.065 8**	-0.068 9**	-0.065 6**
	(0.027 8)	(0.027 8)	(0.027 8)	(0.028 5)	(0.027 8)
SOE_r	-0.023 0***	-0.021 9***	-0.023 5***	-0.025 2***	-0.023 2***
	(0.006 1)	(0.006 1)	(0.006 1)	(0.006 1)	(0.006 1)
PEratio	0.000 0	0.000 0	0.000 0	0.000 0	0.000 0
	(0.000 0)	(0.000 0)	(0.000 0)	(0.000 0)	(0.000 0)
GDP	0.002 3	0.002 2	0.001 7	-0.000 8	0.001 5
	(0.006 6)	(0.006 6)	(0.006 6)	(0.006 7)	(0.006 6)
常数项	-0.086 6	-0.083 5	-0.119 4	-0.107 5	-0.090 9
	(0.075 9)	(0.075 4)	(0.075 8)	(0.076 9)	(0.075 4)
观测值	20 196	20 196	20 074	17 898	20 196
R^2	0.052	0.053	0.053	0.052	0.053
样本企业数量	2 924	2 924	2 896	2 610	2 924
个体固定效应	控制	控制	控制	控制	控制
年份固定效应	控制	控制	控制	控制	控制

注：*、**、*** 分别代表在 10%、5%、1%的统计水平上显著，括号中为标准误。

参考文献

[1] 卞江，李鑫．非理性状态下的企业投资决策：行为公司金融对非效率投资行业的解释［J］．中国工业经济，2009（7）：152-160.

[2] 蔡卫星，赵峰，曾诚．政治关系、地区经济增长与企业投资行为［J］．金融研究，2011（4）：100-112.

[3] 曾爱民．金融危机冲击、财务柔性储备与企业投资行为：来自中国上市公司的经验证据［J］．管理世界，2013（4）：107-120.

[4] 陈国进，王少谦．经济政策不确定性如何影响企业投资行为［J］．财贸经济，2016（5）：5-21

[5] 陈红兵，连玉君．财务弹性对企业投资水平和投资效率的影响［J］．经济管理，2013，（10）：109-118.

[6] 陈昆亭，周炎，龚六堂．信贷周期：中国经济 1991—2010［J］．国际金融研究，2011（12）：22-30.

[7] 陈爽英，井润田，龙小宁，等．民营企业家社会关系资本对研发投资决策影响的实证研究［J］．管理世界，2010（1）：88-97.

[8] 陈卫东，熊启跃．我国非金融企业杠杆率的国际比较与对策建议［J］．国际金融研究，2017，（2）：5-13.

[9] 陈小亮，马啸．“债务-通缩”风险与货币政策财政政策协调［J］．经济研究，2016（8）：28-42.

[10] 陈雨露，马勇，阮卓阳．金融周期和金融波动如何影响经济增长与金融稳定［J］．金融研究，2016（2）：1-22.

[11] 戴亦一，潘越，冯舒．中国企业的慈善捐赠是一种“政治献金”吗?：来自市委书记更替的证据［J］．经济研究，2014（2）：76-88.

[12] 戴赜，彭俞超，马思超．从微观视角理解经济“脱实向虚”［J］．外国经济与管理，2018（11）：31-43.

[13] 刁莉．转轨经济学［M］．武汉：武汉大学出版社，2016.

[14] 杜婷．中国经济周期波动的典型事实［J］．世界经济，2007（4）：3-12.

［15］范小云，袁梦怡，肖立晟．理解中国的金融周期：理论、测算与分析［J］．国际金融研究，2017（1）：30-40.

［16］方红生，张军．中国地方政府竞争、预算软约束与扩张偏向的财政行为［J］．经济研究，2009（12）：5-17.

［17］方军雄．企业投资决策趋同：羊群效应抑或“潮涌现象”？［J］．财经研究，2012（11）：93-103.

［18］方军雄．所有制、市场化进程与资本配置效率［J］．管理世界，2007（11）：35-43.

［19］冯建，王丹．货币政策紧缩、资产配置与企业绩效［J］．宏观经济研究，2013（6）：21-28.

［20］付文林，赵永辉．税收激励、现金流与企业投资结构偏向［J］．经济研究，2014（5）：19-33.

［21］宫汝凯，徐悦星，王大中．经济政策不确定性与企业杠杆率［J］．金融研究．2019（10）：59-78.

［22］龚强，王俊，贾珅．财政分权视角下的地方政府债务研究：一个综述［J］．经济研究，2011，（7）：145-157.

［23］龚强，张一林，林毅夫．产业结构、风险特性与最优金融结构［J］．经济研究，2014（4）：4-16.

［24］荀琴，黄益平，刘晓光．银行信贷配置真的存在所有制歧视吗？［J］．管理世界，2014（1）：16-26.

［25］苟文均，袁鹰，漆鑫．债务杠杆与系统性风险传染机制：基于 CCA 模型的分析［J］．金融研究，2016（3）：74-91.

［26］顾乃康，万小勇，陈辉．财务弹性与企业投资的关系研究［J］．管理评论，2011（6）：117-123.

［27］顾夏铭，陈勇民，潘士远．经济政策不确定性与创新：基于我国上市公司的实证分析［J］．经济研究，2018（2）：109-123.

［28］郭婧，马光荣．宏观经济稳定与国有经济投资：作用机理与实证检验［J］．管理世界，2019（9）：49-64，199.

［29］郭鹏飞，孙培源．资本结构的行业特征：基于中国上市公司的实证研究［J］．经济研究，2003（5）：66-73.

［30］郭豫媚，周璇．央行沟通、适应性学习和货币政策有效性［J］．经济研究，2018（4）：77-91.

［31］郝颖，辛清泉，刘星．地区差异、企业投资与经济增长质量［J］．经济研究，2014（3）：101-114.

［32］贺灿飞．公司总部地理集聚及其空间演变［J］．中国软科学，2007（3）：59-68.

［33］胡奕明，林文雄，李思琦，等．大贷款人角色：我国银行具有监督作用吗？［J］．经济研究，2008（10）：53-65.

［34］胡奕明，王雪婷，张瑾．金融资产配置动机：“蓄水池”或“替代”？：来自中国上市公司的证据［J］．经济研究，2017（1）：181-194.

［35］黄莲琴，屈耀辉．经营负债杠杆与金融负债杠杆效应的差异性检验［J］．会计研究，2010（9）：59-65.

［36］黄少卿，陈彦．中国僵尸企业的分布特征与分类处置［J］．中国工业经济，2017（3）：24-43.

［37］纪敏，严宝玉，李宏瑾．杠杆率结构、水平和金融稳定：理论分析框架和中国经验［J］．金融研究，2017（2）：11-25.

［38］纪洋，王旭，谭语嫣，等．经济政策不确定性、政府隐性担保与企业杠杆率分化［J］．经济学（季刊），2018（2）：449-470.

［39］贾倩，孔祥，孙铮．政策不确定性与企业投资行为：基于省级地方官员变更的实证检验［J］．财经研究，2013（2）：81-91.

［40］蒋殿春．中国上市公司资本结构和融资倾向［J］．世界经济，2003（7）：43-53，80.

［41］蒋灵多，陆毅．市场竞争加剧是否助推国有企业加杠杆［J］．中国工业经济，2018（11）：155-173.

［42］蒋瑛琨，刘艳武，赵振全．货币渠道与信贷渠道传导机制有效性的实证分析：兼论货币政策中介目标的选择［J］．金融研究，2005（5）：70-79.

［43］解维敏，方红星．金融发展、融资约束与企业研发投入［J］．金融研究，2011（5）：171-183.

［44］靳庆鲁，孔祥，侯青川．货币政策、民营企业投资效率与公司期权价值［J］．经济研究，2012（5）：97-107.

［45］鞠晓生，卢荻，虞义华．融资约束、营运资本管理与企业创新可持续性［J］．经济研究，2013（1）：5-17.

［46］雷新途，陈昆亭，林素燕，等．资产结构反映资产专用性吗：来自中国上市公司2001—2013年的经验证据［J］．南开经济研究，2016（1）：129-143.

［47］李建军，韩珣．非金融企业影子银行化与经营风险［J］．经济研究，2019（8）：75-88.

［48］李建军，韩珣．金融密度的省际差异及其决定因素：基于四层次三维度空间分布评价系统的构建与实证检验［J］．中央财经大学学报，2017（7）：28-44.

［49］李建军，马思超．中小企业过桥贷款投融资的财务效应：来自我国中小企业板上

市公司的证据［J］. 金融研究，2017（3）：116-129.

［50］李建军，薛莹，中国影子银行部门系统性风险的形成、影响与应对［J］. 数量经济技术经济研究，2014（8）：117-130.

［51］李建军，张丹俊．中小企业金融排斥的财务结构效应：来自我国中小企业板上市公司的微观证据［J］. 经济管理，2016（6）：86-99.

［52］李建军．中国未观测信贷规模的变化：1978—2008 年.［J］. 金融研究，2010（4）：40-49.

［53］李科，徐龙炳．融资约束、债务能力与公司业绩［J］. 经济研究，2011（5）：61-73.

［54］李扬，张晓晶，常欣．中国国家资产负债表：理论、方法与风险评估［M］. 北京：中国社会科学出版社，2013.

［55］李扬，张晓晶，常欣．中国国家资产负债表 2015：杠杆调整与风险管理［M］. 北京：中国社会科学出版社，2015.

［56］李志辉，王近，李源．银行信贷、资产价格与债务负担［J］. 国际金融研究，2016（9）：38-50.

［57］连玉君，苏治．上市公司现金持有：静态权衡还是动态权衡［J］. 世界经济，2008（10）：84-96.

［58］林建浩，赵文庆．中国央行沟通指数的测度与谱分析［J］. 统计研究，2015（1）：52-58.

［59］林毅夫，刘明兴，章奇．政策性负担与企业的预算软约束：来自中国的实证研究［J］. 管理世界，2004（8）：87-95，133，162.

［60］刘爱东．上市公司无形资产配置与信息披露的统计分析［J］. 财务与金融，2008（3）：29-36.

［61］刘贯春，张军，刘媛媛．金融资产配置、宏观经济环境与企业杠杆率［J］. 世界经济，2018（1）：148-173.

［62］刘贯春．金融资产配置与企业研发创新："挤出"还是"挤入"［J］. 统计研究，2017（7）：49-61.

［63］刘金叶，高铁梅．我国企业投资对财政货币政策冲击反应的实证分析［J］. 技术经济与管理研究，2009（6）：67-70.

［64］刘珺，盛宏清，马岩．企业部门参与影子银行业务机制及社会福利损失模型分析［J］. 金融研究，2014（5）：96-109.

［65］刘晓光，刘元春，王健．杠杆率、经济增长与衰退［J］. 中国社会科学，2018（6）：50-70，205.

［66］刘晓光，刘元春．杠杆率、短债长用与企业表现［J］. 经济研究．2019（7）：

127-141.

［67］刘晓光，张杰平．中国杠杆率悖论：兼论货币政策“稳增长”和“降杠杆”真的两难吗［J］．财贸经济，2016（8）：5-19.

［68］鲁晓东，连玉君．中国工业企业全要素生产率估计1999—2007［J］．经济学（季刊），2012（2）：541-558.

［69］鲁晓东．金融资源错配阻碍了中国的经济增长吗［J］．金融研究，2008（4）：59-72.

［70］陆正飞，韩霞，常琦．公司长期负债与投资行为关系研究：基于中国上市公司的实证分析［J］．管理世界，2006（1）：120-128.

［71］陆正飞，何捷，窦欢．谁更过度负债：国有还是非国有企业？［J］．经济研究，2015（12）：56-69.

［72］陆正飞，辛宇．上市公司资本结构主要影响因素之实证研究［J］．会计研究，1998（8）：36-39.

［73］陆正飞，祝继高，樊铮．银根紧缩、信贷歧视与民营上市公司投资者利益损失［J］．金融研究，2009（8）：124-136.

［74］吕炜，高帅雄，周潮．投资建设性支出还是保障性支出：去杠杆背景下的财政政策实施研究［J］．中国工业经济，2016（8）：7-24.

［75］马建堂，董小君，时红秀，等．中国的杠杆率与系统性金融风险防范［J］．财贸经济，2016（1）：5-21.

［76］马骏，张晓蓉，李治国，中国国家资产负债表研究［M］．北京：社会科学文献出版社，2012.

［77］马思超，彭俞超．加强金融监管能否促进企业“脱虚向实”？：来自2006—2015年上市公司的证据［J］．中央财经大学学报，2019（11）：39-50.

［78］马文超，胡思玥．货币政策、信贷渠道与资本结构［J］．会计研究，2012（11）：39-48.

［79］马勇，陈雨露．金融杠杆、杠杆波动与经济增长［J］．经济研究，2017（6）：31-45.

［80］马勇，田拓，阮卓阳，等．金融杠杆、经济增长与金融稳定［J］．金融研究，2016a（6）：37-51.

［81］马勇，冯心悦，田拓．金融周期与经济周期：基于中国的实证研究［J］．国际金融研究，2016b（10）：3-14.

［82］马勇，杨栋，陈雨露．信贷扩张、监管错配与金融危机：跨国实证［J］．经济研究，2009（12）：94-106.

［83］马勇，张靖岚，陈雨露．金融周期与货币政策［J］．金融研究，2017（3）：

37-57.

［84］毛德凤，刘华，彭飞．税收激励对企业投资增长与投资结构偏向的影响［J］．经济学动态，2016（7）：75-87.

［85］毛其淋，许家云．政府补贴、异质性与企业风险承担［J］．经济学（季刊），2016（3）：1533-1562.

［86］孟庆斌，师倩．宏观经济政策不确定性对企业研发的影响理论与经验研究［J］．世界经济，2017（9）：77-100.

［87］苗文龙，钟世和，周潮．金融周期、行业技术周期与经济结构优化［J］．金融研究，2018（3）：36-52.

［88］倪婷婷，王跃堂．增值税转型、集团控制与企业投资［J］．金融研究，2016（1）：160-175.

［89］牛慕鸿，纪敏．中国的杠杆率及其风险［J］．中国金融，2013（14）：55-57.

［90］彭桃英，周伟．中国上市公司高额现金持有动因研究：代理理论抑或权衡理论［J］．会计研究，2006（5）：44-51，97.

［91］彭俞超，韩珣，李建军．经济政策不确定性与企业金融化［J］．中国工业经济，2018（1）：137-155.

［92］钱爱民，张新民．经营性资产概念界定与质量评价［J］．会计研究，2009（8）：54-59.

［93］屈文洲，谢雅璐，叶玉妹．信息不对称、融资约束与投资-现金流敏感性：基于市场微观结构理论的实证研究［J］．经济研究，2011（6）：106-118.

［94］权小锋，吴世农，尹洪英．企业社会责任与股价崩盘风险“价值利器”或“自利工具”［J］．经济研究，2015（11）：49-64.

［95］齐寅峰，王曼舒，黄福广，等．中国企业投融资行为研究：基于问卷调查结果的分析［J］．管理世界，2005（3）：94-114.

［96］饶品贵，姜国华．货币政策对银行信贷与商业信用互动关系影响研究［J］．经济研究，2013a（1）：68-82.

［97］饶品贵，姜国华．货币政策、信贷资源配置与企业业绩［J］．管理世界，2013b（3）：12-22.

［98］饶品贵，岳衡，姜国华．经济政策不确定性与企业投资行为研究［J］．世界经济，2017（2）：29-53

［99］邵红霞，方军雄．我国上市公司无形资产价值相关性研究：基于无形资产明细分类信息的再检验［J］．会计研究，2006（12）：27-34.

［100］邵挺．金融错配、所有制结构与资本回报率：来自 1999—2007 年我国工业企业研究［J］．金融研究，2010（9）：51-68.

[101] 申广军. 比较优势与僵尸企业：基于新结构经济学视角的研究 [J]. 管理世界, 2016 (12)：13-24.

[102] 宋军, 陆旸. 非货币金融资产和经营收益率的 U 形关系：来自我国上市非金融公司的金融化证据 [J]. 金融研究, 2015 (6)：111-127.

[103] 宋玉华, 徐前春. 世界经济周期理论的文献述评 [J]. 世界经济, 2004 (6)：66-76.

[104] 苏冬蔚, 曾海舰. 宏观经济因素与公司资本结构变动 [J]. 经济研究, 2009 (12)：52-65.

[105] 苏坤. 国有金字塔层级对公司风险承担的影响：基于政府控制级别差异的分析 [J]. 中国工业经济, 2016 (6)：127-143.

[106] 苏依依, 周长辉. 企业创新的集群驱动 [J]. 管理世界, 2008 (3)：100-110.

[107] 谭小芬, 张文婧. 经济政策不确定性影响企业投资的渠道分析 [J]. 世界经济, 2017 (12)：5-28.

[108] 田利辉. 国有产权、预算软约束和中国上市公司杠杆治理 [J]. 管理世界, 2005 (7)：123-128.

[109] 童盼, 陆正飞. 负债融资、负债来源与企业投资行为：来自中国上市公司的经验证据 [J]. 经济研究, 2005 (5)：75-84.

[110] 童盼. 负债期限结构与企业投资规模：来自中国 A 股上市公司的经验研究 [J]. 经济科学, 2015 (5)：93-101.

[111] 汪莉. 隐性存保、"顺周期"杠杆与银行风险承担 [J]. 经济研究, 2017 (10)：69-83.

[112] 汪晓春. 企业创新投资决策的资本结构条件 [J]. 中国工业经济, 2002 (10)：85-91.

[113] 汪勇, 马新彬, 周俊仰. 货币政策与异质性企业杠杆率：基于纵向产业结构的视角 [J]. 金融研究, 2018 (5)：47-64.

[114] 王朝阳, 张雪兰, 包慧娜. 经济政策不确定性与企业资本结构动态调整及稳杠杆 [J]. 中国工业经济, 2018 (12)：134-151.

[115] 王国刚. "去杠杆"：范畴界定、操作重心和可选之策 [J]. 经济学动态, 2017 (7)：18-27.

[116] 王国刚. 中国货币政策目标的实现机理分析：2001—2010 [J]. 经济研究, 2012 (12)：4-14.

[117] 王红建, 李青原, 邢斐. 经济政策不确定性、现金持有水平及其市场价值 [J]. 金融研究, 2014 (9)：53-68.

[118] 王凯, 武立东. 环境不确定性与企业创新：企业集团的缓冲作用 [J]. 科技管

理研究，2016（10）：191-196.

［119］王鲁平，毛伟平．财务杠杆、投资机会与公司投资行为：基于制造业上市公司 Panel Data 的证据［J］．管理评论，2010（11）：99-110.

［120］王彦超．融资约束、现金持有与过度投资［J］．金融研究，2009（7）：125-137.

［121］王义中，宋敏．宏观经济不确定性、资金需求与公司投资［J］．经济研究，2014（2）：4-17.

［122］王宇伟，盛天翔，周耿．宏观政策、金融资源配置与企业部门高杠杆率［J］．金融研究，2018（1）：36-52.

［123］王玉泽，罗能生，刘文彬．什么样的杠杆率有利于企业创新［J］．中国工业经济，2019（3）：138-155.

［124］王正位，朱武祥．市场非有效与公司投机及过度融资［J］．管理科学学报，2010（2）：54-61.

［125］魏明海，柳建华．国企分红、治理因素与过度投资［J］．管理世界，2007（4）：94-101.

［126］温军，冯根福，刘志勇．异质债务、企业规模与 R&D 投入［J］．金融研究，2011（1）：171-185.

［127］吴军，陈丽萍．非金融企业金融化程度与杠杆率变动的关系：来自 A 股上市公司和发债非上市公司的证据［J］．金融论坛，2018（1）：3-15.

［128］肖泽忠，邹宏．中国上市公司资本结构的影响因素和股权融资偏好［J］．经济研究，2008（6）：119-134.

［129］肖作平．上市公司资本结构与公司绩效互动关系实证研究［J］．管理科学，2005，18（3）：16-22.

［130］谢家智，王文涛，江源．制造业金融化、政府控制与技术创新［J］．经济学动态，2014（11）：78-88.

［131］谢乔昕．货币政策冲击对企业 R&D 投入的影响研究［J］．科学学研究，2017（1）：96-103.

［132］辛清泉，林斌．债务杠杆与企业投资：双重预算软约束视角［J］．财经研究，2006（7）：73-83.

［133］徐奇渊．去杠杆背景下工业企业的结构分化［J］．国际经济评论，2019（2）：9，114-124.

［134］闫海洲，陈百助．产业上市公司的金融资产市场效应与持有动机［J］．经济研究，2018（7）：152-166.

［135］姚明安，孔莹．财务杠杆对企业投资的影响：股权集中背景下的经验研究［J］．会计研究，2008（4）：33-40.

[136] 于蔚，汪淼军，金祥荣．政治关联和融资约束：信息效应与资源效应［J］．经济研究，2012（9）：125-139.

[137] 余明桂，潘红波．政治关系、制度环境与民营企业银行贷款［J］．管理世界，2008（8）：9-21.

[138] 喻坤，李治国，张晓蓉，等．企业投资效率之谜：融资约束假说与货币政策冲击［J］．经济研究，2014（5）：106-120.

[139] 战明华．金融摩擦、货币政策银行信贷渠道与信贷资源的产业间错配［J］．金融研究，2015（5）：47-64.

[140] 张成思，张步昙．再论金融与实体经济：经济金融化视角［J］．经济学动态，2015（6）：56-66.

[141] 张成思，张步昙．中国实业投资率下降之谜：经济金融化视角［J］．经济研究，2016（12）：32-46.

[142] 张天华，张少华．中国工业企业全要素生产率的稳健估计［J］．世界经济，2016，39（4）：44-69.

[143] 张新民．资产负债表从要素到战略［J］．会计研究，2014（5）：19-28.

[144] 张一林，龚强，荣昭．技术创新、股权融资与金融结构转型［J］．管理世界，2016（11）：65-80.

[145] 张永冀，孟庆斌．预期通货膨胀与企业资产结构［J］．会计研究，2016（7）：27-34.

[146] 赵龙凯，岳衡，矫堃．出资国文化特征与合资企业风险关系探究［J］．经济研究，2014（1）：70-82.

[147] 中国人民银行杠杆率研究课题组．中国经济杠杆率水平评估及潜在风险研究［J］．金融监管研究，2014（5）：23-38.

[148] 中国人民银行营业管理部课题组．预算软约束、融资溢价与杠杆率：供给侧结构性改革的微观机理与经济效应研究［J］．经济研究，2017（10）：55-68.

[149] 钟凯，程小可，张伟华．货币政策适度水平与企业“短贷长投”之谜［J］．管理世界，2016（3）：87-98，114.

[150] 钟宁桦，刘志阔，何嘉鑫，等．我国企业债务的结构性问题［J］．经济研究，2016（7）：102-117.

[151] 周彬，周彩．土地财政、企业杠杆率与债务风险［J］．财贸经济，2019（3）：19-36.

[152] 周煜皓，张盛勇．金融错配、资产专用性与资本结构［J］．会计研究，2014（8）：75-80.

[153] 朱红军，何贤杰，陈信元．金融发展、预算软约束与企业投资［J］．会计研究，

2006（10）：66-73，98.

［154］朱武祥．现代财务管理基础［M］．北京：清华大学出版社，1997.

［155］祝继高，陆正飞．货币政策、企业成长与现金持有水平变化［J］．管理世界，2009（3）：52-58.

［156］庄聪生，全哲洙．小型微型企业保生存谋发展（2012）［M］．北京：中华工商联合出版社，2013.

［157］AIVAZIAN V A，GE Y，QIU J. The impact of leverage on firm investment：Canadian evidence［J］. Journal of corporate finance，2005a，11（1-2）：277-291.

［158］AIVAZIAN V A，GE Y，QIU J. Debt maturity structure and firm investment［J］. Financial management，2005b，34（4）：107-119.

［159］AKKEMIK K A，ÖZEN Ş. Macroeconomic and institutional determinants of financialisation of non-financial firms：case study of Turkey［J］. Socio-economic review，2014，12（1）：71-98.

［160］ALESINA A，ARDAGNA S，PEROTTI R，et al. Fiscal policy，profits，and investment［J］. The American economic review，2002，92（3）：571-589.

［161］ALESSI L，DETKEN C. 'Real time' early warning indicators for costly asset price boom / bust cycles：a role for global liquidity［R］. ECB working paper，No. 1039，2009.

［162］ALKHATIB K. The determinants of leverage of listed companies［J］. International journal of business and social science，2012，3（24）：78-83.

［163］ALLEN F，GALE D. Bubbles and crises［J］. The economic journal，2000，110（460）：236-255.

［164］ALLEN F，QIAN J，QIAN M. Law，finance，and economic growth in China［J］. Journal of financial economics，2005，77（1）：57-116.

［165］ALLEN M，ROSENBERG C，KELLER C，et al. A balance sheet approach to financial crisis［R］. IMF working paper，No. 02/210，2002.

［166］ALMEIDA H，CAMPELLO M，WEISBACH M S. The cash flow sensitivity of cash［J］. The journal of finance，2004，59（4）：1777-1804.

［167］ANG J B. A survey of recent developments in the literature of finance and growth［J］. Journal of economic surveys，2008，22（3）：536-576.

［168］ANG J S，CHENG Y，WU C. Does enforcement of intellectual property rights matter in China?：evidence from financing and investment choices in the high-tech industry［J］. Review of economics and statistics，2014，96（2）：332-348.

［169］ARCAND J L，BERKES E，PANIZZA U. Too much finance?［J］. Journal of economic growth，2015，20（2）：105-148.

[170] BAKER S R, BLOOM N, DAVIS S J. Measuring economic policy uncertainty [J]. The quarterly journal of economics, 2016, 131 (4): 1593-1636.

[171] BALKIN D B, MARKMAN G D, GOMEZ-MEJIA L R. Is CEO pay in high-technology firms related to innovation? [J]. Academy of management journal, 2000, 43 (6): 1118-1129.

[172] Bank for International Settlements (BIS). 84th Annual Report: 1 April 2013-31 March 2014 [R], BIS Annual Report, 2014.

[173] BARCLAY M J, SMITH C W. The maturity structure of corporate debt [J]. The journal of finance, 1995, 50 (2): 609-631.

[174] BARKER V L, MUELLER G C. CEO characteristics and firm R&D spending [J]. Management science, 2002, 48 (6): 782-801.

[175] BARNEA A, HAUGEN R A, SENBET L W. A rationale for debt maturity structure and call provisions in the agency theoretic framework [J]. The journal of finance, 1980, 35 (5): 1223-1234.

[176] BAUM C F, CHAKRABORTY A, LIU B. The impact of macroeconomic uncertainty on firms' changes in financial leverage [J]. International journal of finance and economics, 2010, 15 (1): 22-30.

[177] BAUM C F, STEPHAN A, TALAVERA O. The effects of uncertainty on the leverage of nonfinancial firms [J]. Economic inquiry, 2009, 47 (2): 216-225.

[178] BAXTER N D. Leverage, risk of ruin and the cost of capital [J]. The journal of finance, 1967, 22 (3): 395-403.

[179] BECK T, LEVINE R. Stock markets, banks, and growth: panel evidence [J]. Journal of banking and finance, 2004, 28 (3): 423-442.

[180] BERK J B, STANTON R, ZECHNER J. Human capital, bankruptcy, and capital structure [J]. The journal of finance, 2010, 65 (3): 891-926.

[181] BERNANKE B S, GERLTER M, GILCHRIST S. The financial accelerator in a quantitative business cycle framework [C] //Taylor J B, Woodford M. Handbook of Macroeconomics, 1999, Volume 1C, 1341-1393.

[182] BERNANKE B S, GERTLER M. Agency costs, net worth, and business fluctuations [J]. The American economic review, 1989, 79 (1): 14-31.

[183] BERNANKE B S, LOWN C S, FRIEDMAN B M. The credit crunch [J]. Brookings papers on economic activity, 1991, 1991 (2): 205-247.

[184] BERNANKE B S. Non-monetary effects of the financial crisis in the propagation of the great depression [J]. The American economic review, 1983, 73 (3): 257-276.

[185] BHAMRA H S, KUEHN L A, STREBULAEV I A. The levered equity risk premium and credit spreads: a unified framework [J]. The Review of financial studies, 2010, 23 (2): 645-703.

[186] BHATIA A V, BAYOUMI T. Leverage? what leverage? a deep dive into the US flow of funds in search of clues to the global crisis [R]. IMF working paper, No. 12/162, 2012.

[187] BLOOM N, BOND S, VAN REENEN J. Uncertainty and investment dynamics [J]. The review of economic studies, 2007, 74 (2): 391-415.

[188] BLUNDELL R, BOND S, DEVEREUX M, et al. Investment and Tobin's Q: evidence from company panel data [J]. Journal of econometrics, 1992, 51 (1-2): 233-257.

[189] BORIO C, FURFINE C, LOWE P. Procyclicality of the financial system and financial stability: issues and policy options [R]. BIS papers, 2001, 1 (3): 1-57.

[190] BORIO C. The financial cycle and macroeconomics: What have we learnt? [J]. Journal of banking and finance. 2014. 45 (2): 182-198.

[191] BOWEN R M, DALEY L A, HUBER JR C C. Evidence on the existence and determinants of inter-industry differences in leverage [J]. Financial management, 1982, 11 (4): 10-20.

[192] BRADLEY M, JARRELL G A, KIM E H. On the existence of an optimal capital structure: theory and evidence [J]. The journal of finance, 1984, 39 (3): 857-878.

[193] BRANDT L, LI H. Bank discrimination in transition economies: Ideology, information, or incentives? [J]. Journal of comparative economics, 2003, 31 (3): 387-413.

[194] BRISSIMIS S N, MAGGINAS N S. Changes in financial structure and asset price substitutability: a test of the bank lending channel [J]. Economic modelling, 2005, 22 (5): 879-904.

[195] BROUNEN D, DE JONG A, KOEDIJK K. Corporate finance in Europe: confronting theory with practice [J]. Financial management, 2004, 33 (4): 71-101.

[196] BROWN J R, FAZZARI S M, PETERSEN B C. Financing innovation and growth: cash flow, external equity, and the 1990s R&D boom [J]. The Journal of finance, 2009, 64 (1): 151-185.

[197] BRUNNERMEIER M, KRISHNAMURTHY A. Risk topography: systemic risk and macro modeling [M]. Chicago: The University of Chicago Press, 2014.

[198] BULAN L T, SUBRAMANIAN N. A closer look at dividend omissions: payout policy, investment and financial flexibility [J/OL]. Available at SSRN: 1335854, 2009.

[199] CABALLERO R J, HOSHI T, KASHYAP A K. Zombie lending and depressed restructuring in Japan [J]. The American economic review, 2008, 98 (5): 1943-77.

[200] CAMPELLO M. Capital structure and product markets interactions: evidence from

business cycles [J]. Journal of financial economics, 2003, 68 (3): 353-378.

[201] CAMPELLO M. Debt financing: Does it boost or hurt firm performance in product markets? [J]. Journal of financial economics, 2006, 82 (1): 135-172.

[202] CECCHETTI S G, KHARROUBI E. Reassessing the impact of finance on growth [R]. BIS working papers, No. 381, 2012.

[203] CHANG A C, LI P. Measurement error in macroeconomic data and economics research: data revisions, gross domestic product, and gross domestic income [J]. Economic inquiry, 2018, 56 (3): 1846-1869.

[204] CHANG X, DASGUPTA S, WONG G, et al. Cash-flow sensitivities and the allocation of internal cash flow [J]. The review of financial studies, 2014, 27 (12): 3628-3657.

[205] CHEN A A, CAO H, ZHANG D, et al. The impact of shareholding structure on firm investment: evidence from Chinese listed companies [J]. Pacific-basin finance journal, 2013, 25 (11): 85-100.

[206] CHEN H J, CHEN S J. Investment-cash flow sensitivity cannot be a good measure of financial constraints: evidence from the time series [J]. Journal of financial economics, 2012, 103 (2): 393-410.

[207] CHEN J, JIANG C, LIN Y. What determine firms' capital structure in China? [J]. Managerial finance, 2014, 40 (10): 1024-1039.

[208] CHITTENDEN F, HALL G, HUTCHINSON P. Small firm growth, access to capital markets and financial structure: review of issues and an empirical investigation [J]. Small business economics, 1996, 8 (1): 59-67.

[209] CHIVAKUL M, LAM M R W. Assessing China's corporate sector vulnerabilities [R]. IMF working paper, No. 15/27, 2015.

[210] CHOE H, MASULIS R W, NANDA V. Common stock offerings across the business cycle: theory and evidence [J]. Journal of empirical finance, 1993, 1 (1): 3-31.

[211] CHRISTIANO L J, MOTTO R, ROSTAGNO M. Financial factors in economic fluctuations [R]. ECB working paper No. 1192, 2010.

[212] CLAESSENS S, KOSE M A, TERRONES M E. Financial cycles: what? how? when? [R]. IMF working paper, No. 11/76, 2011.

[213] CLAESSENS S, KOSE M A, TERRONES M E. How do business and financial cycles interact? [J]. Journal of international economics, 2012, 87 (1): 178-190.

[214] CLARKE D C. Corporate governance in China: an overview [J]. China economic review, 2003, 14 (9): 494-507.

[215] CLEARY S. The relationship between firm investment and financial status [J]. The

journal of finance, 1999, 54 (2): 673-692.

[216] COGET J F. Does national culture affect firm investment in training and development? [J]. Academy of management perspectives, 2011, 25 (4): 85-87.

[217] COOLEY T F, QUADRINI V. Monetary policy and the financial decisions of firms [J]. Economic theory, 2006, 27 (1): 243-270.

[218] CORICELLI F, DRIFFIELD N, PAL S, ROLAND I. When does leverage hurt productivity growth? a firm-level analysis [J]. Journal of international money and finance, 2012, 31 (6): 1674-1694.

[219] CUSTÓDIO C, FERREIRA M A, LAUREANO L. Why are US firms using more short-term debt? [J]. Journal of financial economics, 2013, 108 (1): 182-212.

[220] DALIO R. Economic principles [R]. Research by bridgewater associates, 2014.

[221] DALZIEL T, GENTRY R J, BOWERMAN M. An integrated agency - resource dependence view of the influence of directors' human and relational capital on firms' R&D spending [J]. Journal of management studies, 2011, 48 (6): 1217-1242.

[222] DANGL T, WU Y. Corporate investment over the business cycle [J]. Review of finance, 2016, 20 (1): 337-371.

[223] DEMIR F. Capital market imperfections and financialization of real sectors in emerging markets: private investment and cash flow relationship revisited [J]. World development, 2009a, 37 (5): 953-964.

[224] DEMIR F. Financial liberalization, private investment and portfolio choice: financialization of real sectors in emerging markets [J]. Journal of development economics, 2009b, 88 (2): 314-324.

[225] DENIS D J, SIBILKOV V. Financial constraints, investment, and the value of cash holdings [J]. The Review of financial studies, 2010, 23 (1): 247-269.

[226] DEWATRIPONT M, MASKIN E. Credit and efficiency in centralized and decentralized economies [J]. The Review of economic studies, 1995, 62 (4): 541-555.

[227] DIAMOND D W. Debt maturity structure and liquidity risk [J]. The quarterly journal of economics, 1991, 106 (3): 709-737.

[228] DING S, GUARIGLIA A, KNIGHT J. Investment and financing constraints in China: does working capital management make a difference? [J]. Journal of banking and finance, 2013, 37 (5): 1490-1507.

[229] DOUGAL C, PARSONS C A, TITMAN S. Urban vibrancy and corporate growth [J]. The journal of finance, 2015, 70 (1): 163-210.

[230] DREHMANN M, BORIO C E V, TSATSARONIS K. Characterising the financial

cycle: don't lose sight of the medium term! [R]. BIS working paper, No. 380, 2012.

[231] DU J, LI C, WANG Y. A comparative study of shadow banking activities of non-financial firms in transition economies [J]. China economic review, 2017, 46 (12): S35-S49.

[232] DUCHIN R, GILBERT T, HARFORD J, et al. Precautionary savings with risky assets: when cash is not cash [J]. The journal of finance, 2017, 72 (2): 793-852.

[233] DUCHIN R. Cash Holdings and corporate diversification [J]. The Journal of finance, 2010, 65 (3): 955-992.

[234] EGGERTSSON G B, KRUGMAN P. Debt, deleveraging, and the liquidity trap: a Fisher-Minsky-Koo approach [J]. The quarterly journal of economics, 2012, 127 (3): 1469-1513.

[235] EINARSSON T, MARQUIS M H. Bank intermediation over the business cycle [J]. Journal of money, credit and banking, 2001, 33 (4): 876-899.

[236] ELEKDAG S, WU Y. Rapid Credit growth: boon or boom-bust? [R]. IMF working paper, No. 11/241, 2011.

[237] FAMA E F, MILLER M H. The theory of finance [M]. New York: Holt Rinehart & Winston, 1972.

[238] FAZZARI S M, HUBBARD R G, PETERSEN B C, et al. Financing constraints and corporate investment [J]. Brookings papers on economic activity, 1988, 1988 (1): 141-206.

[239] FELTHAM G A, OHLSON J A. Valuation and clean surplus accounting for operating and financial activities [J]. Contemporary accounting research, 1995, 11 (2): 689-731.

[240] FISCHER E O, HEINKEL R, ZECHNER J. Dynamic capital structure choice: theory and tests [J]. The journal of finance, 1989, 44 (1): 19-40.

[241] FISHER I. The debt-deflation theory of great depressions [J]. Econometrica, 1933, 1 (4): 337-357.

[242] FRÉSARD L. Financial strength and product market behavior: the real effects of corporate cash holdings [J]. The journal of finance, 2010, 65 (3): 1097-1122.

[243] GALE D, HELLWIG M. Incentive-compatible debt contracts: the one-period problem [J]. The review of economic studies, 1985, 52 (4): 647-663.

[244] GAMBA A, TRIANTIS A. The value of financial flexibility [J]. The journal of finance, 2008, 63 (5): 2263-2296.

[245] GERTLER M, GILCHRIST S, NATALUCCI F. External constraints on monetary policy and the financial accelerator [J]. Journal of money, credit and banking, 2007, 39 (3): 295-330.

[246] GERTLER M, GILCHRIST S. Monetary policy, business cycles, and the behavior of small manufacturing firms [J]. The quarterly journal of economics, 1994, 109 (2): 309-340.

[247] GERTLER M, GILCHRIST S. The role of credit market imperfections in the monetary transmission mechanism: arguments and evidence [J]. The Scandinavian journal of economics, 1993, 95 (1): 43-64.

[248] GERTLER M. Corporate financial policy, taxation and macroeconomic risk [J]. RAND journal of economics, 1993, 24 (2): 286-303.

[249] GIVOLY D, HAYN C, OFER A R, et al. Taxes and capital structure: evidence from firms' response to the tax reform act of 1986 [J]. The review of financial studies, 1992, 5 (2): 331-355.

[250] GOURINCHAS P O, OBSTFELD M. Stories of the twentieth century for the twenty-first [J]. American economic journal: macroeconomics, 2012, 4 (1): 226-65.

[251] GRAHAM J R, HARVEY C R. The theory and practice of corporate finance: evidence from the field [J]. Journal of financial economics, 2001, 60 (2-3): 187-243.

[252] GRAMLICH E M. Infrastructure investment: a review essay [J]. Journal of economic literature, 1994, 32 (3): 1176-1196.

[253] GUARIGLIA A, YANG J. A balancing act: managing financial constraints and agency costs to minimize investment inefficiency in the Chinese market [J]. Journal of corporate finance, 2016, 36 (2): 111-130.

[254] GUEDES J, OPLER T. The determinants of the maturity of corporate debt issues [J]. The journal of finance, 1996, 51 (5): 1809-1833.

[255] GULEN H, ION M. Policy uncertainty and corporate investment [J]. The review of financial studies, 2016, 29 (3): 523-564.

[256] HALL B H. Investment and research and development at the firm level: does the source of financing matter? [R]. National Bureau of Economic Research, working paper, No. 4096, 1992.

[257] HALL B H. The financing of research and development [J]. Oxford review of economic policy, 2002, 18 (1): 35-51.

[258] HALL R E, Jorgenson D W. Tax policy and investment behavior [J]. The American economic review, 1967, 57 (3): 391-414.

[259] HALLING M, YU J, ZECHNER J. Leverage dynamics over the business cycle [J]. Journal of financial economics, 2016, 122 (1): 21-41.

[260] HAN S, QIU J. Corporate precautionary cash holdings [J]. Journal of corporate finance, 2007, 13 (1): 43-57.

[261] HARRIS M, RAVIV A. Capital structure and the informational role of debt [J]. The journal of finance, 1990, 45 (2): 321-349.

[262] HARRIS M, RAVIV A. The theory of capital structure [J]. The journal of finance,

1991, 46 (1): 297-355.

[263] HATZINIKOLAOU D, KATSIMBRIS G M, NOULAS A G. Inflation uncertainty and capital structure: evidence from a pooled sample of the Dow - Jones industrial firms [J]. International review of economics and finance, 2002, 11 (1): 45-55.

[264] HE Q, XUE C, ZHU C. Financial development and patterns of industrial specialization: evidence from China [J]. Review of finance, 2017, 21 (4): 1593-1638.

[265] HEATH T L. The Works of archimedes [M]. New York: Cambridge University Press, 1897.

[266] HEINEMANN F, ULLRICH K. Does it pay to watch central bankers' lips? the information content of ECB wording [J]. Swiss journal of economics and statistics, 2007, 143 (2): 155-185.

[267] HIMMELBERG C P, PETERSEN B C. R & D and internal finance: a panel study of small firms in high-tech industries [J]. The Review of economics and statistics, 1994, 76 (1): 38-51.

[268] HODGMAN D R. The deposit relationship and commercial bank investment behavior [J]. The review of economics and statistics, 1961: 257-268.

[269] ROBERT J. HODRICK R J, PRESCOTT E C. Postwar U. S. business cycles: an empirical investigation [J]. Journal of money, credit and banking, 1997, 29 (1): 1-16.

[270] HOLMSTROM B, TIROLE J. Financial intermediation, loanable funds, and the real sector [J]. The quarterly journal of economics, 1997, 112 (3): 663-691.

[271] HOLMSTROM B, TIROLE J. Private and public supply of liquidity [J]. Journal of political economy, 1998, 106 (1): 1-40.

[272] HORST T. The comparable profits method [J]. Tax notes international, 1993, 14 (6): 1443-1458.

[273] HOSHI T, KASHYAP A, SCHARFSTEIN D. Corporate structure, liquidity, and investment: evidence from Japanese industrial groups [J]. The quarterly journal of economics, 1991, 106 (1): 33-60.

[274] HUANG B Y, LIN C M, HUANG C M. The influences of ownership structure: evidence from China [J]. The journal of developing areas, 2011, 45: 209-227.

[275] INTERNATIONAL MONETARY FUND (IMF). Vulnerabilities, legacies, and policy challenges-risks rotating to emerging markets [R]. IMF global financial stability report, 2015.

[276] JENSEN M C, MECKLING W H. Theory of the firm: managerial behavior, agency costs and ownership structure [J]. Journal of financial economics, 1976, 3 (4): 305-360.

[277] JENSEN M C. Agency costs of free cash flow, corporate finance, and takeovers [J].

The American economic review, 1986, 76 (2): 323-329.

[278] JIANG W, ZENG Y. State ownership, bank loans, and corporate investment [J]. International review of economics and finance, 2014, 32: 92-116.

[279] JOHANSSON A C, FENG X. The state advances, the private sector retreats? firm effects of China's great stimulus programme [J]. Cambridge journal of economics, 2016, 40 (6): 1635-1668.

[280] JONES J P. The implications of firms' investment opportunities for the valuation of cash flows from investing activities [J]. Advances in accounting, 2001, 18 (1): 169-193.

[281] JORDÀ Ò, SCHULARICK M, TAYLOR A M. Macrofinancial history and the new business cycle facts [J]. NBER macroeconomics annual, 2017, 31 (1): 213-263.

[282] KANE A, MARCUS A J, MCDONALD R L. How big is the tax advantage to debt? [J]. The journal of finance, 1984, 39 (3): 841-853.

[283] KAPLAN S N, ZINGALES L. Do investment-cash flow sensitivities provide useful measures of financing constraints? [J]. The quarterly journal of economics, 1997, 112 (1): 169-215.

[284] KASHYAP A K, STEIN J C, WILCOX D W. Monetary policy and credit conditions: evidence from the composition of external finance [J]. The American economic review, 1993, 83 (1): 78-98.

[285] KAYA H D, BANERJEE G. The impact of monetary policy and firm characteristics on firms' short-term assets, liabilities, term structure of debt and liquidity ratios: evidence from US industrial firms [J]. Journal of accounting, business and management, 2014, 21 (2): 22-35.

[286] KAYO E K, KIMURA H. Hierarchical determinants of capital structure [J]. Journal of banking and finance, 2011, 35 (2): 358-371.

[287] KEYNES J M. the general Theory of interest, employment and money [M]. London: Macmillan and Co., 1936.

[288] KIYOTAKI N, MOORE J. Credit cycles [J]. Journal of political economy, 1997, 105 (2): 211-248.

[289] KIYOTAKI N, WRIGHT R. A contribution to the pure theory of money [J]. Journal of economic theory, 1991, 53 (2): 215-235.

[290] KLIMAN A, WILLIAMS S. Why 'Financialization' hasn't depressed US productive investment [J]. Cambridge journal of economics, 2015, 39 (1): 67-92.

[291] KOO R C. The holy grail of macroeconomics: lessons from Japan's great recession [M]. New York: John Wiley & Sons Inc, 2009.

[292] KORAJCZYK R A, LEVY A. Capital structure choice, macroeconomic conditions and financial constraints [J]. Journal of financial economics, 2003, 68 (1): 75-109.

[293] KORNAI J. Economics of shortage [M]. Amsterdam: North-Holland. 1980.

[294] KOSOVÁ R, LAFONTAINE F, PERRIGOT R. Organizational form and performance: evidence from the hotel industry [J]. Review of economics and statistics, 2013, 95 (4): 1303-1323.

[295] KRIPPNER G R. The financialization of the American economy [J]. Socio-economic review, 2005, 3 (2): 173-208.

[296] KWON H U, NARITA F, NARITA M. Resource reallocation and zombie lending in Japan in the 1990s [J]. Review of economic dynamics, 2015, 18 (4): 709-732.

[297] LEARY M T. Bank loan supply, lender choice and corporate capital structure [J]. The journal of finance, 2009, 64 (3): 1143-1185.

[298] LEMMON M, ROBERTS M R. The response of corporate financing and investment to changes in the supply of credit [J]. Journal of financial and quantitative analysis, 2010, 45 (3): 555-587.

[299] LEVINE R, LOAYZA N, BECK T. Financial intermediation and growth: causality and causes [J]. Journal of monetary economics, 2000, 46 (1): 31-77.

[300] LEVINE R. Finance and growth: theory and evidence [C] //AGHION P, DURLAUF S N. Handbook of economic growth, 2005, Volume 1: 865-934.

[301] LEVINSOHN J, PETRIN A. Estimating production functions using inputs to control for unobservables [J]. The review of economic studies, 2003, 70 (2): 317-341.

[302] LEVY A. AND HENNESSY C. Why does capital structure choice vary with macroeconomic conditions [J]. Journal of monetary economics, 2007, 54 (6): 1545-1564.

[303] LEWIS V, WINKLER R. Fiscal policy and business formation in open economies [J]. Research in economics, 2015, 69 (4): 603-620.

[304] LI D D. Public ownership as a sufficient condition for the soft budget constraint [R]. University of Michigan working paper No. 93-07, 1992.

[305] LIANG J, LI F, SONG H. An explanation of capital structure of china's listed property firms [J]. Property management, 2014, 32 (1): 4-15.

[306] LIN C, LIN P, SONG F M, et al. Managerial incentives, CEO characteristics and corporate innovation in China's private sector [J]. Journal of comparative economics, 2011, 39 (2): 176-190.

[307] LIND J T, MEHLUM H. With or without U? The appropriate test for a U-shaped relationship [J]. Oxford bulletin of economics and statistics, 2010, 72 (1): 109-118.

[308] LOUNGANI P, RUSH M. The effect of changes in reserve requirements on investment and GNP [J]. Journal of money, credit and banking, 1995, 27 (2): 511-526.

[309] MALLICK S, YANG Y. Sources of financing, profitability and productivity: first evidence from matched firms [J]. Financial markets, institutions and instruments, 2011, 20 (5): 221-252.

[310] MARCHICA M T, MURA R. Financial flexibility, investment ability, and firm value: evidence from firms with spare debt capacity [J]. Financial management, 2010, 39 (4): 1339-1365.

[301] MARKOWITZ H. Portfolio selection [J]. The journal of finance, 1952, 7 (1): 77-91.

[312] MARSH P. The choice between equity and debt: an empirical study [J]. The journal of finance, 1982, 37 (1): 121-144.

[313] MCKINNON R I. Money and capitalin economic development [M]. Washington D. C.: Brookings Institution, 1973.

[314] MENDOZA E G, TERRONES M E. An anatomy of credit booms and their demise [R]. National Bureau of Economic Research, working paper, No. 18379, 2012.

[315] MENDOZA E G, TERRONES M E. An anatomy of credit booms: evidence from macro aggregates and micro data [R]. National Bureau of Economic Research, working paper, No. 14049, 2008.

[316] MILLER D, FRIESEN P H. Innovation in conservative and entrepreneurial firms: two models of strategic momentum [J]. Strategic management journal, 1982, 3 (1): 1-25.

[317] MINSKY H P. Stabilizing an unstable economy [M]. New Haven: Yale University Press, 1986.

[318] MODIGLIANI F, MILLER M H. Corporate income taxes and the cost of capital: a correction [J]. The American economic review, 1963, 53 (3): 433-443.

[319] MODIGLIANI F, MILLER M H. The cost of capital, corporation finance and the theory of investment [J]. The American economic review, 1958, 48 (3): 261-297.

[320] MORCK R, NAKAMURA M. Banks and corporate control in Japan [J]. The Journal of finance, 1999, 54 (1): 319-339.

[321] MORGADO A, PINDADO J. The underinvestment and overinvestment hypotheses: an analysis using panel data [J]. European financial management, 2003, 9 (2): 163-177.

[322] MUNNELL A H, COOK L M. How does public infrastructure affect regional economic performance? [J]. New England economic review, 1990 (Sep): 11-33.

[323] MYERS S C. Determinants of corporate borrowing [J]. Journal of financial economics, 1977, 5 (2): 147-175.

[324] NIEMIRA M, KLEIN P. Forecasting financial and economic cycles [M]. New York:

John Wiley & Sons Inc, 1994.

[325] NILSEN J H. Trade credit and the bank lending channel [J]. Journal of money, credit and banking, 2002, 34 (1): 226-253.

[326] NINI G, SMITH D C, SUFI A. Creditor control rights and firm investment policy [J]. Journal of financial economics, 2009, 92 (3): 400-420.

[327] NISSIM D, PENMAN S H. Ratio analysis and equity valuation: from research to practice [J]. Review of accounting studies, 2001, 6 (1): 109-154.

[328] O'BRIEN J P. The capital structure implications of pursuing a strategy of innovation [J]. Strategic management journal, 2003, 24 (5): 415-431.

[329] OPLER T C, PINKOWITZ L, STULZ R M, et al. The determinants and implications of corporate cash holdings [J]. Journal of financial economics, 1999, 52 (1): 3-46.

[330] OPLER T C, TITMAN S. Financial distress and corporate performance [J]. The journal of finance, 1994, 49 (3): 1015-1040.

[331] ORHANGAZI Ö. Financialisation and capital accumulation in the non - financial corporate sector: a theoretical and empirical investigation on the US economy: 1973—2003 [J]. Cambridge journal of economics, 2008, 32 (6): 863-886.

[332] PENMAN S H. Financial statement analysis and security valuation [M]. New York: McGraw-Hill, 2013.

[333] PETERS R H, TAYLOR L A. Intangible capital and the investment-q relation [J]. Journal of financial economics, 2017, 123 (2): 251-272.

[334] RAJAN R G, ZINGALES L. Financial development and growth [J]. The American economic review, 1998, 88 (3): 559-586.

[335] RAJAN R G, ZINGALES L. What do we know about capital structure? some evidence from international data [J]. The journal of finance, 1995, 50 (5): 1421-1460.

[336] REINHART C M, ROGOFF K S. Growth in a time of debt [J]. The American economic review, 2010, 100 (2): 573-578.

[337] ROBERT A K, LEVY A. Capital structure choice: macroeconomic conditions and financial constraints [J]. Journal of financial economics, 2003, 68 (1): 75-109.

[338] ROMER P M. Endogenous technological change [J]. Journal of political economy, 1990, 98 (5): 71-102.

[339] ROUSSEAU P L, WACHTEL P. What is happening to the impact of financial deepening on economic growth? [J]. Economic inquiry, 2011, 49 (1): 276-288.

[340] SCHULARICK M, TAYLOR A M. Credit booms gone bust: monetary policy, leverage cycles, and financial crises, 1870—2008 [J]. The American economic review, 2012,

102 (2): 1029-1061.

[341] SEO H J, HAN S K, KIM Y C. Financialization and the slowdown in Korean firms' R&D investment [J]. Asian economic papers, 2012, 11 (3): 35-49.

[342] SHAW E S. Financial deepening in economic development [M]. New York: Oxford University Press, 1973.

[343] SHIN H S , ZHAO L. Firms as surrogate intermediaries: evidence from emerging economies [R]. Asian development bank working paper, 2013.

[344] SHLEIFER A, VISHNY R W. A survey of corporate governance [J]. The journal of finance, 1997, 52 (2): 737-783.

[345] SMITH C W, STULZ R M. The determinants of firms' hedging policies [J]. Journal of financial and quantitative analysis, 1985, 20 (4): 391-405.

[346] SOENEN L. Cash holdings: A mixed blessing? [J]. AFP exchange, 2003, 23 (5): 54-57.

[347] SONG Z, STORESLETTEN K, ZILIBOTTI F. Growing like China [J]. The American economic review, 2011, 101 (1): 196-233.

[348] STEIN J C. Agency, information and corporate investment [C] //CONSTANTINIDES G M, HARRIS M, STULZ R M. Handbook of the economics of finance, 2003, Volume 1A: 111-165.

[349] STIGLITZ J E, WEISS A. Credit rationing in markets with imperfect information [J]. The American economic review, 1981, 71 (3): 393-410.

[350] STULZ R M. Managerial discretion and optimal financing policies [J]. Journal of financial economics, 1990, 26 (1): 3-27.

[351] STULZ R M. Rethinking risk management [J]. Journal of applied corporate finance, 1996, 9 (3): 8-25.

[352] TAUB A J. Determinants of the firm's capital structure [J]. The review of economics and statistics, 1975: 410-416.

[353] TOBIN J. Liquidity preference as behavior towards risk [J]. The review of economic studies, 1958, 25 (2): 65-86.

[354] TORI D, ONARAN Ö. The effects of financialization on investment: evidence from firm-level data for the UK [J]. Cambridge journal of economics, 2018, 42 (5): 1393-1416.

[355] TOWNSEND R M. Optimal contracts and competitive markets with costly state verification [J]. Journal of economic theory, 1979, 21 (2): 265-293.

[356] VALENCIA F. Monetary policy, bank leverage, and financial stability [J]. Journal of economic dynamics and control, 2014, 47 (Oct): 20-38.

[357] WHITED T M. Debt, liquidity constraints, and corporate investment: evidence from

panel data [J]. The journal of finance, 1992, 47 (4): 1425-1460.

[358] WINTOKI M B, LINCK J S, NETTER J M. Endogeneity and the dynamics of internal corporate governance [J]. Journal of financial studies, 2012, 105 (3): 581-606.

[359] ZHANG A, ZHANG Y, ZHAO R. A study of the R&D efficiency and productivity of Chinese firms [J]. Journal of comparative economics, 2003, 31 (3): 444-464.

[360] ZINGALES L. Survival of the fittest or the fattest? exit and financing in the trucking industry [J]. The journal of finance, 1998, 53 (3): 905-938.